图 例

古

⦿ 王城	京城
⦿ 新郑	主要城市
⦿ 鄢陵	普通城市
⊙ 践土	重要地名
• 虎牢	关隘
• 风陵渡	渡口
济水	河流

今

⊛ 北京	首都
⊛ 郑州	省级行政中心
⊙ 洛阳	地级行政中心
∘ 新郑	县级行政中心
———	国界
------	未定国界
洛河	河流

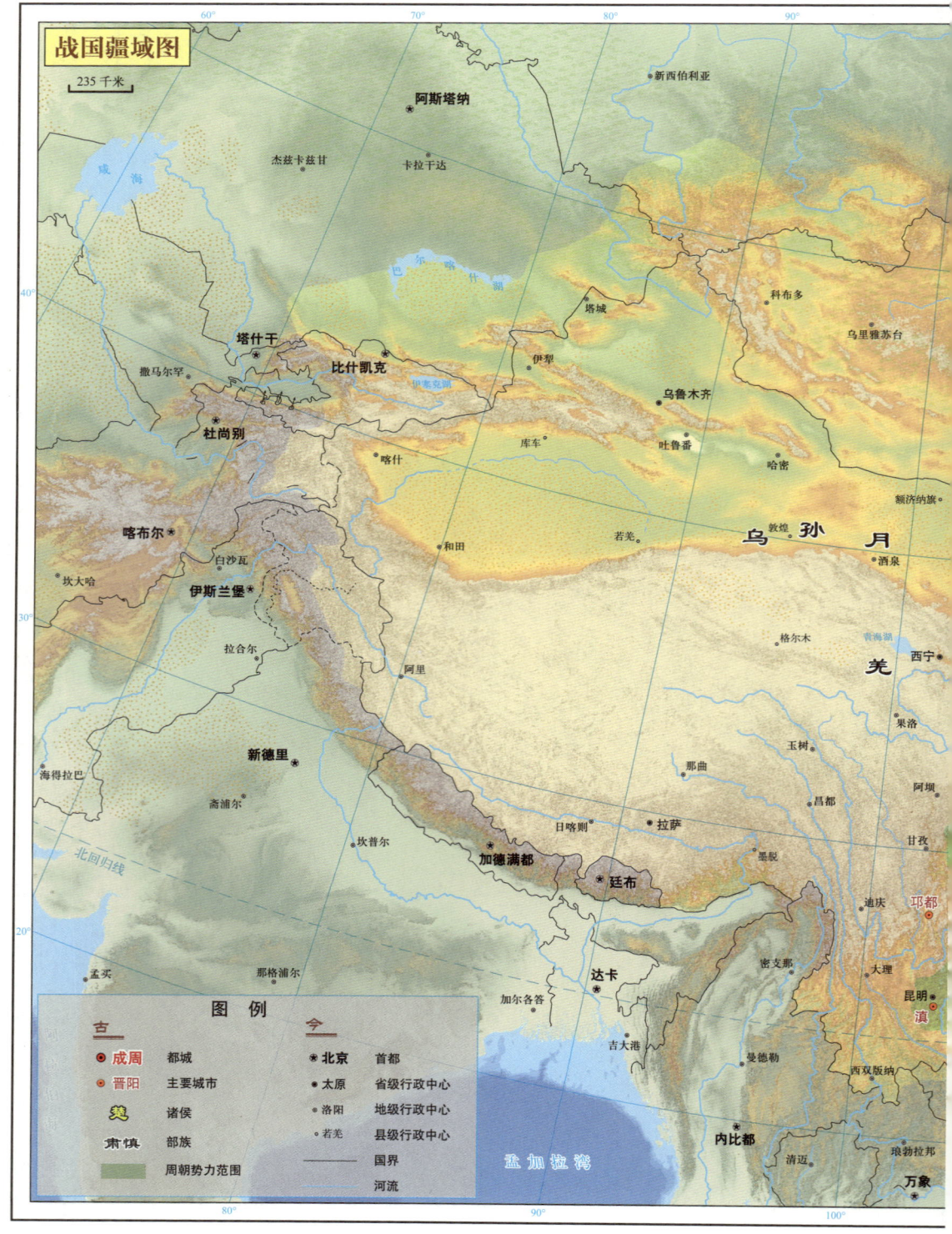

目录 CONTENTS

01 东迁的天子惨兮兮
- 落魄搬家记 … 002
- 郑国欺负周天子 … 005
- 崛起的四位霸主 … 009

02 春秋的第一位霸主
- 任命敌人当宰相 … 012
- 不听管仲言,长勺吃败仗 … 016
- 尊周王、攘夷狄 … 019
- 九合诸侯,一匡天下 … 022
- 地图专题:长勺之战 … 026

03 相继崛起的霸主们
- 假道伐虢,唇亡齿寒 … 028
- 五张羊皮换来的好宰相 … 032
- 打仗也要讲仁义 … 034
- 地图专题:泓水之战 … 038

04 流亡十九年的霸主
- 偏爱小儿子的晋献公 … 040
- 公子重耳历险记 … 043
- 城濮之战,终成霸主 … 047
- 地图专题:城濮之战 … 050

05	从"弼马温"到西陲霸主	一顿马肉换来的河西大捷	052
		烛之武智退秦师	055
		崤山下的惨败	056
		雪耻崤山，称霸西戎	059
		地图专题：崤之战	062

06	唯楚有才，一飞冲天	一鸣惊人的楚庄王	064
		出境千里，问鼎中原	067
		"毁了楚国"的女子	071

07	霸主的继承者危机	齐晋之战	074
		晋、楚和谈，西门弭兵	077
		盟约破裂，鄢陵大战	079
		和平的前夜——湛阪之战	081
		地图专题：鄢陵之战	084

08	楚吴争霸战	伍子胥奔吴	086
		铁血孙武练女兵	091
		楚王都的第一次沦陷	093
		掘墓鞭尸，报仇雪恨	095
		地图专题：柏举之战	098

09	吴越争雄	世代结仇的邻居	100
		卧薪尝胆，十年磨剑	103
		三千越甲可吞吴	106
		地图专题：勾践袭吴	108

10	**百家肇始的时代**	
	神龙老子	**110**
	儒家圣人	**112**
	科圣墨子	**113**

11	**笔判春秋的布衣学者**	
	让人心痛的"优哉游哉"	**116**
	周游列国,漂泊半生	**119**
	著书立说,笔判春秋	**122**
	弟子三千,贤者十人	**124**
	地图专题:孔子周游列国	**128**

12	**璀璨春秋,人才辈出**	
	滑稽宰相晏婴	**130**
	千古神医扁鹊	**133**
	工匠大师鲁班	**135**
	经商圣手范蠡	**137**

13	**雄起的三晋诸侯**	
	晋国的六卿吞并战	**142**
	第一位变法者李悝	**146**
	国富兵强,将星熠熠	**149**
	悲歌豪杰吴起	**150**
	地图专题:三晋伐齐	**154**

14	陈国赘婿，鸠占鹊巢	收买人心的田氏家族	156
		废掉国君的臣子	158
		姜齐变田齐	160

15	齐魏争雄	从谏如流的齐威王	162
		鬼谷门下的恩怨	164
		围魏，不救赵	166
		庞涓死于此树之下	167
		地图专题：桂陵之战	170
		地图专题：马陵之战	172

16	秦赵楚齐，四强并争	献公、孝公的大秦振兴计划	174
		强了秦国，害了自己	176
		楚威王灭越国	179

17	合纵连横大对决	纵横之争	182
		秦吞巴蜀	185

18	燕赵之地，血勇之风	胡服骑射以教百姓	188
		修筑金台，广招贤人	191
		洛阳书生，佩六国相印	192
		弱燕灭齐，威震诸侯	195
		孤城复国，智将田单	197

19	一生被骗的楚怀王	张仪二骗楚怀王	200
		怀王客死，屈原投江	203

20	赳赳大秦，天下来宾	武王举鼎，太后主政	208
		破楚败晋，军神白起	210
		远交近攻，侵吞天下	212

21	奋勇抗秦，六国余烈	完璧归赵	216
		渑池相会	219
		虎父犬子	221
		毛遂自荐	225
		窃符救赵	227
		侵吞二周	230
		地图专题：长平之战	234

22	少年秦王，扬威天下	落魄公子，奇货可居	236
		嫪毐车裂，不韦迁蜀	239
		秦代第一雄文——《谏逐客书》	241
		修郑国渠，行间金策	243

23	秦王扫六合	并韩攻赵	246
		荆轲刺秦	249
		水淹魏都	251
		克楚平齐	252

24	**诸子百家的最后余晖**	
	梦蝶者庄周	**256**
	取义者孟轲	**259**
	儒法合流的先行者	**261**
	法家的集大成者	**263**
25	**《诗》乐盛行**	**266**
26	**书画渐兴**	**268**
27	**衣食东周**	**270**
28	**山经地图**	**272**
附　录	东周文学史大事年表	**276**

春秋

前770—前476

当时号称大国的,有晋、楚、齐、秦,其兴起较晚的,则有吴、越,乃在今山西的西南境,山东的东北境,陕西的中部,甘肃的东部,及江苏、浙江、安徽之境。在向来所称为中原之地的鲁、卫、宋、郑、陈、蔡、曹、许等,反夷为二三等国了。这实在是一个惊人的文化扩张。其原因何在呢?居于边地之国,因为和异族接近,以竞争磨砺而强,而其疆域亦易于拓展,该是其中最主要的。
——吕思勉《吕著中国通史》

前770	平王东迁
前707	繻葛之战
前682	北杏会盟
前679	齐桓始霸
前678	曲沃代晋
前645	秦纳河西
前638	泓水之战
前632	城濮之战
前627	崤山惨败
前623	秦霸西戎
前606	楚庄问鼎
前597	邲地之战
前589	齐晋之战
前579	西门弭兵
前575	鄢陵之战
前557	湛阪之战
前506	柏举之战
前494	夫椒之战
前473	勾践灭吴

时间　前770—前678

01 东迁的天子惨兮兮

> 王贰于虢，郑伯怨王，王曰"无之"。故周、郑交质。王子狐为质于郑，郑公子忽为质于周。
>
> ——《左传·隐公三年》

【人物】周平王、郑武公、郑庄公、周桓王

【事件】平王东迁、繻（xū）葛之战、收复西周旧地、楚国自立为王、曲沃一系壮大、公孙无知之乱

烽火戏诸侯的闹剧后，周朝失去了起家的根据地镐京，周平王无奈之下决定迁都洛邑。此时，周天子的实力已大幅削弱，王权的正义性也饱受质疑。天子由此不得不看诸侯脸色过日子，诸侯争霸的春秋时代由此到来。

落魄搬家记

镐京被焚后，犬戎人占领了关中许多土地，镐京的宫殿被焚毁，国库亏空。联想到周幽王年间曾发生的三川枯竭、岐山崩塌的大灾害，周朝不免人心惶惶，认为这是国祚断绝的凶兆。况且，周幽王虽然昏庸，但身为人子的平王和外公申侯一起，勾结犬戎弑君却是不争的事实。因而新继任的周平王名为天子，实际

春秋　垂鳞纹瓿

上既失去了威慑诸侯的军事力量，又失去了王权的正义性。为了维持风雨飘摇的王权，周平王只好考虑放弃关中，迁到洛邑（今河南洛阳）。

然而，关中毕竟是周王朝的龙兴之地，因此反对迁都的声音不小。反对者觉得关中左边有崤山、函谷关等险要关隘，镐京所在地更是有千里沃土，是名副其实的天府之国。虽然镐京现在遭到破坏，但仍有重建的可能。而洛邑位于中原中部，虽然地形同样险要，但面积却远远不如镐京，一旦有危险，就是四面受敌。

犹疑不决之际，郑、晋等诸侯的建议起到了决定性的作用，他们都认为镐京遭到战火破坏，即使重建也非常费力，还不时地要面临犬戎侵扰。而且诸侯大多在中原，即使勤王，中途也要花费许多时间和精力，不如迁都洛邑。

周平王既无根基，又畏惧犬戎兵马，只能同意于公元前770年迁都洛邑。这一举动使得周朝立国以来开疆拓土的形势戛然而止，也失去了恢复实力的根基，自此全仰仗诸侯拱卫。而且，由于王权的来路不正，以鲁国为首的一些诸侯明显对周天子态度冷淡，这些诸侯的初衷未必邪恶，但却开了个坏头。至此，诸侯逐渐不再对天子言听计从，强国吞并弱国之事时有发生。通过土地吞并，几个强大的诸侯崛起一方，地方政事全由他们自己做主。

由于洛邑在关中东面，且迁都之后周朝的形势大改，因此人们将此后的周朝称为东周。

周平王东迁后，郑武公、晋文侯、秦襄公成为受益最大的三个诸侯。周平王让郑武公和晋文侯一起辅佐王室，掌握国家大权。勤王有功的秦襄公连升两

褒姒画像

时间　前770—前678

级，从地位一般的西戎大夫升为诸侯。按理说封侯就要赐予土地，可周平王自己都无家可归，又如何赏赐呢？很简单，他对秦襄公说："犬戎人无道，侵夺我周朝的土地，如果秦国能驱逐戎人，夺回的岐、丰之地就归秦所有。"

这个大饼中原诸侯不稀罕，对爵位低又缺乏扩张理由的秦却是最好的回报。可能连秦襄公也没想到，这次事件后，历代秦君征战西戎，拓土千

成语典故

千乘之国

周代的战争是车战，乘（shèng）就是战车的单位。按照礼制，天子六军，诸侯大国三军，中国两军，小国一军，每军即包含战车千乘。但随着生产力发展和土地的不断兼并，到了东周中后期，强大的国家已经有组织万乘战车的能力，不再严格按礼制控制军队规模。需要注意的是，一乘并非一车，而是一个完整的战斗群，由一辆战车、四匹战马、一百个人组成。其中以一辆驷马战车为主，车上载武士三名，车下随从步兵七十二名，后勤兵二十五名。

▲姜太公封齐战车雕塑

里，秦国于是继承了周王室奠定霸业的肥沃土地，成为名震一方的大诸侯。

有了申侯开头，各地诸侯也开始不安分，爵位很高的虢公翰就自作主张，扶立周幽王的弟弟姬余臣为天子，即周携王，东周于是进入一朝两王的局面。从礼法的角度来说，周平王的外公杀了幽王，周平王继位的正义性是不如周携王的，但拥立周携王的虢只是一个小国，比不上晋、郑这样的强国。公元前750年，姬余臣的政权被晋文侯覆灭，周王室逐渐稳定下来。

周平王执政达五十一年之久，若无犬戎之乱或许能有所作为，然而此时的周王室实力顶多抵得上中等诸侯，不仅无力制止诸侯之间进行兼并战争，在与势力强大的诸侯产生利益冲突时，还不得不屈服退让。可以说，这种天子被诸侯左右的境地在迁都洛邑时就已经注定了。

郑国欺负周天子

在平王东迁时登上历史舞台的秦、晋已经有了相当长的历史，而郑国却是一个非常年轻的国家。郑国的首任国主是郑桓公，他是周宣王的弟弟，本来是朝中的司徒。趁着周幽王在位朝廷动荡，郑桓公在东方建立了自己的国家。

在犬戎袭击镐京时，郑桓公正在朝中任职，同样遭到杀害。为了给父亲报仇，郑桓公之子郑武公在拥立天子时非常卖力，由此和晋文侯一起获得了辅佐王室的权力。

当时郑国国都在新郑，离王都洛邑非常近，故而郑国对周朝朝政的影响力与日俱增，不仅国君经常在朝担任要职，而且对周天子的态度也不再毕恭毕敬。

公元前744年，郑武公去世，他儿子寤生继位，即郑庄公。

郑国的崛起本就令周平王非常担忧，在强势的郑庄公继位以后，周平王更担惊受怕，可他又没实力与郑庄公一较高下，只好亲近虢公忌父，借虢国制衡郑国。郑庄公对此十分不满，周平王也不敢太过得罪郑国，只好

时间　前770—前678

提出派王子和郑国交换人质,以消除嫌隙。

但这种安抚终究是权宜之计,公元前720年,周平王去世,临死前他指定虢公辅佐自己的孙子周桓王,而没有指定郑庄公,这意味着郑国在新一代朝廷中地位大跌。郑庄公大发脾气,但他也不好直接和王室开战,于是就找了个借口派兵去抢温国的麦子。温国是个小国,可这批麦子是献给周天子的。之后郑国又割走了成周的禾谷,周王室和郑国于是交恶。由于周天子力量有限,郑国也顾虑重重,所以并没有爆发战争。

郑国的顾虑在哪儿呢?不光是挑战天子的罪名,还和国内的一些状况有关,这件事得从郑庄公的名字寤生说起。取这个怪名字是因为郑庄公的母亲武姜生他时难产,险些丢了性命。因此武姜一直讨厌郑庄公,偏爱顺

奇珍异宝

青铜柄铁剑

这柄宝剑锈迹斑斑,绝对称不上起眼,但它的出土却意义非凡。它来自遥远的春秋时代,剑柄和剑柄末端是青铜,剑叶则是生铁打造,是中国迄今发掘出的最早的人工冶铁作品之一。

铁的熔点比青铜更高,铁剑的出现意味着在春秋早期,冶炼生铁的技术就已经出现并应用于战争,在鼎盛的青铜时代中,铁器时代的先声已经到来了。

产的小儿子共叔段，哪怕郑庄公继位，武姜依旧鼓励共叔段招兵买马准备谋反。

叛乱在公元前722年骤然爆发，但郑庄公手段非同一般，他以退为进博得了百姓的同情，雷厉风行地击败了出师无名的共叔段，将国家统为一体。共叔段叛乱后卫国曾出兵相助，于是郑国和卫国交恶。郑国所处的地方是一个四战之地，西边是周王室，北边是卫国，南边是陈国、蔡国，东边是宋国，复杂的地缘让郑国在十年里战争频发，自然也就无暇找周天子的麻烦了。但这些战争并没有拖垮郑国，反而帮郑庄公建立了不小的威信。周桓王感受到了威胁，找机会罢免了郑庄公在朝中的职位。郑庄公哪里能咽得下这口气，于是不再朝拜天子。

朝拜虽然只是一种礼节，但也是身为诸侯最基本的一项义务，所以郑庄公的行为性质非常恶劣。虽说自身实力不强，但周桓王也受不了如此挑衅，他决定联合蔡国、卫国和陈国，一起教训郑国。其余各路诸侯，或是忌惮郑国实力，或是抱着事不关己的态度，都没派兵助战。

周桓王原以为王师驾到，郑庄公便会认错赔罪。可郑庄公根本不怕，召集群臣商议后，亲自率军到繻葛抵抗。

公元前707年，周桓王亲自率领中军，任命虢公林父率领蔡、卫两国人马所在的右军，任命周公黑肩率领陈国人马所在的左军，分三路冲击郑军。

郑庄公采纳部将意见，自己和将士们在中军摆出"鱼丽之阵"，同时重点攻击陈国军队。因为陈国此时正值内乱，战士没有斗志，正是最好的突破口。果然，陈国士兵受到重压后纷纷逃奔，蔡国、卫国士兵也吓得慌忙败逃，周王室的军队为了营救这些败军疲于奔命，在郑国中军的进攻下处于劣势。

周桓王没办法，只好硬着头皮率领疲惫的军队决战。在混战中，郑国将领祝聃瞄准周桓王张弓射箭，一箭正中周桓王的肩膀。不过正当祝聃想趁机冲上去活捉周桓王时，郑庄公拦住了他。

时间　前770—前678

祝聃非常生气，郑庄公看出他的心思，对他说："周桓王毕竟是天子，与天子交战，本就迫不得已，如果我们不小心杀了他，就会引起其他诸侯国的敌视。即便我们活捉了他，又能怎么样呢？既然已经让他尝到了苦头，我们不如就此作罢，见好即收。"说完就鸣金收兵了。

不仅如此，为了缓和舆论压力，当晚，郑庄公还派大夫祭仲前往周军大营，关切地向周桓王道歉谢罪。周桓王哪敢多话，敷衍了几句，便连夜撤兵回洛邑。

繻葛一战后，周天子威信扫地，徒留虚名。此后，诸侯国更是完全不把周王室放在眼里，它们各展其能，先后崛起，在中原大地上展开了一场场争霸战。

小小的郑国则借此战率先登上舞台中央，短时间内威望大增，郑庄公也被后世称为春秋小霸。

奇闻逸事

黄泉见母

共叔段逃走之后，郑庄公回到新郑，将母亲软禁于城颍（今河南襄城东北）。他气得立下誓言："不到黄泉，不与母亲相见。""黄泉"是指人死后到达的地方，郑庄公说的显然是气话。他很快就后悔了，可是君无戏言。幸好一个叫颍考叔的臣子出了个主意，说："这事儿很容易！虽然立过誓言，可是人不一定要死了才能到黄泉。咱们挖一条地道，能挖出泉水来不就成了黄泉吗？在地道里与母亲相见，谁还能说您违背誓言呢？"郑庄公听了大喜，立刻着人去办。在地道重逢后，母子俩终于尽释前嫌。

5 崛起的四位霸主

在西周稳定的封国秩序被打乱后,王室衰微,四个诸侯国逐渐崛起,它们就是日后东周形势的主宰者——秦、楚、晋、齐。

秦国远居西方,自从秦襄公得了周天子的封爵和诏令以后,就兢兢业业地讨伐戎族,扩大疆土。历经六年的努力,秦襄公终于率领战士打到周朝的岐山,将周平王的诏令完成了一半。秦襄公去世后,儿子秦文公继位,此时的秦国名为诸侯国,其实和中原国家差距极大:百姓野蛮而未开化,没有完备的法律、刑罚,甚至没有记录历史的习惯。后来,秦文公根据占卜的结果,选定祖先兴起的汧(qiān)渭营建城池,教化百姓,设立记录历史的官员,这才将国家逐渐带向文明。继位十六年后,秦文公大败戎族,夺回了未能跟周平王东迁的周朝遗民,实际控制了岐山之地。有了广阔的土地和周朝的旧民,秦国的潜力全面爆发,终于成了一方不可忽视的强大诸侯。

楚国封地在南方,由于山水阻隔,民俗迥异,历来被中原视为蛮夷。对于中原国家的疏远,楚国桀骜不驯,他们索性以蛮夷自称,借机不遵守中原严格的礼制,甚至曾做出自封为王的逾越之举。周平王东迁后,楚国借机大肆征伐比邻的随国。随国难以抵挡,只好向楚国服软。楚国的态度则非常跋扈,命令随国给周天子带话:"我楚国本是蛮夷,没有那么多规矩,如今中原各国互相侵略攻杀,我楚国也想带些兵甲观摩一下中原的大

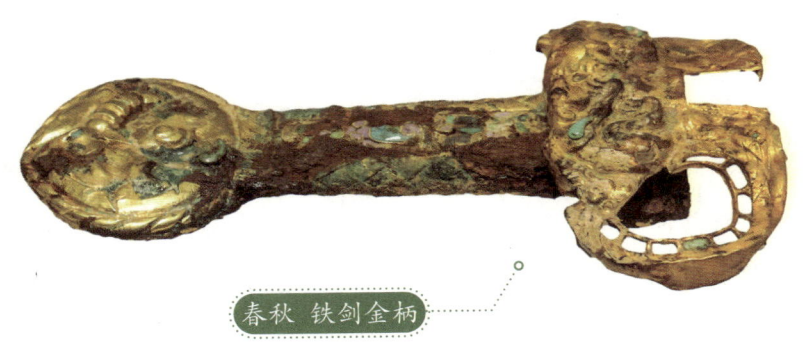

春秋 铁剑金柄

政，请求天子为我加封！"随国人战战兢兢地去跟周天子汇报，周天子自然没有答应，楚国国君大怒，索性自立为楚武王，私下和随国订立盟约，并且开辟濮地为己有。此后，仗着武力强大，楚国不断侵凌长江、汉水一带的小国，飞速地壮大起来。

晋国是最邻近洛邑的大国，也是扶持周平王的重要力量。然而在入朝主政二十多年后，辅助周平王的晋文侯去世了，继位的是他的儿子晋昭侯。晋昭侯继位后将晋文侯的弟弟成师封在曲沃，号为桓叔。这本没有什么问题。但曲沃的面积太大了，甚至超过了晋国的都城翼城，而桓叔又很有德行，在曲沃大获人心。此举给晋国埋下了分裂的祸根，虽然桓叔在世时没有主动篡位的举动，但他去世后几年，他儿子庄伯就谋杀了当时的晋国国君、晋昭侯的儿子晋孝侯。于是晋国迎来长达二十多年的内乱，在动乱中曲沃一系逐渐壮大。到曲沃武公在位时候，壮大的曲沃一系甚至设计诱杀了继承晋国正统的晋小子侯。此事发生后周桓王非常不快，出兵制止了曲沃武公的篡位行为。在周王室的扶持下，晋国仍然由宗室晋侯缗继位，但对实力强大的曲沃武公，周王室已不能实现实质性的严惩了。曲沃一系取代正统只是时间问题。待曲沃武公取代正统后，晋国才结束几十年的分裂，再次成为一方强国。

内乱同样在齐国上演。和晋国类似，齐国是受封于东方的大国。在晋国曲沃一系和宗室争斗时，齐国在齐僖公的治理下相对平静，但齐僖公在继承人问题上犯了大错，致使国家面临内乱危机。起因是齐僖公对两个后辈非常重视，一个是太子诸儿，一个是诸儿的堂兄弟公孙无知。公元前699年，齐僖公不顾礼法，破格允许公孙无知享有和太子一般无二的爵位和着装。这件事在齐僖公眼中或许只是表达宠爱的一种方式，但太子诸儿却很在意，因此厌恶公孙无知。一年后，齐僖公去世，诸儿继位，也即齐襄公，掌权后的他立即贬低了公孙无知的爵位，公孙无知大为恼火，于是有了造反的念头。齐襄公继位四年后，公孙无知的机会到来了。这一年邻国的鲁桓公带着夫人来访齐国。齐鲁两国本是邻国又互通婚姻，这次来访

是正常之举，但齐襄公太不检点，竟和鲁桓公的夫人发生奸情。事情败露后，齐襄公恼羞成怒，竟派大力士彭生把来访的鲁桓公杀了，然后又把彭生杀死抵罪。死无对证之下，虽然齐鲁没有开战，但此事令齐襄公威望大减，加之他素来为政拙劣，几个对齐襄公有怨的臣子就拉拢公孙无知发动政变。结果齐襄公狼狈至极地死在了游猎途中，公孙无知自立为君。齐国由此大乱，幸好变乱发生前齐襄公的几个弟弟预感到了危险，纷纷逃到国外，总算为齐国留下了一点儿火种。齐国的崛起，就由这几个逃亡公子中的一位所达成。

知识充电

美金与恶金

东周时期，人们已经掌握了多种金属的冶炼手段，甚至对不同的金属有了不同的评价。美金指的是能铸造礼器和宝剑的青铜，恶金指的是刚刚能被利用的铁。铁的使用甚至可以追溯到西周时代，《诗经》中的"驷骥（tiě）孔阜"里的骥，就是借铁的颜色形容骏马。《国语》中的一段话很生动地说明了各种金属的用途："美金以铸剑、戟""恶金以铸锄、夷"。意思是青铜用来造武器，铁用来造锄头一类的农具。

当时的人们不知道，这黑黢黢的所谓恶金，之所以输给美金，主要是冶炼技术的问题。实际上，铁的冶炼是一项大大促进生产力的大革命。在此后几百年间，恶金迅速取代了美金的地位，成了生活、战争中的主角。

▲春秋 金柄铁剑

时间　前686—前645

02　春秋的第一位霸主

《春秋》之义，尊天王，攘戎狄，诛乱臣贼子，皆性也，皆天道也。

——《日知录》

【人物】公孙无知、管仲、鲍叔牙、齐桓公、鲁庄公、曹刿

【事件】齐国内乱、管仲拜相、曹刿论战、尊王攘夷、北杏会盟

繻葛之战开启了东周诸侯各自为战的乱局，很多国家靠兼并强大起来。然而，仅凭私利征战是无法让天下心服的。当此之际，贤相管仲来到齐桓公麾下，指导齐桓公秉持尊王攘夷的理念，征伐叛逆、伸张正义、尊奉天子。于是众诸侯对齐国心服口服，公认齐为春秋第一任霸主。

任命敌人当宰相

在公孙无知之乱发生前，由于齐襄公言行多变，执政不讲信用，一些有见识的大夫就预见了叛乱即将发生，分别带着侍奉的公子出国避难。等到叛乱发生时，逃亡在外的齐国公子有两个：一个是公子纠，他的母亲是鲁国人，所以逃到鲁国，辅佐他的是管仲、召忽；另一个是逃到莒（jǔ）国的公子小白，辅佐他的是鲍叔牙。

齐襄公虽然行为不端，但毕竟是名正言顺的国君，所以公孙无知这自立的国君一直为人诟病。说来也很讽刺，当初公孙无知趁齐襄公游猎杀害

了他，而他自己也是在出游雍林时被不满者所杀。这些人杀了公孙无知，却并没有叛乱的心思，而是通告齐国大夫，说此举是为了给齐襄公报仇，新国君应该由大夫们在齐国公子中选取。

选取哪一位呢？大夫们并不能完全决定，一部分大夫暗中将消息透露给身在莒国的公子小白，几乎同时，身在鲁国的公子纠也得到了齐国无主的消息。于是，一场继承君位的赛跑开始了。

鲁国方面，鲁庄公立即决定派兵护送公子纠回国。侍奉公子纠的管仲认为还不保险，请求鲁庄公再派给他三十乘兵车，到莒国通往齐国的路上，截击公子小白一行。兵车到离齐国即墨城三十余里处时，发现了公子小白率领的大队车马。管仲等人埋伏起来，等公子小白一行走近，管仲拉弓搭箭就向小白射去。这一箭正好击中小白的肚子，小白应声倒下，管仲这才满意地率军撤走。

管仲怎么也想不到，这一箭虽然位置凶险，但射中的恰好是小白的带钩。带钩一般由玉石、金属做成，作用是扣紧腰带。被带钩一挡，飞箭根本不能对小白造成致命伤，他之前只是装死而已。管仲走远后，小白咬了咬牙，继续与鲍叔牙飞速赶往齐国国都临淄。

春秋 曾侯乙盘匜

时间 前686—前645

成语典故

管鲍之交

管仲和鲍叔牙其实是多年的朋友，管仲早年贫困，两人一起做买卖时，他总是多给自己分钱，而鲍叔牙不觉得管仲贪婪，知道他是家贫缺钱。管仲为鲍叔牙谋事，却导致鲍叔牙更加穷困，而鲍叔牙不觉得他愚蠢，知道这是时机不利。管仲曾经三次出仕三次被逐，而鲍叔牙不觉得他不肖，知道这是时运不到。管仲曾经三次参战三次逃走，而鲍叔牙不觉得他胆怯，知道这是他担心老母。等到公子纠落败，召忽死节而管仲偷生，鲍叔牙也不认为管仲无耻，而是知道他不羞于小节不保，只恨不能建功名于天下。后世的人深为这种知交所打动，于是将朋友间亲密无间、彼此信任的关系称为管鲍之交。

结果这次截杀不仅没能拖慢小白的行程，反而麻痹了公子纠一行，他们以为小白已死，行程反而不紧不慢起来。结果鲍叔牙一行人抢先来到临淄，拥立小白为国君，即齐桓公，小白继位的这一年是公元前685年。

管仲、公子纠一行到临淄时，发现公子小白已经继位，等待他们的是戒备森严的齐国军马。他们既打不过，又不愿臣服，只好退回鲁国。

鲁庄公得知齐国已有新君，气急败坏，决定派兵进攻齐国，强行扶立新君。双方在乾时会战，战斗中管仲建议趁齐桓公人心未定时速攻，鲁庄公不听。结果，鲁军遭遇伏击，大败。公子纠和管仲只好随鲁庄公逃回鲁国。

齐桓公乘胜追击，秋风扫落叶般一路连胜后，气势汹汹地给鲁国发了一封书信，威胁道："公子纠是我的兄弟，我不忍心动手，请鲁国代我除掉他。召忽、管仲是我的仇人，将他们活着送过来，我要亲手杀了他们。如不依言，我将围攻鲁国！"

鲁庄公收到信后，非常焦虑地与大夫施伯商量。施伯认为，齐国要管仲不是为了报仇雪恨，而是为了重用他。管仲的才干世间少有，假如他被齐国任用，将为鲁国大患。为此，施伯主张杀死管仲，将其尸首还给齐国。

施伯的猜测是准确的，齐桓公的威胁的确半真半假。继位之初他曾迫不及待地想要杀死可恨的管仲，是拥立有功的鲍叔牙出来阻止，说："微臣侥幸侍奉国君登临君位，如今您尊贵至此，我却已无力再帮您更进一步了。若您只想着治理好齐国，那我鲍叔牙和高傒倒也够用，可您若想成就王霸之业，则非管仲不可。他身在哪个国家，哪个国家就会威势日盛，万万不可错过！"齐桓公胸有大志，听后便改变了想法。

而鲁庄公没有施伯清醒，他畏惧齐国，于是没听劝阻，依约杀死了公子纠，打算将管仲和召忽交给齐桓公发落。召忽和管仲都是聪明人，看出了其中的蹊跷，有志成一番大事的管仲决定去见见齐桓公，而注重气节的召忽认为良臣不事二主，立即自杀而死。

奇珍异宝

曾侯乙青铜尊盘

春秋战国时期，曾国有一件国之重宝，即曾侯乙青铜尊盘。它的上层叫尊，雕有二十八条龙、三十二条蟠螭，下层叫盘，雕有五十六条龙、四十八条蟠螭。这一百多条龙与蟠螭象征着当时的一百多个诸侯国。

时间　前686—前645

当身戴桎梏的管仲被押到齐国时，鲍叔牙早早出来远迎，一过鲁国边境就下令为他除去桎梏，齐桓公也选好了吉祥日子，以非常隆重的礼节，亲自迎接他。

这对君臣一见如故，一连聊了三天三夜，句句投机。不久，齐桓公就任命管仲为相，并称他为仲父。

5 不听管仲言，长勺吃败仗

管仲不愧为一时奇才，登临相位后就在齐国开启了焕然一新的整改。管仲认为"仓廪实而知礼节，衣食足而知荣辱"，因此特别注重民生问题。为此他因地制宜，利用齐国东临大海的地势，发展鱼盐之利，兴修水利，开垦荒地，发展农牧，逐步实现富国强兵的目的。他还向齐桓公推荐五位贤能之士，分别负责农业、军事、法度、礼仪和劝谏，将齐国治理得井井有条。

管仲还改善了齐国的基层组织方式，以五家为轨，十轨为里，大约两千家为一乡，这种方式改变了西周时松散的基层结构，使税收征兵顺畅之极，实际上让齐国形成了军政合一的高效结构。他还提出国家平衡物价的理念，某物生产多而价格贱就由国家以正常价格收买，为百姓止损，某物因稀缺涨价就抛出国家库存平稳价格，这样不仅奸商难以囤积居奇，国家也能在平买高卖中获得巨额利润。尤其值得称道的是，管仲的政令非常简便易行，因而百姓都乐于遵行，齐国面貌一新而百姓几乎没受到多大打扰。

于是在众人努力之下，齐国渐渐恢复元气，变得日益强大。

齐国国力蒸蒸日上，齐桓公称霸之心越来越明显，多次想用武力确立霸主地位。然而这种做法在当时其实并不高明，因为在那个时代，社会生产力低下、交通不便，一国武力的有效统治范围其实非常有限，逼迫邻国服软容易，想让天下信服却非常困难。所以管仲建议齐桓公先修明内政，不要急于用兵。

春秋 马胄饰

齐桓公哪里听得进去，在继位第二年（前684）就公然对鲁国发起侵略战争。这一战是乾时之战的后续，齐桓公满以为鲁庄公昏聩，可以一举征服鲁国建立威权。然而，此战出师无名，齐军士气并不高昂。而鲁国则颇有人才，国家危亡之际，在野的军事家曹刿主动求见鲁庄公。

曹刿一到朝堂就问鲁庄公动员百姓参战的理由："您凭什么和齐国打这一仗？"鲁庄公想了想，说："吃穿这类安身的好东西，我从来不敢独享，一定要分给别人。"曹刿摇摇头："小恩小惠，您又能分给几人呢？百姓不会为此出力的。""祭祀用的牛、羊、玉器、帛这些祭品，我从来不敢虚报数目，一定实话实说。"鲁庄公额头见汗，小心地说道。曹刿又摇摇头，说："小信小义，不足以打动神明，鬼神不会助您的。"鲁庄公叹了口气，道："大大小小的案件，我虽然不能亲自一一查阅清楚，但一定秉公处理。"曹刿听到这里，眼睛一亮，笑着说："这是您忠于本分的表现啊，凭这一点，鲁国可以一战！开战之时，请您务必让我跟随。"

鲁庄公将信将疑，只好带曹刿上了战场，和他坐在同一辆战车中，听候他的意见。

然而，当齐军金鼓齐鸣、凶猛冲来时，曹刿仍一言不发，鲁庄公看着战场局势，非常担忧，正想叫手下传令击鼓，打算提振士气，组织反攻时，

时间 前686—前645

曹刿却拦住了他。鲁庄公只好眼睁睁看着整个战场陷入齐军主导,他们厮杀呐喊,狠狠地打在鲁军的防线上。幸而鲁军虽被压制,但因为身后就是家园所以仍然顽强抵抗。

就这样,齐军先后三次擂鼓进攻,却仍不能击溃鲁军。曹刿这才眼神一亮,下令击鼓反攻。经过长时间的对抗,鲁军被压抑的怒火瞬间爆发,无论体力还是士气瞬间就超越了疲于攻打、久攻不下的齐军,一拔反冲就使鲁国和齐国签下和约。

这一战因为在鲁国的长勺展开,故名长勺之战。

而齐桓公的过人之处就在于知错就改,他逐渐改变了靠武力争霸的幼稚想法,开始理解战争的重要基础是民心所向,是正义的立场。

科学发明

金有六齐

周代是青铜的盛世,上至钟鼎礼器,下到货币镜子都是用青铜所造。青铜是铜和锡两种金属的合金,它能为这么多器具所使用,关键就在于合金的配比,不同的配比会产生不同的性能。《周礼·考工记》说"金有六齐",指的就是在铸造六类器物时,青铜需要有六种不同的配比。大体是:钟鼎用铜85.71%,斧斤用铜83.33%,戈戟用铜80%,大刃(宝剑一类)用铜75%,杀矢(箭镞)用铜71.13%,鉴燧(铜镜一类)用铜50%,剩余部分用锡补全。

5　尊周王、攘夷狄

如何得到正义的立场呢？回到齐国后，灰头土脸的齐桓公和管仲等臣子分析局势，重新调整了齐国的对外方针。

于是，齐国开始克制欺凌弱国的举动，对天子的态度也恭恭敬敬。原来，当时的周天子虽然失势，但毕竟还拥有天子之名，借扶助他的名义会盟诸侯，就没有人敢在道义上反对了。那么该攻打谁呢，自然是戎、蛮等侵略中原的异族部落，帮助弱小的国家攻打这些外族，既可以得到其他诸侯国的拥护，也可以从击败的部落手中夺取土地、壮大自身。

这就是"尊王攘夷"的策略，这两条妙计让齐桓公威望日重，连周王也开始高看齐国。

齐桓公继位第四年（前682），新天子周釐（xī）王继位。齐桓公特意派使者去朝贺，周釐王很满意，认为齐国值得倚靠，就把一件麻烦事交给了齐桓公。原来，此时宋国因君位争夺发生变乱急需周天子处理，可凭周王室的实力处理此事已经不太容易了。于是，周釐王便请齐桓公代天子去宣布任命，借齐国的威势完成任务。借此机会，齐桓公邀请宋国、陈国、蔡国、邾（zhū）国等诸侯，齐聚齐国北杏，这就是有名的北杏会盟。此次会盟不仅成功平定宋国内乱，还开了诸侯代天子主持会盟的先例，齐国的地位一下超然了。

但也不是所有受邀诸侯都买账，比如遂国就没来赴会。这可犯了齐桓公的大忌讳，他果断出兵把遂国灭了，因为忌惮不尊天子的罪名，天下无人敢对遂国被灭说三道四。

尝到"尊王"好处的齐桓公又将目标落在鲁国，不洗刷败于鲁国之耻，齐国的威望就无法达到鼎盛。齐桓公五年（前681），齐鲁再次交战，这一次齐国的进攻非常顺利，鲁国三战三败，被迫和齐桓公签订割让土地的和约。然而，就在齐桓公和鲁庄公一同站在祭坛上准备盟誓时，一个汉子猛然冲出，一把匕首架在齐桓公的脖子上。周围的人都吓傻了，谁也不敢妄

时间　前686—前645

春秋　带鞘青铜剑

动。那汉子厉声对桓公喝道："齐强鲁弱不假，但你恃强凌弱，这样欺辱我国，未免太过分了，我鲁国就算不敌，光倒下的城墙都能砸到齐国边境！请你再好好考虑考虑！"这正是三战三败的鲁国将军曹沫。无奈之下，齐桓公只好归还鲁国所有失地。曹沫这才冷哼一声，匕首一扔站回原位。

事后，齐桓公大怒，想要反悔，管仲却拉住了他，低语道："这些土地不过是小利，贪图它们能逞一时之快，却会给诸侯留下齐国出尔反尔的印象，失去天下的支援，还不如将土地还给鲁国。"齐桓公觉得有理，点头答应了。虽然鲁国收复了所有失地，但天下诸侯的心却向着齐国了，鲁、陈、蔡、卫等国纷纷表示愿意归附齐国。

只有北杏会盟中被各诸侯干预过内政的宋国并不服气，在这一年背弃了北杏盟约。齐桓公得知消息后，立即向周天子请求发兵，并联络陈国、曹国教训宋国。周天子见有人替自己出气自然赞成，就派出大臣单伯和诸侯联军一起攻宋，联军出兵名正言顺，士气如虹，一口气打到宋国国都郊外，逼得宋国求和，才罢休。

以诸侯大国的身份扶持王道，伸张正义，齐桓公算是开辟了先例，他的作为给礼乐崩坏的东周带来一缕秩序的曙光。

齐桓公七年（前679），齐国联合宋国、陈国、卫国、郑国，又邀请周王室，在鄄（今山东鄄城）会盟。这次会盟，初次奠定了齐国超然的霸主地位。此时晋国内乱，秦国无暇东顾，能在力量上和齐争锋的只有南方一直忙于吞并的超级大国楚国。齐国要坐稳霸主地位，和楚国就必有一战。

但管仲觉得中原各国的大敌不只是南边的楚国，更有山戎、狄人等和列国散居杂处的其他民族，只征伐远在南方的楚国却不教训夷狄、安定中原是万万不可能的。而且，通过联合各国对抗这些侵掠的部族，齐国既可得人心，又不需要消耗过多力量，还能获取夷狄的土地壮大自己。

齐桓公深以为然，在"各扫门前雪"的东周初年慷慨地对饱受戎夷侵扰的列国予以援手。

公元前662年，山戎攻打燕国，燕国情势十分危急，齐国率先举兵响应，一直将山戎打到孤竹（古国名，在今河北卢龙东南）才回师。燕庄公大为感动，一路不肯离去，一直将齐桓公送入齐国境内。齐桓公说："自古诸侯送天子才能出国境，我决不能背礼，所以把你这一路经过的齐国土地都划归燕国境内，希望你能学习祖先召公，谨慎地尊奉天子。"其他诸侯听说后，也纷纷来归附齐国。

在被夷狄侵扰的国家中，也有一些难以抵抗甚至一度被夷狄攻破，齐桓公得知后，不仅帮他们教训夷狄，还拿出土地帮助他们迁徙或者重新立国。

知识充电

冠带天下

春秋战国时期，中国的养蚕缫丝水平进一步提高，人们在房屋前后种植了大量桑树作为蚕的食粮，甚至开辟有专门的桑林、桑田。有了大量生丝产出，官府和民间个体都可以进行丝织，生产出了罗、纨、绮、锦、绢、缟等品类繁多的织品，一些织品更是被编染出繁复精美的图案。当时，齐鲁两国都以丝织品闻名，齐国的丝织品出口各诸侯国，有"冠带衣履天下"之称。

天长日久，尊王攘夷之策极大提升了齐国的威望。齐桓公于是趁机对周边大小诸侯国实施拉拢和吞并。他将以前侵占的棠、潜两地归还给鲁国，令鲁国成为南边的屏障；将以前侵占的台、原、姑、漆里四城归还卫国，令卫国成为西边的屏障；将以前侵占的柴夫、吠狗归还燕国，令燕国成为北边的屏障；至于齐国东面，作为屏障的是当时人类还难以征服的茫茫大海。

处理好这些事后，齐国再无边境之忧，剩下来的大事就是对付南方崛起的强敌楚国。

5 九合诸侯，一匡天下

齐国尊王攘夷举动获得很多诸侯拥护。齐桓公的霸主地位获得认同，其声势超过了周天子，但齐桓公还是基本遵从管仲的建议，无论立下多少功劳都还是尽力秉持公正，致力于以周王的名义在乱世中建立秩序，坚决不肯逾越最后一步。

根据《春秋穀梁传》的统计，齐桓公在位期间，组织诸侯召开的盟会有衣裳之会十一次，兵车之会四次。通过这些大小盟会，诸侯国动乱有所收敛，西周的礼乐制度有所恢复，就好像整个天下都被齐桓公所匡扶，所以《史记》将齐桓公在位期间的功绩概括为"九合诸侯，一匡天下"。在一匡天下的后期，南征楚国比较有代表意义。

齐桓公对征伐楚国其实有意已久，因为此时楚国已扩张到中原列国的南境，处于南方的郑国、蔡国经常受其袭扰，多次向齐桓公求救。但最终促成桓公伐楚的却是一个偶然事件。事情发生在齐桓公二十九年（前657），某一天，齐桓公和妃子蔡姬乘船游玩，蔡姬调皮，不停地晃船，齐桓公很害怕，多次叫停，蔡姬都不肯听。齐桓公大怒，将蔡姬送回蔡国。蔡国国君是蔡姬的哥哥，他觉得妹妹受了侮辱，于是公然将蔡姬嫁给别人。齐桓公面上无光，决定起兵教训蔡国。蔡国是中原诸侯中最靠南的国家，国都在今天的河南上蔡，本身并不算大，可齐桓公仍然联络鲁国、宋国、陈国、卫国、郑国、许国、曹国七国组成联军讨伐。这般军队自然不是蔡国所能抵抗的，所以刚开战不久，蔡国士兵就丢下国君溃逃了。

蔡国被灭本来完全出于私人恩怨，但管仲建议齐桓公不要收手，不妨趁势讨伐楚国。

西周 象尊

楚国是雄踞南方的大国，单论国土面积恐怕比联盟八国之和还大。在大军压境的形势下，楚成王（此时楚国已不顾礼法，自立为王了）也调动兵马，和齐桓公对峙，责问道："齐国地处北方的大海（东海），我楚国地处南方的大海（大泽），两国相距遥远，风马牛不相及，您为何无故涉足我国土地？"

面对楚国质问，管仲不卑不亢，引经据典地慷慨回道："昔年，辅佐周王的召康公曾向我齐国先君姜太公传令：'天下的诸侯，哪怕是五侯九伯这类地位尊崇之辈，只要不守礼法，您都可以征讨，从而辅佐王室。'根据此令，东到大海，西到黄河，南到穆陵，北到无棣，只要不遵礼法，就都在我齐国征讨的范围。而你们楚国竟敢不向天子进贡用于祭祀滤酒的包茅，这是公然违反王礼，我国军队因此来问责。更何况，昔年周昭王南征楚国，至今未回，我军也要一并责问！"

楚王听后，耳根发热，管仲所说确是楚国痛处，但这些罪过他可不敢全认，于是避重就轻地回道："多年没有进贡包茅，此事确有，是寡人疏忽了，我楚国不敢不恢复供奉。至于昭王南游未归，寡人可不知情，您还是自己去水边打听吧！"

楚国避重就轻的态度惹怒了齐桓公，他令联军连日进发，进驻到了陉地（今河南郾城南）。楚王则派出屈完率军反击，将联军逼到召陵。其间，

时间 前686—前645

奇珍异宝

青铜棘轮构件

洛阳一处古迹中出土了一组东周时期的青铜齿轮与钩卡，名为棘轮与棘爪。齿轮为圆形，圆周有四十个斜齿，钩卡呈弓状，一端有用来安装圆轴的圆孔，另一端有钩爪，背部有小圆鼻。这是人类最早制作并使用的、具有制动功能的棘轮装置。

齐、楚都很克制，没有挑起大规模战争。剑拔弩张了近半年，双方才决定在召陵谈判。谈判期间，齐桓公想以军力威慑楚国，就请屈完与他同车检阅军队，他指着八国大军对屈完说："以此大军作战，谁能抵抗？以此大军攻城，何城不破？"

屈完明白齐桓公的意图，但仍不卑不亢，沉静地说："您如果用德义来安抚天下，诸侯没人敢不听从；您如果想靠武力硬来，我们楚国可以把高耸的方城山当墙，可以把广阔的汉水当护城河，您的兵再多，恐怕也无济于事。"

齐桓公和管仲听后，也明白想征服占据地利的楚国十分艰难，于是顺势而为，威慑一番后便同意与楚国结盟。齐楚之争最终告一段落，齐桓公的统治也进入末期。

末期的齐桓公没有执政之初那么谨慎，有些骄傲喜功，但在已有霸业的基础上，他对天下局势仍举足轻重，周天子襄王及晋国的惠公夷吾都是他拥立的。齐桓公三十三年（前653），周惠王去世。公元前651年，在齐桓公拥立下继位的太子郑（即周襄王），赐给齐桓公象征地位的文武胙

（zuò）、彤弓矢、大路（诸侯朝服之车），以表彰其功，还特意准许齐桓公受赐时不拜，齐桓公面有骄色，想接受此令，但在管仲的劝谏下，还是下拜接受赏赐。

后来齐桓公一度产生了效仿夏、商、周三代封禅泰山、梁父的想法，幸而管仲机智，借口封禅必须有远方的某些珍奇宝物才能举行，齐桓公一时弄不到手，也就不了了之。

然而，这些行为被诸侯们看在眼里，齐国的威信还是有所下降，叛离齐国的诸侯也开始出现。此时，唯一能帮助齐桓公的贤相管仲也寿命无多了。管仲死后，齐桓公一匡天下的霸业很快就惨淡收场。

成语典故

老马识途

在追击山戎时，齐军被敌方引入一处迷宫般的山谷里，怎么都找不到出路。管仲出了个主意："找几匹当地的老马，让它们走在前面，或许能把我们带出山谷。"齐桓公命人依言而行。果不其然，在几匹老马的带领下，齐军很快走出山谷。老马识途的意思是指老马认识路，比喻有经验的人对事情比较熟悉。

地图专题 长勺之战

意义： 中国历史上以弱胜强的著名战例。

作战双方： 鲁庄公、曹刿指挥的鲁国军队；齐桓公指挥的齐国军队。

背景： 齐强鲁弱，鲁国因支持齐桓公的兄弟继位而与齐桓公交恶。

透过地图说历史：

"岱宗夫如何？齐鲁青未了。"泰山（岱宗）、齐、鲁，已然是山东省的固有标签了。山东被称为齐鲁大地，就是因为如今的山东省基本属于曾经的齐鲁两国。

从地图可以看出，齐桓公刚继位的时候，齐国在山东北部，鲁国在山东南部，两国占据的土地其实只是山东的一部分。直到公元前567年，齐桓公消灭了莱，齐国才成为地跨山东东部和北部的大诸侯。

齐鲁两国的疆土被高耸的泰山分割，齐国都城设置在临淄（姜太公时称营丘），鲁国的都城在曲阜，作战地长勺是鲁国的边地。显然这是一次齐国发起的侵略战争，鲁国君臣则是远出国都迎战。

齐强鲁弱，鲁国在长勺之战前就吃过败仗，从力量上处于劣势，但也有优势。那就是本土作战，行军路线平坦，战车兵马易于集结，物资容易供应。而齐国军队攻打鲁国，先要穿过近百公里山岭，在以战车和步兵作战的时代，是很有难度的，如果首战失败，很容易就萌生退意。

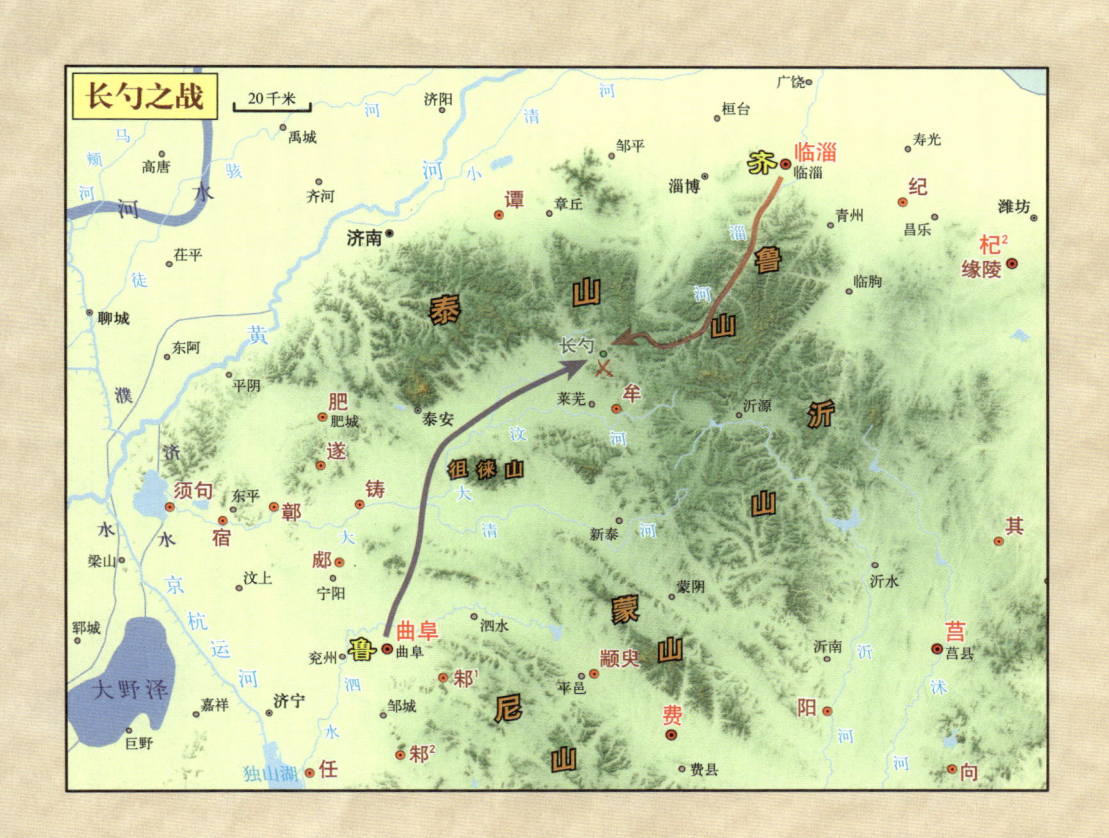

所以长勺之战的关键就在鲁国能否挡住齐国最精锐的几拨冲击，所以觐见之初，曹刿不谈战术，反而反复确认了鲁庄公的所作所为，目的就是推断"国人"是否支持鲁庄公进行这场战争。齐国溃败之后，曹刿再三检查车辙、旗帜等细节，可能也有对地形的顾虑，因为齐国是向山中逃去，那里确实是埋伏兵马的好地方。

时间 前745—前638

03 相继崛起的霸主们

> 晋荀息请以屈产之乘与垂棘之璧，假道于虞以伐虢。公曰："是吾宝也。"对曰："若得道于虞，犹外府也。"
>
> ——《左传·僖公二年》

【人物】晋献公、虢公丑、虞公、秦穆公、百里奚、宋襄公、公子目夷

【事件】假道伐虢、百里奚相秦、宋楚争霸

齐桓公因信用奸臣落得悲惨下场，空置的霸主地位引起楚、晋、秦等强国的争霸雄心，就连商朝遗民宋国也起了争霸的心思，他们加紧扩大实力，有的踏上称霸一时的轨道，有的接替霸主地位失败，成为旧贵族时代的殉葬者。

假道伐虢，唇亡齿寒

作为迎立周平王东迁的国家之一，晋一直是中原举足轻重的大国，周天子所在的洛邑也和晋国非常接近。然而自拥立周平王的晋文侯去世后，晋昭侯继位（前745），将晋文侯的弟弟桓叔封在曲沃，晋国的内乱便由此开始，这就是所谓的"晋人乱自曲沃治矣"。晋昭侯继位不过七年，晋国大夫潘父就杀害他，打算另立新主（有史料认为是迎立曲沃桓叔）。虽然这次政变中晋国最终仍由晋昭侯的儿子晋孝侯继位，但曲沃一系很快就和晋国正统国君交战起来。这场同室操戈持续了大约五十年，其间，晋孝侯、

晋小子侯、晋侯湣（mǐn）三位国君都被曲沃一系所杀，晋鄂侯、晋哀侯两位国君是曲沃一系所立，哪怕周王室干预也无济于事。

晋侯湣二十七年（前678），曲沃武公吞并晋国，而天子周釐王接受了晋国送来的宝物，将篡位的曲沃武公封为晋君，即晋武公，曲沃一系由此变为晋国正统。这是春秋时期的一个大事件，意味着周王室首次向不合礼法的篡逆公开妥协，周王室的权威也就一落千丈，以武力夺取君位的暴行自此无法断绝。

在篡位之前，曲沃一系就经常攻打晋国的土地，并且在和戎狄的交战中扩大领土，等到晋终于成为统一的大国，这种开疆拓土的方式也被延续了下来。公元前677年，晋武公去世，儿子诡诸继位，也就是晋献公。晋献公一生吞并了十七个国家，征服了三十八个国家，这其实也是春秋时代的常态，西周分封的数百诸侯已经在飞速地互相兼并，形成一个个大国的雏形。

晋献公吞并的国家中，堪称强敌的是虞国和虢国，两国原本非常友好。晋国出兵攻击虞国，虢国会出兵救援；晋国出兵攻击虢国，虞国也会出兵相助；晋国同时攻打虞国与虢国，实力又不足。晋献公询问对策，大臣荀息建议先设法离间两国，再逐个击破。

得知虢公丑喜好美色，晋献公便派人送去美女。虢公丑大喜过望，不顾大臣好言相劝，天天沉溺于

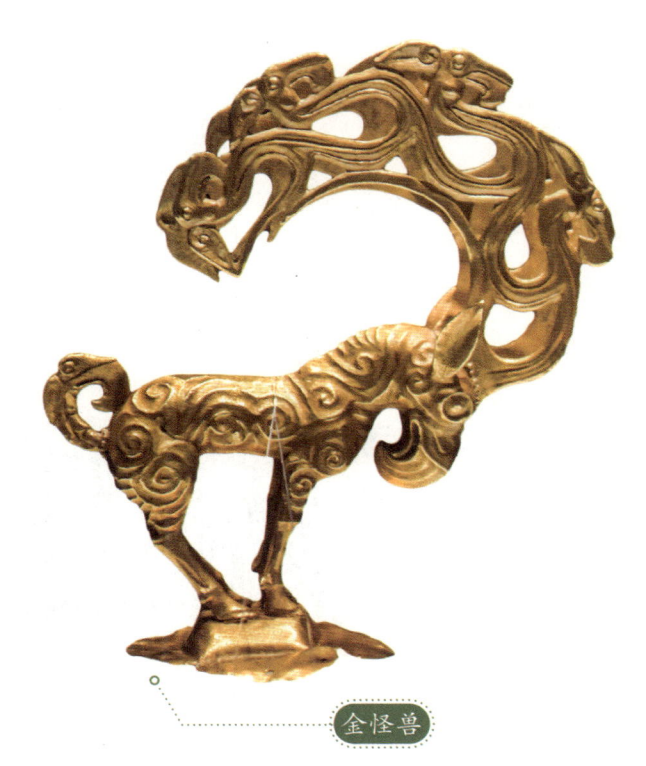

金怪兽

美色，虢国不可避免地走向衰落。

眼见时机成熟，晋献公决定出兵攻虢，但是进攻的路上还有一个虞国。怎么办呢？荀息又建议晋献公拿屈产的名马、垂棘的美玉贿赂虞公，借路去攻打虢国。这两样都是晋国的国宝，晋献公有些舍不得。荀息却笑了，说："只要虞国借道，虢国必灭，到时候消灭虞国也是迟早的事，宝贝先放在他那里，和放到宫外的仓库里有什么区别呢？"

晋献公恍然大悟，立即派荀息出使虞国，送上骏马和玉璧并说明来意。虞公一见宝物喜不自胜。虞国大臣宫之奇很担忧，劝谏道："晋国强而虞国弱，如今晋国使者却反常地又送贵重宝物又卑辞相求，一定是不利于我国的。"见财起意的虞公根本不听，甚至亲自带兵帮助晋国作战。

于是，公元前658年，虞国、晋军一齐攻打虢国，夺得虢国重地下阳（今山西平陆县北）。

奇珍异宝

虢季子白盘

西周时期，虢国有任国君叫虢季子白。有一次，在和猃狁人的交战中，虢季子白率兵浴血奋战，斩杀五百人，活捉五十人，取得最终胜利。周天子非常高兴，赐予丰厚赏礼。虢季子白特意令人制作青铜盘，在盘上铭刻这件事。后世称此盘为"虢季子白盘"。

▲虢季子白盘

公元前655年，晋国再次向虞国借道攻打虢国。虞国大夫宫之奇知道后焦急地劝谏道："虢国是表，虞国是里，虢国亡了，虞国必然紧随其后。晋国狼子野心我们不可助长，此等大敌绝不能轻视啊！谚语说'辅车相依，唇亡齿寒'，说的不就是虢国和虞国吗？请您三思啊！"虞公说："晋国和我有血缘关系，不会的。"宫之奇叹了口气，说："晋国和虢国何尝没有血缘关系，且比和我们的关系更近，晋国既然会消灭虢国，又怎么会对我们心存爱怜呢？"虞公仍然不信，说："我祭祀鬼神的祭品丰富又洁净，一定会得到庇护！"宫之奇摇了摇头，说："鬼神哪里会随便亲近某个人呢，他们只亲近有崇高德行的人，如果晋国夺了您的土地，大修德政，并奉上祭品，难道鬼神还会吐出来不吃吗？！"虞公依然不听，答应借道，宫之奇就带领族人逃离了不可救药的虞国。

果不其然，虞国借道之后，晋军只用四个月便灭掉了虢国，大军返回时，晋国大将里克送给虞公许多财物，并以生病不宜带兵回国为由，驻军在虞国国都附近。

几天后，晋献公亲自来虞国约虞公去城外打猎，虞公不知是计，为显示排场，率大量卫队随从。虞公一行刚出城，里克就率军占领了虞国国都。虞公如梦初醒，但已被城内外的晋军包围，成为晋军俘虏，只留下唇亡齿寒的千古教训。

成语典故

危如累卵

晋献公曾经不顾各方劝阻，下令修建一座九层高台。大臣荀息前来求见，他拿起十二颗棋子一颗一颗地摞起来，再往上边一个接一个地摞鸡蛋。晋献公大喊危险，荀息趁机说："建造高台就像叠鸡蛋一样危险啊！请您三思而行。"晋献公猛然醒悟。

时间 前745—前638

五张羊皮换来的好宰相

虞国虽然只是个小国，但其灭亡也导致了一批优秀人才外流，比如百里奚。

百里奚是一位经历坎坷的大才，他早年游学于齐国，但非常落魄，沦落到乞讨求生的地步，幸好一个叫蹇叔的人收留了他，这才免于饿死。当时的百里奚想要效力于新任齐君，但被蹇叔阻止，幸而免于一难，因为此时的齐国国君正是篡位自立的公孙无知。

离开齐国以后，百里奚来到周王室的直辖地，想要谋一份差事。当时的周王子姬颓喜欢牛，百里奚就用养牛之术接近他，眼看要被重用，蹇叔又制止了百里奚，百里奚只好不情不愿地走了。之后不久，王子姬颓就发动政变篡位，很快失败被杀，也就是所谓的周废王，百里奚于是又免于一难。后来，他辗转来到虞国，当上了大夫，这时候，蹇叔却又出言阻止。百里奚很聪明，知道蹇叔的意思是虞公昏庸定然不重用他，但此时百里奚已经颠簸了大半生，想要过几天安稳日子，也就没有听从。结果虞国亡国，百里奚和虞公都沦为俘虏。

百里奚以为一生都将在桎梏中度过，却不想一个兴起中的国家会成为他的归宿。这个国家就是秦国。自接受周平王的命令以后，秦人在西陲和戎狄部落奋斗数代，终于有了一个大国的样子。由于年轻，秦国的制度、文化都不尽完善，很多代国君竟连姓名都没有记录，整个国家亟须能人治理。

说来也巧，虞国被灭前不久（前659），秦国出了一位贤君秦穆公，他在位四年时决定迎娶晋国王室女子，随嫁队伍中的奴仆正是百里奚。百里奚可不知道秦穆公想重用他，于是趁秦国人不注意逃了出去。但他很倒霉，逃到楚国时被一个老百姓抓住了，依旧作为奴隶，被发配去养牛。

秦穆公听说百里奚的事情之后，想重金赎回百里奚，但又担心赎金多会引起楚国人猜忌，事情反而会办不成。于是，他佯装发怒，给楚国去信：

"我夫人的随嫁奴仆百里奚逃到了你们这里,请把他交还秦国,我愿意用五张羖羊皮来换!"楚王一看才值五张羊皮,也就认定百里奚是个无关紧要的奴隶,随口就答应了。

此时,百里奚已七十多岁了,到秦国后,秦穆公为他打开枷锁,将他当作座上宾,向他请教富国强兵之道。百里奚叹了口气,说:"我一个亡国之臣,哪有资格谈论这些?"秦穆公摇摇头,说:"虞国国君正是因为不能用您,才弄得国破家亡,绝不是您的罪过。"说罢依旧向百里奚请教。百里奚拗不过,只好试探地和秦穆公说了些富国强兵的道理,不承想越谈越投机,两人竟然谈了整整三天。听完之后,秦穆公就把秦国大政都交给百

奇珍异宝

秦公簋

和鼎一样,簋(guǐ)也是中国古代象征贵族地位的器物。秦公簋出土于甘肃,是秦景公时期的青铜祭器。此簋略扁而圆,盖顶有圆形捉手,圈足饰有波带纹,两耳饰有兽首。簋内共有铭文一百二十三字,记录秦国祖先在华夏已建都十二代,秦景公将继承先业,永保四方之地。

时间 前745—前638

成语典故

相堂认妻

百里奚担任秦国左相后,有一次在家中大宴宾客,特意让虞国乐师弹奏乐曲。一曲奏毕,堂下忽然出现一位老妇,请求献上一曲。老妇人自弹自唱:"百里奚,五羊皮,忆别时,烹伏雌,炊扊扅(yǎn yí),今日富贵忘我为……"百里奚听呆了,急忙前去细看,发现老妇人竟是自己失散多年的妻子,两人百感交集,抱头痛哭一场。

里奚掌管,由于百里奚是用五张羊皮换回来的,所以人们也叫他"五羖大夫"。但百里奚却坚决推辞,并诚恳地推荐了自己的恩人蹇叔。秦穆公一听,非常高兴,立刻派人带上丰厚的礼物去请蹇叔。蹇叔本来无意做官,见到百里奚热情相邀的信后,才来到了秦国,秦穆公拜他为上大夫,让他与百里奚一并为相,共同执掌秦国政事。

从此,在百里奚和蹇叔的共同辅助之下,秦穆公推行各项举措,教化民众,开启民智,实施变革,兴利除害。因为这些改革措施,秦国百姓得到好处,国家也逐步发展为名副其实的大国。

打仗也要讲仁义

在一个个强国暗中整合力量崛起之时,春秋首霸的开创者齐桓公却失去了贤相管仲。管仲死前,特别叮嘱齐桓公不要重用易牙、竖刁、开方这三个奸臣,因为他们不惜杀害亲人或者伤残身体来接近齐桓公,一定是不怀好心的。齐桓公敬重管仲,一狠心就把三人都赶走了。然而,这三个奸臣都很有讨欢心的手段,离了他们,齐桓公三年里食不甘味,终于忍不住起用了三人。任用这三人的第二年，齐桓公就生了病，在宫中起不来床了。已然专权的三人趁机作乱，把齐桓公的宫殿重重包围，不许外人进出，齐桓公被困在宫里，没得吃，没得喝，很快就又病又饿地死去了。临死前，在位四十三年的齐桓公喟然长叹："圣人的预见真是长远啊，如果死者有知，我哪有脸去见仲父！"说罢用袖子遮住脸庞而死。

齐桓公暴死，不仅中断了齐国的霸业，还留下继承人之争。原来齐桓公虽有三位夫人，但都没有子嗣，反而是六位宠妃各自给他留下了儿子。原本齐桓公和管仲商定的继承人是太子昭，并特意将太子在盟会上委托给宋襄公。但管仲一死，五个公子都觉得自己和太子出身一般无二，于是都结党竞争太子之位。奸臣竖刁、易牙都是靠着宠妃少卫姬得宠的，他们想立的自然是少卫姬的儿子无诡。于是齐桓公一死，齐国各党派攻杀数月，其间齐桓公停尸内宫，无人下葬。

最终易牙三人大肆杀戮诸位大夫，册立公子无诡登上君位。太子昭被迫出逃，找到托孤的宋襄公求助。

宋国本是商朝的遗民所建，国家不大，但爵位极高。此时在任的宋襄公仁义又有才干，曾经有让位于兄的美行，在诸侯中声望很高。继位后，宋襄公又把哥哥任命为相，兄弟俩齐心协力，使得宋国国力大大增强。看到太子昭被迫逃亡，宋襄公义愤填膺，他还记得齐桓公当年的嘱托，当即联合卫、曹、邾等国，率军杀向齐国。齐国大贵族本来就不全支持无诡，见势不妙，就把公子无诡和竖刁都杀了，开城迎接太子昭继位，即齐孝公。

齐国原是诸侯盟主。宋襄公帮助齐孝公恢复君位，声名鹊起，时日一久，也想做霸主，于是他效仿齐桓公，开始"管闲事"，陆续敲打了一批小国以维护秩序。

眼见有所成效，宋襄公采取和齐桓公一样的方式，打算试探性地组织诸侯会盟。

但有意当诸侯霸主的可不只宋国，楚国、齐国等也虎视眈眈，一时诸侯们分成几个盟派，彼此暗中较劲。

时间　前 745—前 638

担任宋国国相的公子目夷很担心，就对弟弟宋襄公说："小国和大国争当盟主，这是祸事啊！"可宋襄公不以为意，仍然兴致高昂地参加了鹿上之盟和盂地之盟。在盂地之盟上，为了当盟主，宋襄公与楚成王起了冲突。谁知楚成王事先设有伏兵，见宋襄公如此放肆，当场就将宋襄公囚禁了起来。楚军押着宋襄公，一路进军到宋都商丘。公子目夷率宋军顽强抵抗，好不容易才遏制住楚军的凶猛攻势。

后来，在齐国和鲁国的调停之下，楚国成为新盟主，宋襄公才得以平安释放。遭受奇耻大辱后，宋襄公不敢贸然进攻楚国，便计划进攻臣服楚国的郑国。

公元前 638 年，一支宋军进攻郑国。郑国向楚国求援，楚国于是派军直接向宋国打去。得到消息后，宋襄公急忙从郑国撤军，两国军队最终在泓水（古河流名，故道约在今河南省柘城县西北）相遇。

宋襄公命令宋军在泓水以北严阵以待，阻击楚军。楚军也不示弱，很快在泓水南岸渡河。宋国司马建议趁楚军还没全部渡过河时发起攻击。可宋襄公觉得想称霸必须行仁义，反驳说："人家还没完全渡过河，我们乘人之危发起进攻，那还算是仁义之师吗？"楚军渡过泓水开始布阵时，宋国司马再次建议发起进攻。宋襄公断然拒绝："人家还没布好阵势，我们就进攻，那是仁义之举吗？"等到楚国布阵完毕，宋襄公方下令击鼓进军。结果可想而知。

春秋　秦公镈（bó）

在混战中，宋襄公腿上中箭，险些被楚军抓住。公孙固等几员大将奋力冲杀，才将他营救出来。宋国人无不抱怨宋襄公，可宋襄公自己还固执地认为："君子不能乘人之危，不该击鼓进攻不成阵列的对手。"公子目夷听后恨铁不成钢地骂道："用兵打仗获胜才是有功，哪有这么多规矩！要真按您说的，不如直接去给楚王当奴隶，还打什么仗？！"

从此，继春秋首霸落幕之后，宋国也元气大伤，完全失去争霸实力，晋、秦、楚逐步走向舞台中央。但也有人对仁义的宋襄公报以同情，比如《史记》就将他认定为五霸之一。

清 萧晨 仿李希采薇图（全卷）绢本

宋国是殷商的后裔之一，是武王灭商后融入周朝的商族代表。但不是所有商朝势力都选择归顺，比如孤竹国的王子伯夷和叔齐。两人不赞同周朝灭商，为此宁愿在首阳山隐居，靠采薇度日，困厄而死，也不愿吃一粒周朝的粮食。

地图专题：泓水之战

性质：宋国和楚国的争霸战。

作战方：宋襄公、公子目夷率领的宋军；楚国军队。

背景：齐桓公去世后，宋襄公帮助齐孝公继位，获得了不小威望，产生了争霸之心，但盟会上更多国家支持强大的楚国称霸。

透过地图说历史：

泓水之战这段历史，听起来像一个荒唐的故事。

宋国作为殷商的遗民，爵位虽高，但土地并不广阔，地势则一马平川，并没有赖以防守的屏障。这样的一个国家却产生了一个忽略军事力量，想仅靠地位和影响力称霸的君主宋襄公。

为了塑造"君子"的良好形象，提升称霸的影响力，宋襄公不仅严守已经有些过时的古代战争礼仪，还机械地用道德标准给自己的军队立了很多规矩。比如不能乘人之危，不能攻击还没有形成阵形的敌人，不能俘虏老迈或年幼的敌人。

正是因为他坚持的这些"讲仁义"的规矩，宋国最后的一道屏障——泓水也被楚军平安渡过了，宋军大败。

从此以后，就再也没有小国敢于掺和称霸之事了。

泓水之战

时间 前672—前628

04 流亡十九年的霸主

> 至齐，齐桓公厚礼，而以宗女妻之，有马二十乘，重耳安之。重耳至齐二岁而桓公卒，会竖刀等为内乱，齐孝公之立，诸侯兵数至。留齐凡五岁。重耳爱齐女，毋去心。赵衰、咎犯乃于桑下谋行。
>
> ——《史记·晋世家》

【人物】晋献公、骊姬、申生、重耳、里克、狐偃、介子推、先轸、子玉

【事件】申生自杀、重耳外逃、城濮之战

晋国内乱中，申生遭受陷害，愚忠愚孝，自杀而死。重耳流亡诸国，为之后回国登上国君之位，领导晋国称霸诸侯奠定坚实基础，也抑制了楚国的北扩战略。这也就是诸葛亮所说的："申生在内而亡，重耳在外而安。"

偏爱小儿子的晋献公

宋襄公失败后，真正接替齐国霸主地位的是晋国。晋国在晋献公在位时便开疆拓土，取得了不小成就，等到晋献公晚年，三个继承人申生、重耳、夷吾都贤明能干，称霸似乎水到渠成。可形势大好之际，一场内讧发生了。

引起内讧的原因是继承人问题，晋献公五年（前672），晋献公攻打骊山的戎族部落，得到了貌美的骊戎女子骊姬姐妹，自此宠爱非常。几年后骊姬为晋献公生下了儿子奚齐，让晋献公对继承人有了新想法，骊姬也暗中为儿子继位而发力。最终，晋献公十一年（前666），晋献公决定将最贤明的三个儿子分派各地镇守，其中，太子申生防守曲沃，公子重耳防守蒲地，公子夷吾防守屈地。派遣的理由是国之重地非诸公子镇守不能安心。可这样一来，留在都城绛城的就只有年幼的公子奚齐，一旦晋国有变，稍加运作就可以让奚齐继位。

晋献公十六年（前661），晋献公和太子申生各带一路大军，吞并耿、霍、魏三个小国。这一仗以晋国胜利告终，并且产生了两个改写历史的瞬间。第一，随军将领赵夙、毕万因功获得耿国、魏国故地为封地，几百年后这两人的后代逐渐取代晋国宗室，将封地发展成为战国七雄中的赵国和魏国。第二，有个叫士蒍（wěi）的人对申生预言了晋献公将废太子，他这样分析："以我观察，您没机会被立为国君了。国君分给您先君的都城曲沃，封给您卿一级的高位，预先把您推到人臣的最高地位，这不是明显不想立您为君吗？依我看，您不如逃走，效仿吴太伯出让国家的做法，这样起码还能博得谦让美名，否则就要大祸临头了。"可申生没有听从，仍然听从父亲的命令率军作战。

时间一长，一些拥护太子的重臣也察觉不对了，晋国大夫里克就曾在申生出征东山之际委婉地对晋献公说："太子又叫冢（zhǒng）子，这是因为他需要奉持祭祀，朝夕在国君身边照看。太子的责任或者是替

鸟盖瓠壶

国君监国或者是跟随国君安抚军队。掌管军队是不合适的，他一心一意只听国君的命令就没有军威，随机应变不请示又是不孝的……"晋献公听出里克的意思，很不高兴，冷冷地说："我有好几个儿子，将来谁继承我的位置，还不一定。"里克无话可说。申生问他自己是否即将被废，里克没有如实告知申生，而是安慰他不要担心，只要恪守孝道，修养自身，就能免于灾祸。

可天长日久，晋献公不仅没有看在申生的功劳上改变心意，反而越发想更换继承人。一次，他直接对骊姬私下说，想让奚齐做太子。骊姬很有心计，明面上哭闹反对，将申生大大称赞一番，博取晋献公和申生的信任，暗地里却安排他人诽谤申生，设下陷害申生的毒计。

晋献公二十一年（前656），骊姬哄骗申生说，我梦见齐姜（申生已经去世的母亲）了，你快些到曲沃去祭祀她，回来时把祭祀用的胙肉献给你父亲。申生不疑有他，果然带回胙肉，而此时晋献公正外出打猎，申生只好将胙肉放在宫中等晋献公回来。趁此机会，骊姬派人在胙肉中放了毒药。

过了两天，晋献公打猎回来。厨师将胙肉奉给晋献公，晋献公要吃胙肉时，骊姬从旁边阻止："胙肉来自远方，应先试试它有没有问题。"晋献公点点头，叫来一只狗和宫人试吃，自然，试吃胙肉的狗和宫人都中毒而死。骊姬趁机哭哭啼啼，一口咬定申生想谋杀父亲，晋献公劫后余生，想一想也后怕。

申生得知消息，从都城绛城逃到曲沃。晋献公听说后，更认定申生是畏罪潜逃。有人劝申生："是骊姬放的毒药，您为何不去把话说明？"申生摇摇头，说："我父亲已经老了，没有骊姬，就睡眠不安，饮食不甘。如果我向他解释清楚，必会引得他对骊姬发怒，导致他寝食不安。这不是孝顺的行为。"

又有人劝申生："您可以暂时投奔到其他国家去！"申生长叹一口气，说："我带着杀父亲的恶名投奔，谁会接纳我？我自杀算了。"不久，申生在曲沃自杀。

奇珍异宝

春秋伎乐铜屋

"伎"在古代泛指歌舞表演，也指以歌舞为业的人。伎乐铜屋是一间用青铜制作的小屋，屋里藏着一支小小的"乐队"——前排两人双手交叠于小腹，摆出吟唱之姿，这是"乐伎"，也就是"主唱"，后排四人持有各种乐器，这是"乐手"。六人在干什么？正在开一场"演唱会"。

申生死后，重耳和夷吾前来朝见，骊姬担心这两人对她怀恨在心，于是造谣说重耳、夷吾事先都知道胙肉有毒一事。重耳、夷吾得知消息，都很害怕，不敢告辞就匆匆逃回封地。晋献公知道后，对骊姬放出的谣言更加信以为真，竟然直接发兵攻打重耳、夷吾二人。重耳难以抵抗，只好逃往国外。夷吾苦苦坚守，一年后也溃败出逃。

5 公子重耳历险记

重耳的母亲是狄国女子，因此事发后重耳逃到狄国寻求庇护，谋士狐偃、赵衰、介子推、魏犨（chōu）等人忠心耿耿地跟随他。晋献公一度派兵来打，但狄国势力也不小，挡住了晋国军队。而夷吾则一路向西，由梁国逃向正在崛起的秦国。

两位公子逃亡期间，晋国的扩张仍在继续，到晋献公二十六年（前

时间 前672—前628

651），晋国已占有河西之地，向西和秦接壤，向北与狄国为邻，向东扩展到河内之地。这一年也是齐桓公大会诸侯得到周天子胙肉的风光时刻。然而，也是在这一年，晋献公一病不起，死前委命荀息为相国，将年幼的公子奚齐托付于他。

可是，晋国国内追思三位公子的人很多，他们以里克为首，发动政变，在晋献公还没下葬前就将小公子奚齐杀害。荀息伤心欲绝，忍着哀痛立奚齐的弟弟卓子为王，希望以此达成承诺，可是不久卓子也被里克杀死了。荀息意识到他再也无法完成委托，毅然自杀。里克掌控朝政后，很快向在外的重耳、夷吾发出了继位邀请。

重耳有所顾虑，没有接受邀请，辞谢道："我违背父亲的命令出逃，连他老人家的丧礼都不能尽人子之责，如何敢回国继位？请另立他人吧。"而夷吾当时正在秦国，虽然也有顾虑，但他以河西之地为代价说动了秦穆公派兵护送他回国，为了安抚人心，他又许诺继位后赐给里克汾阳。于是，公元前651年，夷吾回国继位，也就是晋惠公。晋惠公继位后，一改先前的德行，三番五次违背诺言。为了巩固统治，他既没有给秦国土地，也没有报答里克，反而赐死了里克，并派兵追杀重耳。于是晋惠公在位的十几年中，重耳流亡各国，饱受磨难，在客观上增长了见识和才干。

重耳一行游历过卫国、齐国、曹国、宋国、楚国、秦国，最终才回到晋国。其中，在齐国，重耳一行见识了齐国的强盛，也接受了先进的思想观念。

此时的齐桓公已经年老，但仍然给

春秋 秦公钟

故事典故

子犯和钟

子犯和钟是一组青铜编钟，共有八件。八件钟悬挂在一具钟架上，用丁字形的槌和长棒轻轻敲击，即能演奏美妙的乐曲。这组编钟上刻有铭文一百三十三字，记载了晋文公重耳流亡十九年后返晋掌权，进行城濮之战等重大事件。作器者是子犯，即狐偃，因此得名子犯和钟。

了重耳他们优厚的待遇。他将一个宗室女子嫁给重耳，并准备了非常丰厚的嫁妆。重耳等人在齐国过了两年安稳无忧的日子。

公元前643年，齐桓公去世，齐国内乱爆发。内乱结束后齐孝公继位，诸侯多次侵犯齐国，齐国霸主地位不再。目睹齐国兴衰的狐偃、赵衰、介子推等人都苦劝重耳回晋国开创事业。

可重耳年龄已大，爱恋娇妻，不愿离开齐国。狐偃、赵衰、介子推等人只能密谋设法强行带走重耳。几人在桑树下谋划，不承想树上有一个采桑的齐国婢女，把一切听得清清楚楚。于是重耳的妻子也知道了，可她深明大义不仅没有阻拦，反而封锁消息，苦口婆心地劝重耳说："您是一国公子，走投无路才到这里，侍臣们为了您的大事不惜性命地跟随您，您不去建功立业，报答他们，却为了我恋恋不舍，我真替您羞耻！如果现在您不去晋国，何时才能成功呢？"重耳听了妻子的话，依旧不为所动。不承想妻子非常果断，立即与赵衰等人设计灌醉了重耳，让狐偃、赵衰、介子推等人强行把他带走了。重耳醒来时，早已不知身在齐国多远以外，这时他才下定决心回晋国开创事业。

离开齐国以后，一路走过曹国、宋国、郑国，重耳才有些时来运转，一向被小国鄙夷的他竟得到了楚成王的礼遇。在以诸侯规格布置的迎接宴上，楚成王笑着问重耳："有朝一日您返回晋国，当如何报答寡人？"这时的重耳心境已非常洗练，他略一思量，不卑不亢地说："若晋楚两国不得不刀兵相见，对峙于平原大泽，我晋国愿意退让三舍，以报今日之恩。"楚国臣子大怒，扬言要杀了重耳，可楚成王却摆摆手，说："重耳贤明却流亡在外，我今日是知道了，跟随他的都是晋国的栋梁，或许是上天选他执掌晋国吧！"

此时，正赶上晋惠公夷吾去世，留在秦国当人质的晋国太子圉（yǔ）急于继位，竟然抛下秦穆公的女儿，擅自逃回晋国继位去了，也就是晋怀公。晋怀公虽然得以继位，却引得秦国极度不满。楚王认为这是一个机会，就把重耳送到秦国。

来到秦国后，秦穆公爱才，又对晋惠公、晋怀公父子背信弃义大为不满，决定扶助声名在外的重耳，他一口气将五名宗室女子嫁给重耳，还亲自派兵护送重耳回国。

于是，公元前636年，流亡在外十九年，已六十二岁高龄的重耳历经

知识充电

寒食由来

重耳流亡他国期间，大臣介子推始终追随左右、不离不弃。可等重耳当上国君后，各路功臣都得到重赏，唯有介子推不求功名，携母亲归隐绵山。晋文公为了逼迫介子推出山，下令放火烧山，谁知介子推意志坚决，宁肯被烧死也不出来。晋文公非常后悔，下令在介子推死难之日不准生火做饭，以寄哀思，这就是"寒食节"的由来。寒食节的具体日期为清明节前一日（一说两日），在后世的发展中逐渐增加了祭扫、踏青、蹴鞠、牵勾、斗鸡等风俗。

千辛万苦，终于回到晋国，在国内臣民的纷纷支持下登上君位，即晋文公。当上国君后，重耳唯才是举，重用贤能，充分利用从齐国、楚国、秦国学到的治理经验，结合本国实际，尊王攘夷，发展经济。没多久，晋国底蕴全面爆发。

5 城濮之战，终成霸主

晋文公回到晋国之初，面对的是暗流汹涌的政局，国内大夫仍然有晋怀公的支持者，暗中怀着复辟的打算。幸而晋文公懂得宽容，从以往的敌人口中得知了消息，早早有所防备。秦穆公也及时送来三千卫士，帮晋文公稳定政局。

晋文公这才在晋国站稳脚跟，开始施行利于百姓的政策，拥有良好基础的晋国很快强大起来，逐渐具备争霸实力，这时谋士狐偃献上了一条很关键的计策："求诸侯，莫如勤王。"意思是，与其靠武力求得诸侯的拥护，不如主动迎接蒙难的周襄王。

周襄王为何蒙难？归根结底是周朝王位之争，周襄王是在公元前651年由齐桓公一手扶持的，对此，周襄王的弟弟王子带一直耿耿于怀。周襄王继位四年时（前648）王子带竟召集戎人攻打周朝的都城，这次叛乱虽然以王子带出逃告终，但朝中仍不乏王子带的支持者。于是周襄王十五年（前637），在齐国的干预下，王子带再回周朝，仅两年就逼得周襄王出逃氾地，这一年也就是晋文公元年（前636）。

出逃的周天子在有意争霸的大国眼里是行走的功勋，只要发兵将周天子送归，顷刻就能攒下称霸的声望。晋文公很有见识，立即采纳了狐偃的计策。因为护送周天子的功勋，晋国的地位超然起来，但南方的强国楚仍是个大敌，中原的小国被迫在晋楚之间各自站队。

晋文公四年（前633），因为宋国背楚投晋，楚成王派大将子玉率楚、郑、陈、蔡、许五国联军，围攻宋国。宋国抵挡不住向晋求援，这一战由

时间 前672—前628

春秋 牺首簋

此发酵为晋楚的争霸战。

晋国大夫狐偃献计，认为可以避开宋国的乱局，派军进攻楚国刚刚收拢的附属国曹国和卫国，以解宋国之危。晋文公同意了，下令三军出战。但楚成王似乎也看出晋文公的意图，并未中计，反而指挥联军更加猛烈地进攻宋都商丘。

于是两个大国各自攻伐，微妙地避开正面交战。到了第二年春季，楚国已然包围了宋国，但局势上晋军更为顺利——此时，曹卫两国已抵抗不住，连国君都被晋文公抓获了。然而，无论晋国获利多少，一旦宋国败亡，晋文公仍然会信誉扫地。为此晋军将领先轸提出一条妙计：先让宋国以一部分土地为代价贿赂齐国和秦国，请齐秦出面调停，晋国则把抢占的曹国、卫国土地补偿给宋国。晋文公认为绝妙，决定实施此计。

楚成王大感棘手，觉得僵持下去不仅无利反而会再树强敌，因此决定撤退，同时命令五国联军统帅子玉率兵撤出宋都商丘。但子玉眼看商丘即将被攻下，不愿撤退，反而派使者向楚成王请战。楚成王很不高兴，没有一口拒绝，但只给了子玉少量本国兵马。

可子玉全无畏惧，仍然高姿态地派出使者宛春向晋军传话：请恢复卫侯的君位，归还曹国的土地，我才从商丘撤军。晋国君臣大怒，不少人坚决反对，但先轸却提出："楚国人的计策能让曹、卫、宋三国安定下来，这是合乎礼法的，我们不能拒绝，否则会惹来三国怨恨。不如私下许诺恢复曹卫的封国，让他们背叛楚国，我们则扣押宛春，激怒楚兵，逼他们主动开战。"

子玉果然中计，立刻率军北上，攻打晋军。楚军进入战场后，晋文公却下令晋军后撤九十里（三舍），名义上是报答当初流亡时楚成王的礼遇之恩，实际上是在诱敌深入，让晋军向齐军和秦军靠拢，形成战力。楚国军队心生退意，但子玉坚持追击。

最终，公元前632年，楚、郑、陈、蔡、许五国联军和齐、宋、秦、晋四国联军在城濮（今山东菏泽鄄城西南）决战。齐、宋、秦、晋四国联军分成上军、中军和下军，楚、郑、陈、蔡、许五国联军分成左军、中军和右军。

在一场激烈厮杀中，晋国命令下军为战马蒙上虎皮，以五国联军中最软弱的陈蔡两军为突破口，很快击溃了两国所在的右军，而晋国中军则伪造败退的迹象诱敌深入，等楚军左军追来后再集合各军联合绞杀。左右两路均败，楚军的败局于是不可逆转了，虽然楚帅子玉及时收敛士卒遏制了局面恶化，但楚军的营地和粮食都被晋军夺走了。蒙此大败的五国联军统帅子玉大受打击，在回军途中就死去了（一说赐死，一说自杀）。

这一战就是奠定晋国霸主地位的城濮之战，楚国北上锋芒受挫，被迫退到大别山以南，暂停争霸中原计划。晋文公趁机打出"尊王攘夷"旗号，一路进军到郑国，在践土（今河南原阳县附近）为周襄王建起行宫。

周襄王非常高兴，将晋文公册封为侯伯（诸侯之长）。晋文公由此成为春秋第二位公认霸主。由于年事已高，晋文公在位九年就去世了，虽然如此，晋国却已牢牢地掌握了称霸的根基。

知识充电

世卿世禄制

简单来说，世卿世禄制就是天子或诸侯国君之下的贵族，可以父死子继，世世代代继承祖上的官职待遇，以及所封的土地和土地的赋税收入。因为这一制度，很多贵族世世代代积累了强大的实力，甚至反超国君，取而代之。

地图专题 城濮之战

性质：晋国和楚国的第一次主力交锋，奠定了晋国的霸主地位。

作战方：楚将子玉率领的部分楚军主力，郑、陈、蔡、许四国联军；晋文公率领的晋国军队（秦、齐主要是威慑）。

背景：晋国国力增强，危害了南方强国楚国的利益。晋楚彼此顾忌，于是围绕双方的盟国展开了角力。

透过地图说历史：

在地图上，红色与紫色的行军路线好像一条条小溪，逐步汇聚成两条相交的大河。这和城濮之战前，晋楚两国愈演愈烈的矛盾是如出一辙的。

晋国和楚国，一个在北，一个在南，原本风马牛不相及。但由于两国的不断壮大，它们的势力逐渐向中原蔓延，位于中原西边的众多小国，就成了它们首先的征服对象。

一些国家在两个大国间左右为难，因此成为大战的导火索。

晋楚都是大国，彼此都清楚爆发冲突的代价，但为了争霸又都不便退让，于是都选择了退而攻打对方的同盟国，这就是城濮之战的前役。齐国和秦国介入以后，楚成王已经有了退意，但因为大将子玉的坚持，楚晋两国还是在陶丘相遇了。

晋文公采取"卑而骄之"的战术，以报答楚王为借口退避三舍（约四十五千米），在城濮严阵以待，而子玉冲动易怒最终中了圈套。

感兴趣的读者可以借助比例尺算算，从陶丘到城濮的距离，是不是名副其实的"三舍"。

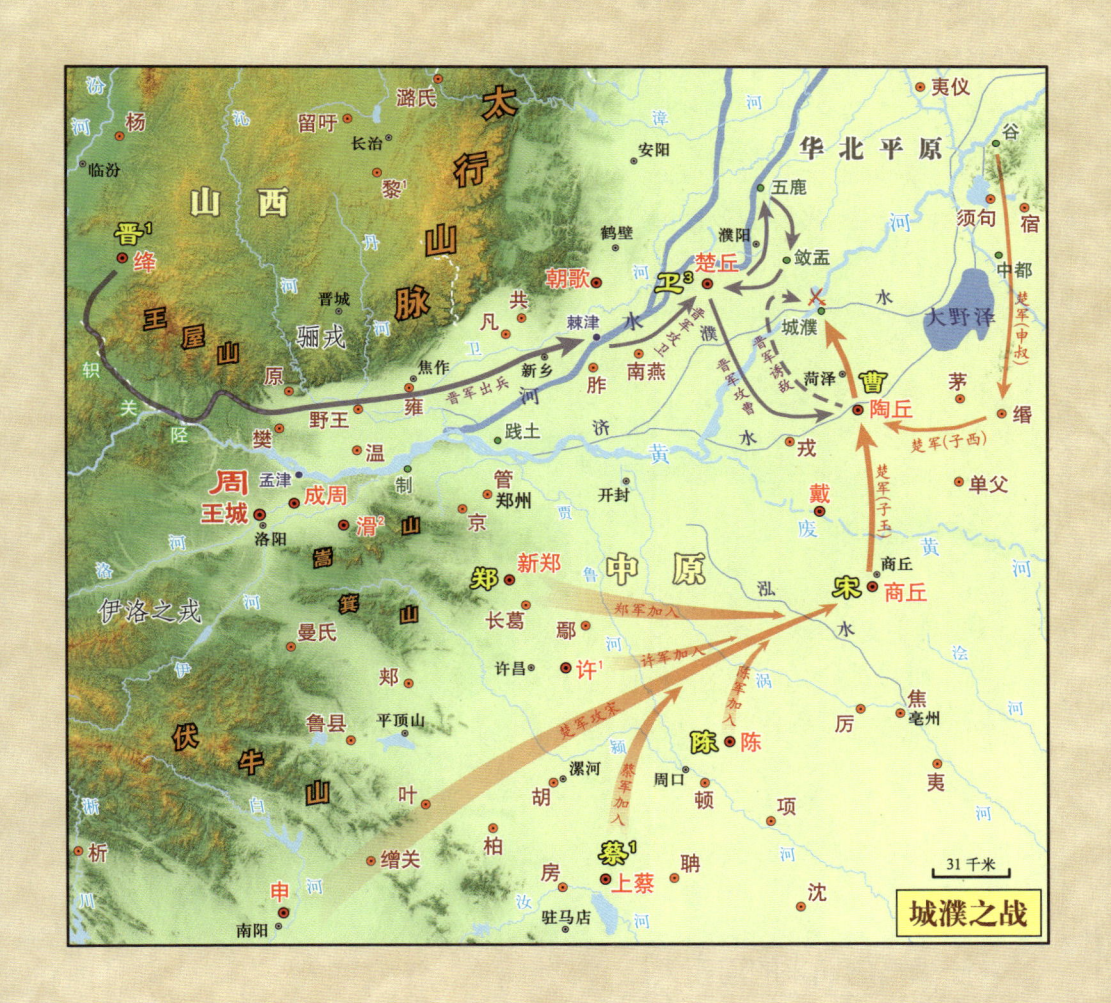

城濮之战以后，晋军乘胜西进，来到郑国。晋军来此，目的是逼迫这个楚国的盟国投晋，郑国只能应允。逼服郑国以后，晋文公班师北上。在回到晋国以前，晋文公在践土这个地方把从楚国俘获的一百乘战车和士兵千人献给了周天子。正是因为此功，周天子封晋文公为侯伯，也就是诸侯之长。

时间　前651—前621

05 从"弼马温"到西陲霸主

> 秦用由余谋伐戎王，益国十二，开地千里，遂霸西戎。天子使召公过贺缪公以金鼓。
>
> ——《史记·秦本纪》

【人物】秦穆公、夷吾、烛之武、晋襄公、西乞术、白乙丙、孟明视

【事件】烛之武退秦师、崤之战、孟明视三战晋国、秦霸西戎

作为西陲大国，秦在第九代国君秦穆公手中国势更加强大。秦穆公励精图治，一直积极谋划称霸大业。由于地理限制，秦国称霸不得不面对中原大国晋国，由此秦晋发生了数次战争。凭借高明的统治和征服戎族带来的广阔国土，秦国在秦穆公晚年力压晋国，真正成为诸侯霸主。

一顿马肉换来的河西大捷

秦国的先人本来为周王室养马，历经数代人的艰辛才逐步成为诸侯，从犬戎手里夺下了肥沃的土地。

作为西陲大国，秦在对抗戎族以外也以自己的方式影响着中原局面，其中一个很重要的杠杆就是晋国。随着晋献公的扩张和秦穆公的发展，秦晋两国实际已经接壤，并且互通婚姻。秦穆公的夫人就是晋献公之女。晋献公去世后，晋国继位的三位国君都和秦国关系密切，秦晋联姻也代代维

持。这种亲密的状态甚至产生了一个成语——秦晋之好。

通过晋国，秦国在中原也有了自己的影响力，并开始寻机崭露头角：公元前651年，晋国内乱，晋公子夷吾继位，发兵护送的是秦穆公；公元前649年，王子带招来戎人造反，发兵勤王的仍是秦穆公。

然而，秦国地处西陲，想去中原发挥影响力就不得不和晋国照面，而晋也是有争霸欲望的大国。由此，秦晋关系亲密之中又多了一丝裂隙，产生了很多摩擦。在这些摩擦中，秦穆公表现大度，宁肯吃亏也积极塑造有信义、遵礼法的国家形象。

秦穆公九年（前651），晋公子夷吾以河西八城说动秦穆公护送他继位，河西八城是秦进入中原的要地，秦穆公答应了。可继位以后，夷吾却违背诺言，拒绝交付土地。秦穆公很生气，克制着没有和晋国开战，暗中却重用晋国的出逃大臣丕豹。秦穆公十三年（前647），晋国饥荒，向秦国求取粮食，秦国大臣群情激奋，都说不仅不能给粮，还应趁机报毁约之仇。但秦穆公力排众议，采纳百里奚等人的意见，认为得罪他的是夷吾那小子，晋国百姓无辜，仍然送去了大批粮食。

春秋 兽首鼎

时间　前651—前621

次年，秦国大饥，秦穆公派使者向晋国求粮，晋惠公夷吾却忘恩负义，直接下令趁乱讨伐秦国。这一次秦穆公再不容忍了，立即派丕豹率军抵挡。两军交战之时，晋惠公贪功冒进，甩开大军和秦军争斗，很快落入下风，反被秦穆公等人疾驰追赶。眼见要抓到晋惠公时，一股援救的晋军赶来，反倒把秦穆公团团围住。幸亏有三百勇士闻讯赶来，悍不畏死地突破包围，救出了秦穆公。晋惠公却没有这么幸运了，在这股生力军的追捕下，反而成了秦穆公的俘虏。于是秦晋的这一战以秦国大获全胜告终。作为补偿，晋国不仅老实割让了河西八城，让秦国的土地扩张到黄河西岸，还将太子送到秦国当人质。要不是周天子和秦穆公的夫人穆姬求情，晋惠公都要被当成祭品祭天了。

大战结束后，秦穆公对那些勇士舍命相救的行为很感动，就去询问他们的身份，那些勇士见了秦穆公纷纷流出泪来，说："国君，我们是岐山下的野人啊，当年我们偷吃您心爱的好马，差点儿就要被杀头了，是您说'君子不以畜产害人'，没有治我们的罪。您还说，人吃了好马的肉如果不喝酒，就会伤身体，于是又赐给我们酒喝，您不记得了吗？"秦穆公这才恍然大悟。

知识充电

国野之分

所谓的野人不是野外的人类，而是和国人相对。国人住在王畿等核心区域，野人则居于其外。相对国人，野人在受教育、参军、社会地位上都大受限制。有些史学家认为，野人来源于那些被征服的民族。春秋中晚期，由于战争规模升级，各国纷纷开始设县，这一行政区划的改革让国人和野人的界限逐渐消失，到战国时期，已经没有国野之分了。

5 烛之武智退秦师

挫败晋惠公之后,通过扶持德高望重的公子重耳,秦国的影响力有所上升,秦晋关系也有所恢复,晋国有军事行动,秦国还时有配合。但秦晋的利益之争决定了两国不可能成为无间的盟友。秦穆公二十五年(前635),秦国列兵黄河想要迎送落难的周襄王,但被晋文公抢先,两国多少有了些嫌隙。秦穆公二十八年(前632),秦军参与城濮之战,但朝拜周王、名声大噪的是晋国。秦穆公三十年(前630),秦应晋国之约一起讨伐中原的郑国。因为当年晋文公流亡到郑国,郑文公不开城门;而在城濮之战中,郑文公又出兵援楚。

晋军驻扎在函陵(今河南新郑市北),秦军驻扎在氾南(今河南中牟县以南)。以两国之力,郑国绝无全身而退之理,但此时,一个郑国士人改变了局面。

他叫烛之武,是一个怀才不遇之人,等到被郑文公召见时,烛之武已白发苍苍、腰背佝偻,但仍然勇气不减,不惧风险地让守军把他吊出城去,趁夜色来到秦军军营。

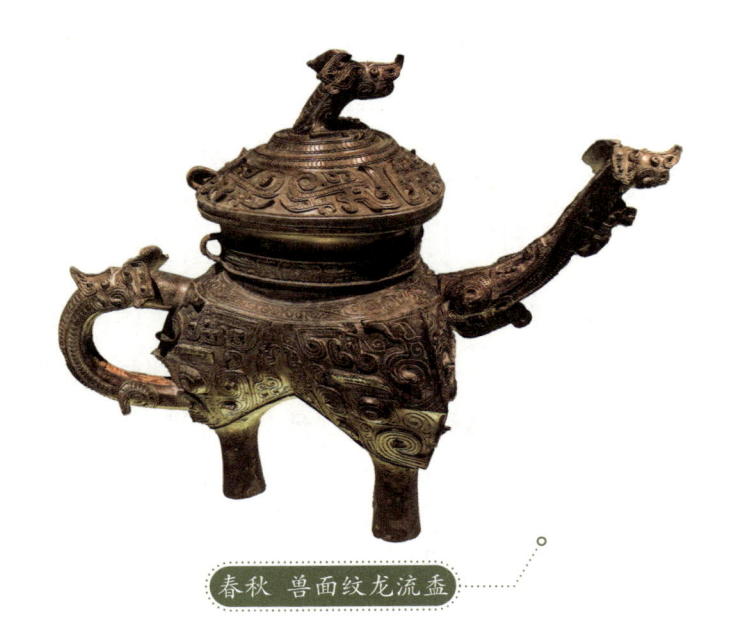

春秋 兽面纹龙流盉

时间 前651—前621

秦国守卫将烛之武拦下时，他放声大哭，声音非常凄凉。秦穆公听到后，下令将烛之武押入大帐，问："你为什么哭？"烛之武说："我哭是因为郑国将要灭亡。""那为什么跑到我帐外来哭？""郑国灭亡了，如果对秦国有好处，我不会来见您。就因为这无益于秦国，还会给秦国带来灾祸，我才哭啊！"

秦穆公疑惑不解。烛之武又说："我们两国之间隔着晋国，秦国能越过晋国来占领郑国吗？郑国灭亡了，自然会被晋国占领。这样一来，晋国实力就会增强而秦国实力削弱。晋国下一步将怎么做？它继续扩张和吞并，必然影响到秦国。请您好好想一想。如果放弃攻郑，郑国愿意与秦国订立盟约，两国使节友好往来，所需一切费用和物资，全由郑国负责供给。"

烛之武的话说到了秦穆公的痛处，第二天，秦穆公不仅答应撤军，还和郑国订立盟约，留下杞子、逢孙、杨孙与两千兵马驻守郑国。晋军多名将领纷纷请战，要求追击秦军。晋文公思考片刻，制止说："不行！当初若没秦国相助，我又怎么能回国呢？借助别人的力量又去损害别人，是不仁义的；失去同盟国，是不明智的；用混乱相攻取代联合一致，是不符合武德的。我们还是回去吧！"

于是，在这次围郑事件中，烛之武凭借高超的外交技巧化解了灾难，而秦晋两国的矛盾越发激化，秦晋之战只差一条引信了。

崤山下的惨败

公元前628年，晋文公去世，晋襄公继位。日渐强大的秦国想趁机东扩。

留守郑国的秦将杞子建议秦穆公趁机派秦军袭击郑国，自己作为内应，里应外合，一举消灭郑国。秦穆公认为这是个好计谋，但百里奚、蹇叔都认为，郑国距秦国太远，秦军长途跋涉后精疲力竭，士气低下，且长时间行军，郑国必然会得知消息，根本不具备偷袭条件。可秦穆公一意孤行，仍命令蹇叔的儿子西乞术、白乙丙以及百里奚的儿子孟明视率军袭击郑国。

春秋 兽面纹金饰

得知消息后,年事已高的百里奚、蹇叔流下泪来,都哭着对儿子说:"你们若是兵败,必然败在崤山。"

多日行军后,秦军进入滑国(今河南偃师市南)境内。此时,郑国商人弦高在滑国贩牛。得知秦军东进,他一边派人回郑国通报军情,一边冒充郑国使者,声称郑君令他带十二头肥牛和四张牛皮,在此地等候"犒劳"秦军。

西乞术、白乙丙和孟明视大吃一惊,都认为偷袭郑国的消息已经泄露,不敢贸然进攻郑国,但又不愿意白跑一趟,只好临时改变主意,消灭滑国后率军返回。

秦军这一战虽然得胜,但滑国位于晋国边境,秦军在晋国国丧期间,未事先打招呼就发兵东进,让晋襄公认为秦国欺负他孤弱,决心给秦国一个教训。于是,秦军返回时,晋襄公联合姜戎部族,令联军在崤山设伏。他身着染黑的丧服,亲自到前线指挥联军,意图围歼这支秦军。

公元前627年春天,在毫不知情的情况下,西乞术、白乙丙和孟明视率秦军路过崤山,进入晋军设置的包围圈。秦军千里奔袭无功而返,士气低落,人疲马乏,遇到以逸待劳、士气旺盛的晋军伏击,根本无法组织有效抵抗,一时溃不成军。而崤山又是秦兵回到秦国的唯一通道,这支无路可退的军队被全歼战场,只有西乞术、白乙丙和孟明视被晋军留作俘虏。

晋军大获全胜,准备杀三名秦将祭祀祖先。但晋襄公的母亲文嬴是秦

时间 前651—前621

穆公之女，听说此事非常着急，极力劝说晋襄公释放西乞术、白乙丙和孟明视，好让秦穆公亲手处罚他们，不要为了这几个必死之人和秦国结成死敌。晋襄公思考一番，下令将他们放了。

文嬴的算计瞒得过晋襄公，却瞒不过先轸，他得知消息，急忙向晋襄公讲述利害。晋襄公心生悔意，命令阳处父去追赶，然而却为时已晚了。

崤山惨败让秦穆公意识到跨越晋国进取中原是不可行的，他为死去的将士穿上白色丧服，亲自来到城外迎接西乞术、白乙丙和孟明视，对着三人痛哭道："都怪寡人不听百里奚、蹇叔的计谋，才害三位将军兵败受辱，

奇闻逸事

九方皋相马

秦穆公请伯乐选马，伯乐年纪大了，就推荐了擅长相马的九方皋。马找到后，秦穆公很高兴，问这是匹什么马。九方皋说："黄色母马。"可牵来一看却是匹黑色公马。秦穆公很生气，责备伯乐："九方皋到底懂不懂马，连毛色、公母都分不清吗？"伯乐长叹一声，说："九方皋看到的是马的内在与精妙，而非简单的外表。他只看见了他所需要看的，不必要看的则视而不见。这正是他远胜于我的地方。"秦穆公牵来那匹马一试，果然是匹天下罕见的良马。

▲ 徐悲鸿 九方皋相马

你们哪有罪过呢？！请你们全心全意考虑为秦国雪耻，万万不要懈怠！"说罢令三人官复原职，继续掌兵。三人感激不尽，积极练兵，日夜思量复仇雪耻。

雪耻崤山，称霸西戎

秦军兵败的第二年，孟明视认为报仇时机已到，请求出兵攻晋。秦穆公答应了，仍然派西乞术、白乙丙和孟明视率军出战。

然而，晋襄公这一年也没有懈怠，得知秦军出动，晋襄公随即派出晋军迎战。秦晋双方在彭衙（今陕西白水北）相遇。晋军率先出击，冲散秦军阵形。望着再度被打得丢盔弃甲的秦军，晋国人都哈哈大笑，嘲道："这真是来报恩的军队啊！"战后，孟明视羞愧难当，用囚车将自己押回秦国都城。可秦穆公再次原谅了他，继续让他执掌兵权，统率军队。

孟明视知耻而后勇，一边加强训练士兵，改进作战方法，一边变卖家产，抚恤阵亡将士家属，加强军队凝聚力，准备日后雪耻。

兵败于崤的第三年，秦国再次伐晋，秦穆公仍然任孟明视为将，并且更优厚地对待他。孟明视被感动得眼眶发红，渡过水流汹涌的黄河后下令将所有战船焚毁，以示不胜不还的决心。秦军士气大涨，一路奋勇冲杀。晋军却招架不住，节节败退。没几天，秦军就接连攻下晋国几座大城池，占领了晋国的王官和郊邑，晋国军队吓得退居城池，死守不出，秦国这才算报了崤山之辱。秦穆公听闻王官大捷的消息，亲自从茅津渡过黄河，来到数万将士埋骨的崤山，收敛遗骨，为阵亡者哭祭三日，秦国百姓无不落泪。

王官之战开启的前一年，秦国周围的戎族派来使者，此事成为秦国成就霸业的另一个契机。这位使者叫由余，祖先是逃亡的晋国人。戎王派由余过来，主要是为了侦察秦国国力，秦穆公也明白这一点，就带着由余参观秦国雄伟的宫殿和充实的仓库，以为能吓住戎人。由余却摇头叹息，说："为了这些，秦国的老百姓该多劳苦啊！"秦穆公大为惊奇，试探性地和由

时间　前651—前621

奇珍异宝

曾侯乙编钟

这套编钟铸造于战国时期，包络钮钟19件，甬钟45件，外加一件镈（bó）钟（系楚王所送）。最大的钟重达203.6千克，最小的仅有2.4千克。铸造它们用了两吨半的青铜。这套编钟分成8组、3层，每个钟都能发出两个乐音，记录了53个乐律铭文，其中35个是过去完全未知的！直到今天，这套编钟依然能够奏出美妙的音乐。

余谈了些治国的想法，由余的答案让他眼前一亮。

为了得到这个难得的人才，秦穆公一面给戎王送去乐队和美女，让他无心治理国家，一边故意拖延由余的归期，让戎王对由余产生怀疑。两处发力，被疏远的由余就很容易地被请到秦国。由余来后，秦穆公以优渥的礼节招待他，虚心向他询问戎族的情形。之后更坚定了自己攻打戎族的决心。

秦穆公三十七年（前623），秦国采纳由余的计策，对戎王发起征讨。在和戎人的战斗中，秦国不仅巩固了自己的大后方，更是增加属国十二个，开地千里，成了西戎公认的霸主。

此时，秦的国力也达到有史以来的顶点，将国界向南推到秦岭，向东推到黄河，向西推到狄道（今甘肃临洮），向北推到朐衍戎（今宁夏盐池）。强大的秦国崛起了。周襄王命人送来十二面铜鼓，任命秦穆公为西方诸侯伯，即西部霸主。春秋五霸的第三位，最终落在了秦穆公头上。秦穆公在位三十九年，死时一百七十人为他殉葬，这是一种残酷的风俗，却也从侧面体现了秦穆公的威望。尽管如此，秦国人还是对殉葬的贤才感到惋惜，为此专门写了《黄鸟》这首诗。

诗经·秦风·黄鸟

交交黄鸟，止于棘。
谁从穆公？子车奄息。
维此奄息，百夫之特。
临其穴，惴惴其栗。
彼苍者天，歼我良人！
如可赎兮，人百其身！

地图专题 崤之战

性质：秦晋两国争霸的关键战。

作战方：晋国；郑国；滑国；秦国；姜戎。

背景：秦穆公励精图治，任用贤人，原本落后的秦国快速追上了中原各国的脚步，国力越发强大，可崤山外的晋国却死死扼住了秦国的扩张之路。

透过地图说历史：

春秋早期，秦国控制的地区主要是关中。在地图上，秦国的核心是雄伟的群山保护着的盆地，只有几个关口可以让大军进出。因为在关口之中，所以称为关中。

秦国弱小的时候，群山是它的保护伞，可当秦国强大以后，大山又限制了它吞并弱国，进一步壮大。为了壮大自己，秦国试图出关东进，先吞并邻近关口的郑国。

但郑国附近还有着强大的晋国，秦晋之间基本靠一段"C"形的黄河分隔。秦国想要向东发展不能不考虑晋国的态度。为此秦晋两国多代联姻，结成秦晋之好，甚至曾经携手攻打过郑国。可即便如此，这种友好在切身利益面前也是非常脆弱的，所以这次秦国的远征被晋国盯上了。晋国联合南方的姜戎军队，合力堵住了秦军消灭滑国后回师的狭路。此次战争因为发生在崤山一带，所以称为崤之战。

险峻的崤山决定了秦国军队回国只有一条路可走，没有后路的他们在崤之战中几乎全军覆没。

结合地图，我们还可以给崤之战补充几个细节：

第一，秦军的路线曾经过王城，所以这次偷袭周王室是知情的，可秦军为了赶时间竟然连下车给王室使者行礼都省了，只是在车上脱帽致意。周王室的王孙满非常生气，觉得无礼的秦国一定惨败。

第二，秦军敢于如此长距离偷袭，和烛之武退秦师时秦穆公曾经留下两位将军帮郑国守城有关，这两位已经做好了里应外合的准备。

第三，倒霉的滑国正好在秦入郑的道路上。

时间　前626—前584

06 唯楚有才，一飞冲天

> "有鸟在于阜，三年不蜚不鸣，是何鸟也？"庄王曰："三年不蜚，蜚将冲天；三年不鸣，鸣将惊人。举退矣，吾知之矣。"
> ——《史记·楚世家》

【人物】楚庄王、伍举、斗越椒、荀林父、夏姬、巫臣

【事件】问鼎中原、镇压斗越椒造反、邲(bì)之战

楚是南方的超级大国，一直有称霸中原的愿望，但霸业进行得并不顺利，只能不断蚕食周边的弱小国家。直到楚庄王一鸣惊人，率军击败晋国，楚国才成功实现梦想。

一鸣惊人的楚庄王

随着齐国的影响力降低，晋文公、秦穆公相继崛起，诸侯争霸的重心落在了秦晋之间，曾经互通婚姻的两国常年交战，各有得失，而楚国则在城濮之战后暂时沉寂。此时，掌权的楚成王已在位四十余年，也到了该考虑继承人的时候了。

最初，楚成王想立的太子是商臣，不久又觉得后悔，打算改立王子职。这个消息被心思很深的商臣暗中得知，他很果断地和近臣潘崇商议，率领自己宫中的人马包围了楚成王。事情实在突然，楚成王见大势已去，只好上吊而死。

楚成王死后，商臣继位为王（前626），也就是楚穆王。楚穆王继位后，重用一同篡位的潘崇，立即开始发扬楚国开疆拓土的传统。在位期间，他先后灭亡了江国、六国、蓼国，以攻打郑国、陈国向晋国示威，还攻打过麇国、巢国，敲打过不听话的附属势力舒国，平定过针对他的国内叛乱。总体来说，楚穆王时期楚国的姿态再度强势，楚国的势力范围也进一步扩大，奠定了争霸的基础。此时，楚国需要的只是一位一鸣惊人的贤君。

春秋 青铜兽

公元前614年，楚穆王去世，他的儿子侣继位，也就是楚庄王，楚国称霸的使命传到了他的肩上。

楚庄王继位时还不满二十岁，前三年只是沉溺酒色，从来不理朝政，还在国内下了一道诏令："有敢谏者死无赦！"见国君如此消沉，大夫伍举心急如焚，冒死劝谏："有只鸟落在土山上，三年里不飞不叫，大王，您猜这是什么鸟？"楚庄王这会儿正和美人们嬉闹呢，听到伍举的话，眼睛一亮，笑着说："三年不飞，是为了一飞冲天；三年不鸣，是想要一鸣惊人。伍举你退下吧，寡人明白你的意思了！"伍举明白话中深意，高兴地退了出去。

又过了几个月，楚庄王依然沉溺酒色如故。大夫苏从耐不住，也进宫冒死劝谏。楚庄王生气了，呵斥道："你难道不知进谏者死吗？"可苏从毫不退让，喝道："能用这条命唤醒大王，正是微臣的本愿！"

楚庄王点点头，知道时机成熟了。他一改散漫的旧态，下令解散乐队，

时间 前626—前584

遣散舞女，开始治理朝政。短短几天，楚庄王重用伍举、苏从等贤才改革内政，先后处决了数百不称职的臣子，又提拔了有才干者数百人——这三年，他把真实的楚国看得一清二楚。

在楚庄王痛改前非的当年，楚国蒙受大饥，西南方的戎族趁机群起发难，打下了楚国片片领土，楚国旁边的庸国、麇人见状也趁机联系周围的部落，群起围攻楚国。

一些楚国人很害怕，打算迁徙逃难。但楚庄王采取了芳贾的计策，决定出兵攻打庸国，从而震慑各族。虽然各族联军人多势众，但楚军采取佯败的计策，一连"战败"七次，大大松懈了各族联军的防备，而且长途追杀也使得各族人马变得分散，结果一举被楚军集中优势兵力击破，庸国也因此灭亡，楚国百姓这才欢呼雀跃，知道楚国有望了。

自此，楚国扩充军力，加强练兵，实力越发强大。楚庄王六年（前608），楚国打败宋国、陈国，因为它们背楚投晋；楚庄公八年（前606），楚国打败陆浑戎族，楚国军队由此直抵洛水，在周王室的郊野举行浩大的

成语典故

问鼎中原

楚庄王在周王室郊野阅兵时，见到了来慰问的王孙满。楚庄王志得意满，问："寡人听说天子有九个象征王权的宝鼎，这九个鼎有多大、多重？"王孙满面色一变，这是明目张胆的挑衅！但他有礼有节，说："如果天子有德，鼎虽小也难移；如果天子无德，鼎虽大也可动。周王室虽然衰弱，然而天命未改、国运未完，宝鼎轻重，是不能过问的。"楚庄王一惊，觉得自己确实还没有号令天下的声威，于是率军离去了，而"问鼎中原"却成为争取天下大权的代名词。

阅兵，周天子为之战栗，派出大夫王孙满慰劳楚军。

虽然在伐戎归来途中，楚国令尹斗越椒起兵造反，然而，这次内乱依旧以楚庄王的胜利告终，反叛势力被一举拔除。由于斗越椒代表的若敖氏和楚国王室血缘亲密且关系不睦，所以楚庄王平叛也有统一王权的意义。

斗越椒之乱平定后，楚庄王充满豪情壮志，厉兵秣马，期待挥军北上，与晋国争霸。

出境千里，问鼎中原

平定若敖氏之乱后，楚庄王毫不停歇，当年就对郑国发起战争。郑国的规模和齐、楚、秦、晋这样的大国不在一个等级，但地处中原，恰好在晋楚两个大国之间，因此成为晋楚两国争夺的对象。楚庄王多次伐郑就是因为郑国内乱，其在晋楚两国间态度飘忽不定。

晋国对郑国的态度同样看重，往往在楚国伐郑不久就发兵救援，但此时晋国自身也不安稳，周边的秦国和狄人不时派兵骚扰。于是，在晋、秦、楚三国交锋中，郑国、陈国这些地处要冲的国家战事频发，很多夹缝中的小国则被吞并。

从楚庄王八年（前606）到楚庄王十一年（前603），楚国每年都会对郑国发起战争。

楚庄王十四年（前600），楚国再度伐郑，这一次被晋国挫败，但楚国并不服气，于楚庄王十五年（前599）、楚庄王十六年（前598），几次攻打郑国。苦于连年征战，郑国开始在楚晋两国间见风使舵。

这激怒了楚庄王，次年，浩浩荡荡的楚国军队就跋涉而来，把郑国团团包围三个多月。这一仗，郑国连国都守不住了，郑国国君没有办法，只好脱去上衣，捆起自己，牵着羊出来请罪说："寡人没有德行，惹得您大发雷霆之怒，祸及无辜百姓，寡人有罪！事到如今，要杀要虏悉听尊便。但是，若您能念在两国数代的交情，看在我国历代先祖德行的分儿上，高抬贵手，不断绝先人祭祀就好了，当然，这些我是不敢奢求的。"楚庄王听后，叹了口气："郑国国君能为国家如此低声下气，一定能得人心，这样的国家哪能灭亡呢！"于是下令退军三十里，和郑国定下盟约。

郑国已无斗志，晋国却不肯罢休，派出上、中、下三军前来救援，大军一路开来，正要渡过黄河却收到郑国国君肉袒谢罪的消息。三军将领为此意见不一。中军将领荀林父认为救郑为时已晚，劳民无功；上军将领士会则觉得楚国此次出征起于郑国失信，攻破城池后又仁慈地对待郑国国君，于礼于法都无可指责，应该率军回国。但中军副将先縠（hú）极力主战，他气得脸庞发红，怒道："晋国之所以能称霸，靠的就是盟友和强大的武力，如果眼看失去盟友而不作为，这不是威严扫地吗？要是晋国的霸主地位坏在我手里，我还不如战死！"说罢，竟然擅自率部强渡黄河。荀林父无法阻止，又担心先縠孤军被灭，自己难辞其咎，只好随众过河，一路南行到邲地（今河南郑州东）。

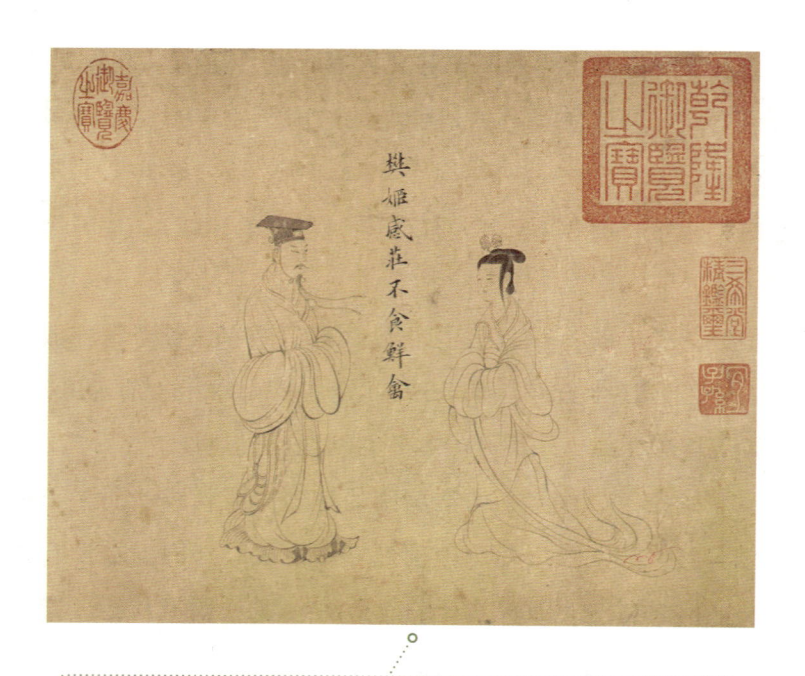

东晋 顾恺之 女史箴图·樊姬感庄不食鲜禽（南宋摹本）

奇珍异宝

云纹铜禁

为吸取商朝人嗜酒误国的教训，周朝禁止全民饮酒，将摆放酒杯的桌案称为"禁"，即禁酒之意。楚庄王的儿子王子午命人铸造云纹铜禁，作为禁酒标志。王子午死后，陪葬六千多件珍品，其中就有云纹铜禁。云纹铜禁上方有十二条龙，形成拱卫之势，下方有十二只异兽，形成立脚之势。

这时楚庄王的兵马正在黄河对岸，本来志得意满地想着饮马黄河后就班师回国，然而楚国军中的主战派不少，他们都觉得楚王是国君，晋国来的就是几个大夫，国君退避臣子，楚国的颜面放在哪里？而且晋国人心不齐，先縠又如此莽撞，此战晋国必败。

楚庄王心中犹豫，就派出使者，虚与委蛇跑去试探，说："我王年幼失父，不善辞令，不知晋国有何见教。"这一探还真被楚庄王发现一些蹊跷，晋国的外交辞令竟然先后换了两套，显然军中将帅不和。

楚庄王心里有了底气，但表面上还是提出和晋国结盟，到结盟的日子却派出一辆战车掠阵挑衅。这辆车上的许伯、乐伯、摄叔都是武艺高强的好手，战车轰隆隆冲向敌营，一路上飞箭连发，射中人马数对，直到只剩

时间　前626—前584

> **成语典故**
>
> **百步穿杨**
>
> 楚国大夫养由基箭术高超，他经常捡取柳树的叶子，命人放在百步之外，而自己拉弓搭箭，以柳叶为靶射击，"嗖嗖嗖"，数百支利箭射出，每一支都贯穿一枚叶子。人们感叹他的技艺，用"百步穿杨"形容箭法高明。

下一支箭矢，才漂亮地转弯冲回。

面对楚国的挑衅，晋军的几大将领分歧更大，最终勉强在中军统帅荀林父的主导下决定派人结盟求和。谁承想申请出使的将领魏锜（qí）因为没当上大夫对晋国怀恨在心，竟趁机蓄意惹事。

魏锜的举动坚定了楚国的决心，在令尹孙叔敖的建议下，楚军先下手为强，大批兵车冲向晋军营地。

荀林父从梦中惊醒，下令抵抗，可所率的部队早已离心离德、懈怠不堪，战斗力根本无法发挥出来。楚军一鼓作气，奋勇冲杀，没用多长时间，就把晋军打得溃不成军。

荀林父惊慌失措，竟决意不惜代价渡过黄河保存有生力量，下令"先渡过黄河者有赏"，于是又引发中军、下军的一场大乱。船少人多，落败的晋军不停争抢，反而又将船只弄翻了不少。淹死的、被杀的人非常多。倒是领导晋国上军的士会有远见，早准备好了退军渡河的后手，因此没有落败。

楚军大获全胜后，有人建议用晋军的尸首设立京观，用以显示武力，昭告后人。但楚庄王很冷静，认为参战的晋国人并无罪恶，不过尽了臣民本分，没有同意这一残忍的举动，只是祭祀河神，修筑先君的宫庙，举行祝捷大会后便凯旋了。

邲之战，是楚庄王奠定霸主地位的决定之战，它使得晋国元气大伤，在楚国面前抬不起头来。而楚国有能力出境千百里外，支持这样一场旷日持久战争的可怕国力也令中原各国骇然。

5 "毁了楚国"的女子

邲地之战后，楚国成功进入中原，开始向东发展，兼并了不少小国，拥有长江中游和汉水流域。晋国不敢贸然硬拼，继续向北发展，兼并了北方许多小国和部落，拥有如今山西、河北、河南、陕西的部分区域。

奇珍异宝

王子午鼎

王子午，即春秋五霸之一的楚庄王之子。王子午鼎，一共有七个，由大到小排列，可称为春秋时期楚国青铜器的巅峰之作，是王子午的随葬品。王子午鼎的铭文记载了王子午一生大败吴师、讨伐郑国的赫赫功绩。而且它们内收的腰腹、外鼓的两耳，乃至精密大胆的浮雕，都和中原的鼎大有不同，具有鲜明的楚地特色。

时间　前626—前584

然而，楚庄王的统治此时也到了尾声。邲地之战结束六年后（前591），在位二十三年的楚庄王去世，继位的是他十多岁的儿子楚共王。楚庄王恐怕很难想到，他一手打下的霸业竟然因为一段私人恩怨而灰飞烟灭。

这场恩怨起于一个美艳的女子——夏姬。夏姬是郑穆公的女儿，原本嫁给陈国大夫夏御叔为妻，两人有一个儿子叫夏征舒。夏御叔早死，所以夏姬守寡在家，守寡期间，她和陈国的国君陈灵公等人都有不正当关系。这件事陈国很多人心知肚明，但都睁一只眼闭一只眼，夏姬的儿子夏征舒觉得是奇耻大辱，一怒之下就杀死陈灵公，和大臣们另立了陈成公。

此事影响极坏，夏征舒洗刷耻辱有理，但凭什么杀国君、立新主？楚庄王于是号令诸侯，来陈国主持公道。这一战，陈国几乎被灭，楚庄王觉得趁机占据陈国实在不太地道，有损楚国霸主的声望，这才仍然保留了陈国。但夏姬却成了争夺的对象，连楚庄王都起了娶夏姬的心思。

这时一个叫巫臣的楚国大夫站了出来，义正词严地指责了想要夏姬的楚庄王和子反（庄王弟），说得两人面露惭色，只好把夏姬嫁给别人。

楚庄王二十年（前594），楚国包围宋国整整九个月后得胜而还，楚庄王的弟弟子重凭借功劳前来讨要土地，又是巫臣站出来用国家大义将子重教训一通，让楚庄王撤回了赏赐。

春秋　宋公栾青铜戈

如此一来，子反、子重所代表的王室势力深深恨上了巫臣。更讽刺的是，巫臣满嘴道德，让别人远离不祥女子夏姬，顾全国家大义，可自己却一样打着娶夏姬的主意。为了娶到夏姬，巫臣先是请求将再次丧夫的夏姬送回郑国，自己则借出使机会带着家产出逃，到郑国下聘，最后真的娶到了夏姬。子反、子重知道后，更是气得牙痒痒，所以等到楚共王一继位，他们就寻找借口大肆杀死巫臣的族人，把收缴的财物都瓜分了。巫臣此时已经在晋国当上大夫，他冷冷地回了一封信，上面写着："你们两个用奸诈手段侍奉君主，滥杀无辜，我巫臣必定要让你们疲于奔命而死。"

　　巫臣没有开玩笑，他很快在晋国的授意下来到落后、野蛮的吴国，教化百姓、训练兵马，为楚国培养了一个心腹大患。这场私人恩怨最终导致楚国在很长一段时间疲于奔命，霸主之名再次落到晋国头上。

卷体夔纹罍

　　罍是一种盛酒的容器，而这件卷体夔纹罍是其中最为华丽的精品之一。该罍盖面饰有羊角兽面纹，颈肩饰有垂角兽首，肩饰四组圆形龙纹，下腹还饰有卷体兽纹，极尽工巧之能事。

时间　前592—前546

07　霸主的继承者危机

"寡人自以疏远，毋几为君。今大夫不忘文、襄之意而惠立桓叔之后，赖宗庙大夫之灵，得奉晋祀，岂敢不战战乎？大夫其亦佐寡人！"于是逐不臣者七人，修旧功，施德惠，收文公入时功臣后。

——《史记·晋世家》

【人物】齐顷公、郤（xi）克、士燮、华元、楚共公、养由基、晋悼公

【事件】鞌之战、宋西门之盟、鄢陵之战、弭兵会盟

随着楚国动乱，天下陷入一段动荡时期，秦、楚、晋、齐这些有过称霸经历的国家各自兼并征伐，声威渐起，但它们的国君能否列席五霸却仍有争议。与此同时，国君与大夫的权力斗争日益尖锐，为霸世留下了深远的危机。

齐晋之战

春秋时期，秦在西，齐在东，楚在南，北方草原由异族驰骋，晋是唯一地处天下轴心的大国。凭借晋文公等先君留下的基础，晋国称霸的条件得天独厚。但是，自晋文公后，几代晋君的争霸之路都不太顺利：晋襄公在王官之战大伤元气；晋灵公是个纨绔小孩，好容易长到成年又变得残虐不已，喜欢站在高台上用弹弓射人取乐，这使得辅政大夫赵盾的权力越来

越大，以致晋灵公想要刺杀赵盾，却反被赵盾的势力杀死；接任的晋成公、晋景公有意争霸，但对手是楚庄王，反而在邲之战中再受重挫……

故而在这一时期，各方诸侯的争斗背后，总能找到晋国的影子，但晋国也难有大作为。

东方的齐国和晋国有些类似，自齐桓公去世后，孝公、昭公、懿公、惠公四位国君都不能光宗耀祖，反而逐步失去了首霸地位。齐国只好不断蚕食周边的小国，与齐邻近的鲁国首当其冲，一直是齐国攻打的对象。

齐晋之间，大体各不相犯。但到了齐顷公年间，齐国出了一起外交事故，此事成了压倒齐晋和平的最后一根稻草。事情发生在周定王十五年（前592），晋大夫郤克和鲁国、卫国的使者一起前往齐国，这三位使者身体都有点儿毛病，郤克驼背，鲁国使者跛足，卫国使者有一只眼睛看不见。齐顷公看着这三人，刻意给他们安排了有同样身体缺陷的接待人。看着六个人歪歪扭扭地走上殿来，齐顷公的母亲忍不住笑出了声。郤克怒发冲冠，强忍着没有发作，等离开时，面对滔滔黄河，他郑重起誓："不报此仇，我誓不再渡此河，河伯为证！"

回国之后，郤克很快就在晋国主政，在他的干预下，晋国杀死四名齐国使者，浩浩荡荡地兴师问罪。次年，晋国联合卫国伐齐，齐军抵抗一番有所失利，齐顷公便提议让太子到晋国当人质，总算平息此事。但晋国很快又有攻齐的理由了。

周定王十八年（前589），齐国攻打鲁国，鲁国抵挡不住，于是向卫国求援。卫国虽然出兵，但杯水车薪，卫国主帅只好

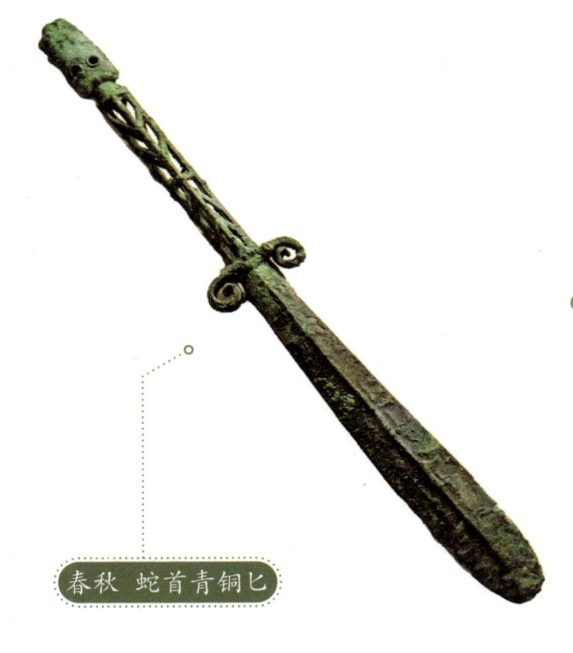

春秋 蛇首青铜匕

时间　前592—前546

跑去晋国，和鲁国使者一起求郤克发兵救鲁。郤克答应了，说动晋景公发动兵车八百辆（比城濮之战还多一百），分为三军攻打齐国，郤克为中军主帅，士燮以上军佐的身份率领上军，栾书为下军主帅。

战争开始后，晋国军队紧跟齐国步伐，驻扎在靡笄山，齐顷公见了，也不服气，冲身手矫健的勇士高固一挥手。高固心领神会，直接向晋国军阵猛冲，眼看晋国的战车就在面前，他猛然投出一块大石，砸倒兵车上的战士，翻身抢过战车就跑。事发突然，晋军竟来不及阻止，也不敢贸然去追。高固看了哈哈大笑，对齐国士兵高喊："诸位兄弟！要是谁觉得勇气不够，我高固可以把多余的卖给你！"高固的挑衅打压了晋国的士气，也留下了"余勇可贾"这个成语。

齐顷公非常得意，示意齐军在鞍地向晋军摆开阵势，手下的将士为他送来朝食（早饭），齐顷公却伸手一推，意气风发地说："等我灭了这群人再吃吧！"齐军士气大振，跟着齐顷公一路凶猛冲来。郤克坐镇指挥，时而擂鼓，时而摇旗，不断地观察形势下达指令，不承想一支飞箭正中他身，鲜血直流。郤克忍痛擂鼓，有些沮丧地说："我受伤了。"驾车的将领看了眼郤克，猛地亮了下自己的手臂，两支折断的箭深深扎进他的手和肘上，战车的轮子都被鲜血染成紫黑。驾车者说："我伤成这样都不敢称病，大人你忍忍吧。"郤克面上一红，再看负责推车的士兵，他此刻身上也狼狈不堪，而自己忙于指挥竟毫无察觉。"大人，指挥车的战旗和鼓声就是军队的耳目，大军生死进退全看我们了，怎么能因受伤坏了国君大事？大人啊，穿好铠甲，拿好战戈，此战原本就抱有必死的决心，您的伤还没到死的程度，还是继续尽力指挥吧！"说罢驾车者分出一只手，为郤克擂鼓。

郤克大受感染，也认真指挥起来。由于战车由多匹马驱使，好几条缰绳必须靠双手才能灵活驾驭，驾车者忍痛单手驾车，导致马儿在不知不觉中越冲越猛。不承想歪打正着，战士们也跟着越打越凶，竟反把齐国军队牢牢压制，足足绕着华不注山追杀了三圈。

齐顷公的战车被树木钩住，无法逃走。眼看就要被追上，齐国将领逢

风云人物

谜一样的史家——左丘明

春秋晚期，列国皆有著史，其中最神秘的史学家或许非左丘明莫属。人们无法确定他是姓左还是左丘，无法确定他生于孔子之前还是之后。左丘明曾任鲁国史官，写下了两部流传至今的史学巨著《左传》和《国语》，作《国语》时他已双目失明。《国语》是一部国别史，以国家为单位，记叙了周、鲁、齐、晋、郑、楚、越、吴八国历史，以记录重要人物的言论为主。《左传》则是《春秋左氏传》的简称，相传是为了注解《春秋》而写，《左传》在编年记叙历史的同时，对一些重要战役有极具戏剧化的描写，真实还原了战争场面，本节的齐晋之战就是《左传》的精彩篇章。

丑父急中生智，令齐顷公躲在车旁，自己站在齐顷公的马前。晋国将领韩厥追来，错把逢丑父认作齐顷公，打算按礼节参拜一番就把一行人擒住。逢丑父一面接受韩厥礼拜，一面借口口渴，请求让侍从（齐顷公）为他取水。韩厥答应了，齐顷公趁机逃出生天。

战后，气愤的郤克本想杀死逢丑父，但思来想去觉得泄愤无济于事，不如留逢丑父一命，这样还能劝勉臣子为国君赴死，于是赦免了他。

这一战以晋国大获全胜告终，晋国原本失落的霸主威名终于有所恢复。这一战也打出了"余勇可贾""灭此朝食"两个成语。

5 晋、楚和谈，西门弭兵

鞍之战吹响了晋国复兴的号角，也引爆了近十年的乱战。晋国复兴让楚国无法坐视，当年冬天，楚国就出兵攻打卫国和鲁国，以解齐国窘境。

时间　前592—前546

晋国也不示弱，次年就纠集鲁国、曹国、卫国和宋国敲打郑国，向楚国示威。此时的齐国已被折服，齐顷公亲自去晋国赔罪，声称想尊奉晋景公为王。而郑国再次成为混战核心，被迫在两大强国之间摇摆，只要转向，就必然会招致另一方的攻打。这十年时间，天下战争频发，连西边的秦也参与进来。晋国腹背受敌，为了制衡楚国，决定采纳投晋的楚国大夫巫臣的建议，于周简王二年（前584）令巫臣来到落后的吴国，帮助其富国强兵，谋划攻楚之策。

鞍之战还造成一个深远影响，就是战争结束以后为了奖赏立功的将领，晋景公设立六军，每一军都交给一位德高望重的大臣掌管，也就是六卿，六卿世代沿袭，导致权力恶性膨胀，最终威胁到了晋国国君的地位。类似的现象也在其他国家出现，由于身为臣子的大夫既有封地又有兵马，且一般世代从政，导致大夫阶层极大地分化了国家权力，强大的大夫甚至垄断政治、架空国君。大夫得权还有一个意想不到的影响——内政不再决断于国君一人，各国便更不容易做出对外战争的决定。

周简王五年（前581），主持晋国政局的晋景公病逝了，新继任的晋厉公为了站稳脚跟，打算和楚国和解，楚国也有休战的意思，两国和谈只差一个中间人。

谁当促成之人合适？晋楚双方都选了宋国大夫华元。华元曾在楚国当了很长时间人质，因此熟识楚国当权的令尹子重，同时他和晋国大夫栾武子也有交情。而且宋国作为殷商遗民，地位够高，和两国都没有密切亲缘，本身就是最好的中间方。于是，周简王七年（前579），在华元的斡旋下，晋国和楚国同意和谈。五月，晋国大夫士燮（即范文子，士会之子）、楚国大夫公子罢和许偃在宋国西门外举行和谈，史称"宋西门之盟"。在华元的见证下，晋国和楚国签订盟约，罢兵息战。

不过，这一次盟约并未真正结束战争。四年后，晋国和楚国再度爆发大战。

奇珍异宝

战国猿形银带钩

带钩古时又称"犀比",是古代贵族和文人武士的时尚配饰,主要用于钩系束腰革带。先秦时期的带钩多由青铜制造,也有用黄金、白银、玉等制成的。其中猿型银带钩是难得一见的珍品。此带钩刻画的长臂猿振臂回首,做跨跃状,造型生动逼真。其眼睛镶嵌着蓝色料珠,炯炯有神。

盟约破裂,鄢陵大战

周简王十一年(前575),由于利益纠纷,西门之盟破裂了。郑国在晋楚之间无力保持立场,只好一再违背盟约。于是,围绕郑国,晋楚两国再次举兵直接对抗。

发动这场大战时,晋楚两国内部都是意见不一。晋国签订西门之盟的大夫士燮主和,认为晋国的问题在内不在外,失去一些诸侯,保留楚国作为外患,可以起到警醒国人、团结国家的目的;但执政大臣栾武子主战,坚决不肯国家在自己手上失去诸侯霸主地位。而楚国人早就不堪战争之苦,再加上此刻正是农忙时节,参战会导致粮食大减产,因此反战的声音很高,有不少有识之士出言劝阻,但统帅们坚持出战。于是,楚共王下令纠集郑

时间　前592—前546

春秋　刖（yuè）人守囿车

国的兵马和征服的蛮族，组成左、中、右三军北上伐晋。

六月，晋楚两军在鄢陵相遇。双方各自登高眺望对方阵列，加紧修筑己方营垒，召集军吏，向已故的国君祈祷，虔诚地占卜盟誓，有条不紊地进行战争准备。

楚军将精锐战士都集中在楚共王所在的中军，晋国原本也是如此，但一个叫苗贲皇的大臣向晋厉公献策，认为应当将精锐士兵分散到三军之内，暂避楚国中军，重点攻击两翼士气低落的郑国军队和散漫的蛮人部队，建立优势后再向中军突破，必然能大获全胜。苗贲皇如何会这般了解楚军呢？因为他是若敖氏的后人，是在楚庄王年间逃到晋国的。

晋厉公按照计策行事，率军向楚军逼近，一大片沼泽地挡住了去路，晋厉公的战车都被陷住。晋军顿时乱作一团，中军统帅栾武子急忙跑来，想要请晋厉公换到自己的战车上。为晋厉公驾车的栾鍼（zhēn）见了大发脾气，急得对父亲栾武子直呼其名："栾书，退下！为国君驾车不是你的职责，主帅为这点儿小事擅自侵犯别人的职权，丢弃自己的职守，离开自己的部下，这和犯罪有什么区别！"说完大吼一声，和几个士兵一起手抬肩抗，硬生生把晋厉公的战车带出了沼泽，晋军也因此没有引发大乱。

而楚国联军却有些骄傲，大意轻敌，两翼军队被夹杂精兵的晋军打得大败。郑国的国君慌不择路，只带着少数人马逃跑，连象征威严的旗子都丢下了。多亏晋国将领担心因伤害国君被罚，这才让郑国国君逃出生路。

楚共王的中军也无力挽回败局，被晋军重重逼退。乱战中晋国将领吕锜（qí）远远看见楚共王的战车，搭弓就是一箭，正中楚共王的一只眼睛。楚共王又惊又怒，取出两根长箭递给神箭手养由基，养由基点点头，收下长箭转身离去，片刻就回来报告了吕锜被射杀的消息，而赐下的两支长箭只用了一支。楚共王这才下令撤退。一路上，楚军多次被晋军逼近，但只要晋军追上，等待他们的就是养由基百发百中的利箭，只好一次次被打退。另一位楚国大夫叔山冉也大显身手，勇猛地和追上来的晋军肉搏，抄起一个被打倒的敌人就向追来的战车砸去，晋军的战车被砸坏了，这才不敢紧追不舍。

大战从早晨开始，一直打到星斗满天，楚晋两军这才收拢人马，暂时休息。楚共王忍着痛，叫中军统帅司马子反来问话，可子反不知是借酒浇愁还是如何，竟醉得不能前来。楚共王大怒，知道这场仗没有打头了，连夜就撤回了楚国。

鄢陵之战，自然以楚国大败收场，楚国的王子都被晋国俘虏了一位。回国后，子反为战败向共王请罪，楚共王嘴上虽没说一句责怪的话，更没提对子反的处置，但子反也知道楚王的意思，和子重商量后就自杀了。

和平的前夜——湛阪之战

鄢陵之战奠定了晋楚争霸中晋国的优势地位。但反战者士燮的预言却在战后应验了，晋国最大的矛盾因外战胜利而完全转向国内。骄傲自满的

时间　前592—前546

晋厉公对权力极大的郤氏家族不满，一再迫害打压他们，他自己则趁机树立亲信。这场争权以晋厉公落败收场，周简王十四年（前572），掌握大权的大夫们杀死晋厉公，接回晋厉公十几岁的侄子公子周继位，也就是晋悼公。

晋悼公在位不长，但成绩显著。他在位时力图恢复晋文公的德政，仅驱逐了极少不忠的臣子，整体依旧仰赖六卿，只是择优起用了其中的一些贤才，比如六卿中的魏庄子（魏绛）。这样，晋国内部的矛盾得以缓和。对外，晋悼公则采用了魏绛的"和戎"的政策，和强大的戎翟两族言和，用财物换取这些民族轻视的土地，并获取他们的支持。戎翟两族纷纷亲附，使得晋国声威大振，晋悼公因此开创了九合诸侯、一挫强秦的盛况，这就是有名的悼公复霸。

周灵王十四年（前558）晋悼公去世，次年晋平公继位，这一年，晋国对楚国发起了湛阪之战，湛阪之战以楚国落败告终，晋国兵马一直打到楚国方城之外，直到被山水阻隔才不再逼近。湛阪之战的意义在于，这是晋楚之间最后一次争霸大战，也是晋国深入楚国内地的一场战争。这一战后，晋楚两国都没有再挑起全面大战的心思。于是，周灵王二十六年（前546），在宋国大夫的邀请下，晋国、楚国等国再次参加弭兵会盟。当年夏天，会盟在宋国商丘召开，有十个国家参加。

此次会盟分成以晋国和楚国为首的两大集团，晋国为首的一方包括鲁国、卫国、郑国、曹国，楚国为首的一方包括蔡国、陈国、许国。宋国是东道主，齐国和秦国没来参会。双方经过商议后确定：晋国、楚国同为霸主，楚国属国要向晋国朝贡，晋国属国也要向楚国朝贡。

虽然歃血订盟时，晋楚为主盟之位发生了一些摩擦，但休战的结果没有受到影响。

这一次弭兵会盟后，十几年里，各国之间都没再发生大型战争。晋国和楚国更是长达近半个世纪没产生直接军事冲突。中原各国暂时安定下来，各国百姓方得以安居乐业。

春秋 人物御龙帛画

　　人物御龙帛画出土于长沙楚墓，因绘有一高冠长袍男子立于首尾翘起的龙上而得名。画中的飞龙似乎参考了现实中的车船，龙身上装有华盖，龙尾立有一只仙鹤，龙腹部下则赫然安着一个船舵。可能在楚人的思想中，所谓仙人就是这般乘龙御风而行的吧。

地图专题 鄢陵之战

性质：晋楚两国的中原争霸战。

作战方：晋国、齐国、鲁国、卫国、宋国的联军；楚国、郑国、南方少数民族的联军。

背景：楚有庄王、晋有文公，两国都拥有霸主时代的丰厚遗产，对称霸中原有着浓厚野心，春秋时期的争霸，很多时候都是围绕晋楚争霸展开的。

透过地图说历史：

鄢陵之战是一场在《左传》中被详细刻画的战争，双方主将的战略考量、战争的精彩细节和其中的英雄群像都血肉饱满。按照《左传》的记载，这一战对晋国和楚国都是有些勉强的战争，两国实际都是将国内的问题暂时抛诸脑后，不顾一切地争夺霸权。

从《左传》的记载来看，楚国失败的主要原因是新征服的蛮族军队以及郑国盟军软弱，他们被重点攻击，成了楚国阵阵形崩溃的导火索。而面对楚军主力，晋军虽然追击却不能击溃，只是夺取了楚军营地的粮食。

鄢陵之战也是楚国和晋国最后一次主力对决。此后，晋国因为六卿分权走上了分裂的道路，楚国也难以影响中原。鄢陵之战中，很多小国被裹挟参战，它们两面为难，几乎没有在大国争斗中独立的资本。

鄢陵之战虽然规模可能是晋楚数次大战中最小的，但这一战中很多有趣的细节被记录。

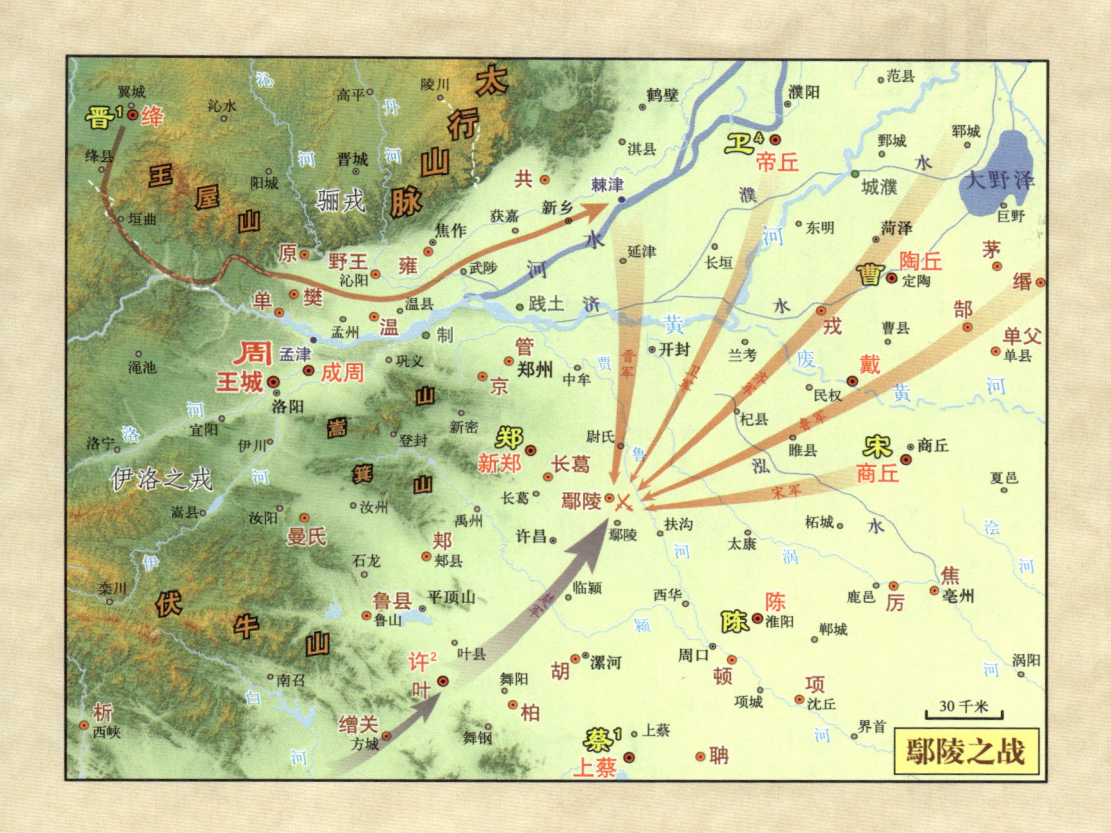

作战之前，晋楚双方都利用对方的叛臣来解读对方的军队布置、战略意图。晋国用的是苗贲皇，楚国用的是伯州犁。区别在于苗贲皇不仅解读了楚军的军力布置，还献上了避开楚国精锐的中军、分精兵攻击其左右的计策。而伯州犁只是原原本本地把晋军战前的准备活动分析了一通。

这一战也出现了很多令人印象深刻的英雄，比如楚军百发百中的勇士养由基。

如果楚共王不是参与西门之盟，破坏了秦楚联盟的关系，如果楚共王不是急于求功，在战前懂得调动养由基等勇士而非限制他们，也许战争的结果会有所不同。

时间 前527—前504

08 楚吴争霸战

> 楚惧吴复大来,乃去郢,徙于鄀。当是时,吴以伍子胥、孙武之谋,西破强楚,北威齐晋,南服越人。
>
> ——《史记·伍子胥列传》

【人物】楚平王、伍子胥、阖闾、孙武、子常、沈尹戍、夫概、申包胥、秦哀公

【事件】伍子胥投奔吴国、孙武练兵、柏举之战、伍子胥鞭尸、夫概谋反

楚庄王死后,楚国人才先后流向国外,这正是"唯楚有材,吴实用之"。凭借楚国的优秀人才,吴国从一个不开化的国家步步强大,侵强楚、战秦兵、威慑齐晋,成为春秋后期崛起的霸主之一。

伍子胥奔吴

吴国的开国始祖被称为吴太伯,他是周文王的伯父,原本是王位的继承人。但为了让位给周文王的父亲季历,吴太伯逃往荆蛮,效仿当地人剪断头发、刺上文身,在还未开发的蛮荒之地建立了国家。

吴太伯的后裔有两支,一支被封在中原,就是虞国;另一支仍然居留在长江下游,也就是吴国。因为远离中原,吴国人缺乏教化,农耕和打仗的方式都很原始。直到吴王寿梦一代,为了制衡楚国,晋国派楚国叛逃大夫巫臣来到吴国,教当地人用战车打仗的技巧和中原先进的文化技术,吴

国才真正强大起来。

强大后的吴国征服了周边的少数民族，统合他们的力量共同对抗楚国，成为楚东方的大患，这是楚国在晋楚争霸中落于下风的重要原因。此后历代吴王都把楚国作为竞争对手，不断强大自己。

真正让吴国崛起，甚至一度力压楚国的人是伍子胥，他也是一个楚国人。

伍子胥奔吴的背景比较复杂，这里简述一下，正好也补全一下楚国的历史。

晋楚争霸末期，执掌楚国的是楚共王，他在位三十多年，对五个儿子都很宠爱。楚共王去世后，儿子楚康王继位，自此楚国发生了接连几代的王位争夺。楚康王死后，将王位传给儿子楚郏（jiá）敖，但楚郏敖在位五年就被亲叔叔篡位，这个叔叔就是楚灵王。楚灵王杀害侄子，名不正言不顺，在位期间又热衷耀武扬威，不修德政，所以非常不得人心。在楚灵王做了十三年国君后，楚灵王的两个弟弟公子比、公子弃疾合谋越国、吴国联手发起一场政变，各方势力趁着楚灵王带兵在乾溪流连忘返时，立公子比为王，也就是楚初王。楚初王继位后，楚灵王的随身军队听说，只要马上赶回国都就能官复原职，于是纷纷抛弃了楚灵王。楚灵王最终流落山中，落得病饿而死的下场。

楚初王的位子也没坐多久，当时楚国还不知道楚灵王死去的消息，十几天里，楚初王的弟弟弃疾每天暗中派人装神弄鬼，散播楚灵王将回来报复、国都中人要杀死楚初王的谣言。楚初王惶惶不可终日，在弟弟弃疾的威逼下自杀，弃疾篡了位，也就是楚平王。

楚平王的继承人本来是太子建，太子建的太傅就是伍子胥的父亲伍奢，少傅则是费无忌。由于不得宠信，费无忌憎恶太子和伍奢，起了坏心思。楚平王二年（前527），楚平王派费无忌去秦国为太子建挑一个宗室女子联姻，费无忌发现这个秦女孟嬴很漂亮，就出了个馊主意，建议楚平王自己娶孟嬴，把孟嬴的侍女嫁给太子建。楚平王很高兴，将费无忌留在身边重用。费无忌担心太子继位后报复自己，因此更加卖力地进献谗言，诋毁太

时间　前527—前504

子因此事怨恨楚平王，如今借着在外的机会把握兵权，结交诸侯，或许是想图谋不轨。

楚平王本身就是篡位为王，心里十分忌惮，他先叫来太子太傅伍奢责问一番，又将伍奢囚禁，要太子建立刻赶来王都。太子建哪敢回去，得到消息便悄悄逃到宋国。

太子建的逃离坐实了"罪行"，伍奢受此牵累竟然要被处死。费无忌即将除掉痛恨的太子和伍奢，但他还不能安心，因为伍奢的两个儿子很有才德。于是他就逼迫伍奢写信骗回伍尚和伍子胥。伍奢叹了口气，说："尚儿为人仁义，必会赶来；员儿（伍子胥名伍员）性格刚烈能忍，他不会来，会另成一番大事。"楚王不信，给两兄弟发去同样的信件，称："你们来，我留伍奢一命；不来，就杀了他。"

收到伍奢的信，伍子胥和伍尚都看出这是一个死局，仁义的伍尚想了想，对伍子胥说："员弟你跑吧，只有你才能为父亲报仇，我要和父亲同死。"伍子胥点点头，摸出强弓劲弩，喝退送信使者，去宋国找太子去了。

此时宋国内乱，伍子胥和太子建两人待不下去，只好逃到郑国。郑国人很信任太子建，可太子建为了复国竟然和晋国达成协议，打算做内应帮晋国吞并郑国。这个计划因消息泄露失败了，太子建被郑定公和郑国执政的子产处死，伍子胥只好逃向东方的吴国。这一路他狼狈不堪，到最后只能靠双腿摆脱身后的追兵，好容易过了吴楚交界的昭关，一条大江却横在

春秋　透雕交龙纹铺

知识充电

士与侠

春秋战国最常见的身份就是士,从王公到底层,从文臣到武将都有人以士自称。其实,士是一个特殊的社会阶层。天子—诸侯—卿大夫—士,士是贵族体系的最下一层。由于嫡长子继承制,王、诸侯、卿大夫的很多后代没有继承资格,这些人就成为士,士的孩子仍是士。此外,一些优秀的平民也可以被选为士。春秋以前,士大多以武士身份出现,和士兵密切相关,到春秋中后期,社会对知识越来越需要,很多士就转为文士,或者有一技之长的士,甚至单纯以道德著称的士。当然,仍有一部分士保持了武士身份,变成游侠、豪侠,甚至是抱着必死之志的刺客。

身前。辽阔水面上只有一个老渔夫撑着一条船。渔夫看见伍子胥在江边招手,就摇船带他渡过了大江。这时的伍子胥囊中羞涩,只好解下宝剑,递过去说:"老人家,这把剑价值百金,送给您当渡江费吧。"老渔夫看也没看,望着江水说:"楚王有令,抓获伍子胥者,赐粮食五万石,封高爵,难道是百金宝剑可比的吗?"伍子胥鼻子一酸,不再言语,转身一拜后默然离去。此后他历经疾病、乞讨,渡过重重难关才来到吴国。此时的吴王叫僚,伍子胥则成了吴王的堂兄弟公子光身边的谋士,这年是周景王二十三年(前522),也是太子建身死的那年。

伍子胥来到吴国不久,就向吴王献策攻打楚国。但公子光等人对他还不信任,认为伍子胥只是想借吴国的力量为自己报仇。伍子胥只好转变策略,把目光放在有意夺权的公子光身上,投其所好地向公子光引荐了勇士专诸,为其谋划夺位的计策。

时间　前 527—前 504

周敬王五年（前515），楚平王去世。吴王僚认为攻楚的良机到了，就派出大量精锐进攻楚国，但是出征并不顺利，远征军被楚国困住无法返回。公子光知道机会来了，他宴请吴王僚，说："我最近找到一个特别会做鱼的厨师。请大王品尝品尝。"话音刚落，"厨师"专诸端着一盘鱼走上来。吴王僚好奇，正盯着看那鱼有什么稀奇，专诸却突然从鱼肚子里抽出一柄匕首，猛力刺过去，吴王僚被当场刺死。

公子光由此当上吴王，就是吴王阖闾，这时阖闾才彻底信任伍子胥，与他谋划国家大事。

在伍子胥的协助下，阖闾尽力治理国家，发展生产，奖励耕种，修筑城墙，铸造武器。慢慢地，吴国强大起来。阖闾有了伐楚之心，伍子胥非常高兴，提出许多有效建议，还特意寻求到军事家孙武出山相助。

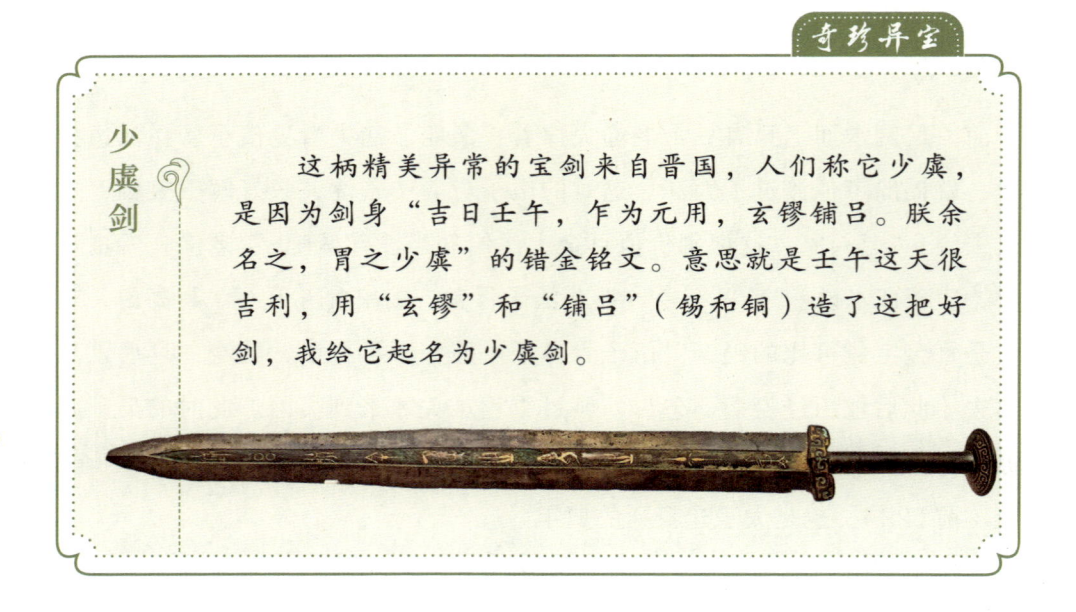

奇珍异宝

少虞剑

这柄精美异常的宝剑来自晋国，人们称它少虞，是因为剑身"吉日壬午，乍为元用，玄镠铺吕。朕余名之，胃之少虞"的错金铭文。意思就是壬午这天很吉利，用"玄镠"和"铺吕"（锡和铜）造了这把好剑，我给它起名为少虞剑。

铁血孙武练女兵

孙武本来是齐国贵族，后因躲避战乱而隐居吴国。他写有世界上最早的兵书《孙子兵法》，其对战争的深刻理解，在几千年后依然为人称道。

孙武擅长兵法的事经由伍子胥传到吴王阖闾耳里，阖闾非常好奇，将孙武写的十三篇兵法看了又看，对其中的用兵之道大感兴趣。为了测试实际效果，阖闾召见孙武，让孙武当场示范一下，但他也给孙武出了个难题——不给兵马，只允许孙武用宫中的一百八十个女子演练兵法。

孙武知道这次测试的意义，他将宫女分成两队，任命阖闾的两个宠妃为队长，让每个妃子和宫女手中都拿一支戟，排列站好。

望着宫女的方阵，孙武说："你们都知道心脏、后背的位置，能分得清左右手吧？"女子们都回声称是。孙武点点头，又说："那么听我指令，我说'前'就看前心所对方向，说'左'就看左手方向，说'右'就看右手方向，说'后'就看后背方向。""是！"女子们齐齐应声。

孙武点点头，命人扛来一柄大斧，说："如果有人违反命令，当场处斩！"说罢又把之前的命令三次下达五次申明，这才击鼓下令宫女们向右。

妃子和宫女们没见过此等阵势，一个个嘻嘻哈哈，七扭八歪。

孙武面色不变，说："这是纪律没有讲清楚，命令还不熟悉，是我这个将官的过失。"于是再次把规矩申明了很多遍，等到宫女们听熟了，这才命人击鼓，下达了向左的命令。

妃子和宫女们还是嘻嘻哈哈，七扭八歪。

孙武面色一冷，毫不客气地说："纪律没有讲清楚，命令还不熟悉，尚可理解为将官的过失。既然已经明确地知道了，大家还不听从命令，就是故意违反军纪，这是队长的罪过，理当按军法处置。"

说完就令人绑了两个宠妃队长，要当场处斩。

阖闾一脸惊骇，急忙打圆场："寡人已经知道将军的厉害了。这两个美人万万斩不得，没有她们，寡人连饭都吃不下。请将军放过她们吧！"

时间 前527—前504

孙武毫不松口，说："我既已受命为将，将在军，君命有所不受。"说完一声令下，就将两名妃子斩首。

随后，他又指定新队长，继续操练。此时，孙武再发出鼓令，不论是向左、向右，还是向前、向后，女子们都服从命令，动作非常标准，再没一人敢嬉笑打闹。

孙武训练完毕，才对阖闾说："这支军队已经训毕，请大王检阅，即便赴汤蹈火她们也不会有所犹豫。"

阖闾痛失宠妃，哪有心情检阅，敷衍了两句便要去休息。

孙武生气了，说："看来大王只是喜欢看兵书，并不想让我发挥真本领啊！"

阖闾这才惊醒过来，怒气顿时烟消云散，当场任命孙武为将军。

由于出色的训练，吴国军队越发强大。孙武练兵的故事流传下来，产生了"三令五申"这个成语。

孙武练兵图

> **奇珍异宝**
>
> **《孙子兵法》** 《孙子兵法》又称《吴孙子兵法》《孙子》《孙武兵法》，全文总计六千余字，分为十三篇。《孙子兵法》是世界现存最古老的军事理论，总结了中国春秋末期及以前的用兵经验。提出了"知己知彼，百战不殆""不战而屈人之兵"等经典用兵法则。

5 楚王都的第一次沦陷

在伍子胥和孙武的辅佐下，阖闾励精图治，内外并举，吴国迅速实现国富兵强，实力迅猛增长。

依照"先疲后打"战略，吴王阖闾从继位的第三年（前512）起，连续六年在边境轮番骚扰楚军。等楚军出动，吴军就立刻回撤；等楚军返回，吴军又再度偷袭。当时，楚军无力大规模进攻吴国，也没想到破解之策，被拖得疲于奔命、斗志沮丧。

此时的楚国对吴没有办法，对内却越发骄横。一次，唐国和蔡国的国君带来珍贵礼品献给楚昭王，身为楚国令尹的子常见了很羡慕，竟然私下向两位国君勒索。礼物虽是身外之物，但一国之君向别国臣子献礼是极大的侮辱。唐国、蔡国记恨在心，蔡侯更是把亲儿子送到晋国为质子，请求晋国出兵相助。这次外交事件影响很大，包括晋国在内的十九个诸侯在召陵集会，商讨伐楚之事。但是晋国参会的六卿中行寅贪财，趁机向蔡侯索要贿赂，蔡侯本来就是因为受勒索发兵，哪里会肯，中行寅怀恨在心，竟以路途遥远、疾病多发等为由搅黄了这次讨伐。

晋国不出兵，其他诸侯也不敢出头，吴王阖闾却觉得这是大举攻楚的良机。于是吴王阖闾九年（前506），阖闾以救蔡国为名，沿着淮河西进，

时间 前 527—前 504

悄悄翻过大别山，从楚国守备薄弱的东北部发起攻击。

军队冬天出发，阖闾亲自挂帅，任命孙武为主将，伍子胥为副将，公子夫概为先锋。吴军浩浩荡荡地由水路西进，然后转上陆路，迂回到楚国东北部。当吴军出现在汉水东岸时，楚昭王才得知相关消息，吓得慌了手脚，慌忙集结楚军，在汉水西岸阻止吴军渡河。

楚军由令尹子常、左司马沈尹戌等人率领。这几人关系并不和睦，左司马沈尹戌认为应由子常所在的主力在汉水和吴军周旋，而他则亲自带奇兵抄后，烧毁吴军战船，堵塞水路通道，前后夹击吴军。子常同意了，可沈尹戌刚出发，武城大夫黑和大夫史皇等人就提出要速战速决，不能让沈尹戌把功劳抢了。子常觉得在理，就临场变更作战计划，擅自率军渡过汉水反攻。

阖闾指挥吴军边战边撤，佯装不敌，等撤退到小别山至大别山中间后，吴军停下来，依靠地形，阻击楚军。此时，楚军疲惫不堪，接连三战都遭遇失败，令尹子常这回骑虎难下了。

不久，吴楚在柏举（今湖北麻城）再度开战。这一战中吴王阖闾的弟弟夫概表现很亮眼，他自作主张，率五千吴军先锋直闯子常的大营。子常名声不好，手下都不愿为他效死，于是楚军一触即溃，阵形大乱。阖闾见夫概得手，立刻命令吴军发起全面攻击。顷刻之间，楚军土崩瓦解。令尹子常见大势已去，骑马逃走。

见主帅临阵脱逃，楚军残部如潮水般向西溃逃。夫概于是率领吴军一路追到了清发水边（涢水）。将士们好容易追上楚军，都争着要上去冲杀。夫概拦住他们，说："困兽犹斗，何况是人呢，不如等楚军渡过一半再打，这样他们就会忙于逃命，无心拼死了。"吴军按照夫概的命令，又一次大败楚军。

渡过河的楚军逃到雍澨（今湖北京山县西南）。他们正在埋锅造饭时，夫概就率吴军追上来了。楚军只好且战且退，五战五败后连国都郢（yǐng）都只能放弃，楚昭王带着一堆亲眷落荒而逃，吴军则占领了楚国宫室。

奇珍异宝

虎钮錞于

錞（chún）于是一种乐器，主要作军用。这一尊虎钮錞于出土于中国西南，是巴族酋长的随葬品。錞于如何发声呢？答案就在其上的虎钮，只要用绳子穿过虎钮将錞于悬挂起来，就可以通过击打让錞于发声了。

这时楚国左司马沈尹戌才得到消息，急忙调兵赶来救援。在这支救兵的反击下，一部分吴军被击败，但是已经无力回天。沈尹戌率楚军左冲右突，奋勇击杀，仍然没能冲出包围圈。无望之下，他命令部将割下自己的首级带走，宁死也不肯被吴国完整地俘虏。

这是楚国建国以来第一次被攻入王都。这一战，让诸侯对言而无信的晋国大失所望，反倒是吴国的强大让不少国家感到震惊，不少国家觉得吴国已具备成为霸主的资格。

掘墓鞭尸，报仇雪恨

柏举之战后，楚昭王渡过睢水、长江，在云中差点儿被强盗杀死，在郧（yún）地差点儿被郧公的弟弟所害，他担惊受怕，只好带少量随从逃到随国。这时，吴人也追来了，吴王派人以汉水北面的土地诱惑随国杀死楚王，幸亏随国念旧，吴军才退去了。

后来吴王阖闾也随军赶到郢都，吴军大摆盛宴，伍子胥却闷闷不乐，对阖闾说："害死我父兄的楚平王死了，楚昭王逃跑了。请您允许我掘开楚平王的坟墓，拉出尸体泄恨。"阖闾想了想，点头同意了。

于是伍子胥命令刨开楚平王的坟墓，打开棺材。他亲自用鞭子一连抽了楚平王尸体三百多下，才筋疲力尽地丢下鞭子，泪流满面，再不说话了。

伍子胥鞭尸的消息迅速传开。楚国的申包胥托人送来一封信："你做得未免太过分了！你过去是楚平王的臣子，而今他的遗体却遭你鞭笞，天道真是无常啊！"伍子胥也很感慨，申包胥是他在楚国的旧友，他还清楚地记得，逃亡时，自己亲口对申包胥说："我伍员誓要颠覆楚国。"当时申包胥回道："若您非要如此，我就一定要保全楚国的江山。"

时过境迁，伍子胥也有些喟然，他思考良久，对送信人说："请替我转告申包胥，说我如同一个赶路人，日薄西山，路途却很遥远，只要能达到目的，也就顾不得倒行逆施了。"这就是成语"倒行逆施"的出处。

申包胥不再多言，他立即起身向秦国奔去，因为楚昭王的母亲是秦哀公的妹妹，唯有秦国能救楚国。他一路历经千辛万苦来到秦国，对秦哀公说："吴国就像封豕（shǐ）、长蛇这样的猛兽，喜好蚕食大国，我国君王蒙难，让我向您转达，'吴国这样的蛮夷，如果灭亡楚国成为您的邻居，那是秦国的大患，不如趁吴国未定，您出兵加以制裁。如果楚国就这样灭亡，那么疆土就献与大王所有。如果您英明仁爱，愿意存恤楚国，寡人愿世代侍奉秦国。'"

秦哀公见吴国越来越强盛，不愿意出兵，就让申包胥且去休息等候。申包胥伤心极了，说："我可怜的国君还流落山野，我哪有脸到安逸之处休息？"说完站在秦宫墙外痛哭不止，一连哭了七天七夜，其间粒米未进。秦哀公长叹一声："楚国虽然无道，没想到却有如此忠心的臣子，这样的国家怎么能灭亡！"说罢他写了雄壮感人的《无衣》一诗，派出五百辆兵车，去援救楚国。

秦军与吴军展开激烈战争。吴军于六月在稷地（在今河南桐柏东）大败。夫概战败，自知无路可退，偷偷跑回吴国，造谣说阖闾在楚国吃了败仗，生死不明，擅自侵占了王位。

得知夫概兵败自立，阖闾怒不可遏，急忙和孙武、伍子胥等人商量对策。不久，又传来越国偷袭吴国的消息。阖闾无心恋战，派人与秦军讲和。秦军刚刚撤退，他就立刻下令掉转马头，火速赶回吴国。

春秋 邗（hán）王是野戈

夫概想重复阖闾的旧路，但阖闾不是孤家寡人的吴王僚，他身边仍有大批精锐，夫概抵抗一番后还是落败了，只好反身带上亲信人马投降楚国。楚昭王这才率军回到郢都。吴军尝试再次攻打，但楚国毕竟是超级大国，一旦稳定形势，又得了夫概的叛军，吴国就强攻不下了，这场战争于是落下帷幕。

不过，楚昭王的平静日子没过多久。两年后，阖闾派太子夫差率军再次讨伐楚国，攻取了楚国的番邑（今江西鄱阳县），迫于吴国压力，楚国舍弃了郢都，迁都到更安全的鄀（ruò，今湖北宜城东南）。

此后，吴国和楚国再没爆发大型战事，却和越国结下怨仇，展开了一系列战争。

诗经·秦风·无衣

岂曰无衣？与子同袍。
王于兴师，修我戈矛。
与子同仇！

地图专题 柏举之战

意义：春秋末年，南方霸权者楚国第一次被击破国都。

作战方：楚国令尹子常所率的楚军主力；夫差、孙武、伍子胥所率的吴军及唐、蔡等国军队；前来救援的秦国军队。

背景：在伍子胥的精心辅佐下，相对落后的吴国潜力得到激发，因地理位置成为楚国的心腹大患。而楚国骄横跋扈，得罪了蔡国等诸侯。

透过地图说历史：

"吴楚东南坼，乾坤日夜浮。"杜甫《登岳阳楼》中的诗句很好地概括了吴国和楚国的地理位置关系。吴国居东、楚国居南，雄伟的大别山、桐柏山隔开了两国的大部，还有蔡国等诸侯国横亘在吴国攻楚的道路上。但是，吴楚两国国内又都遍布着密集的水网，所以突破了关键的阻力之后，吴军又很容易深入楚国腹地。

而楚国的骄横成了压倒骆驼的最后一根稻草，因为得罪了蔡国，吴军不仅能把淮河作为绿色通道，还可以在蔡国境内从容安置船只，步行通过莽莽山脉。

骄傲的楚国人，仗着祖先筚路蓝缕打下的险要疆土，自建国以来还从未被真正攻入家门。他们自诩以方城山为城池，以汉水为护城河，只要提前以雄兵守备，任何对手都只能却步。

但吴国作为一个新兴的国家，其战术本身就是对春秋礼乐战争的一种颠覆。在孙武等优秀将官的指挥下，吴军创造性地搬出了"出其不意攻其

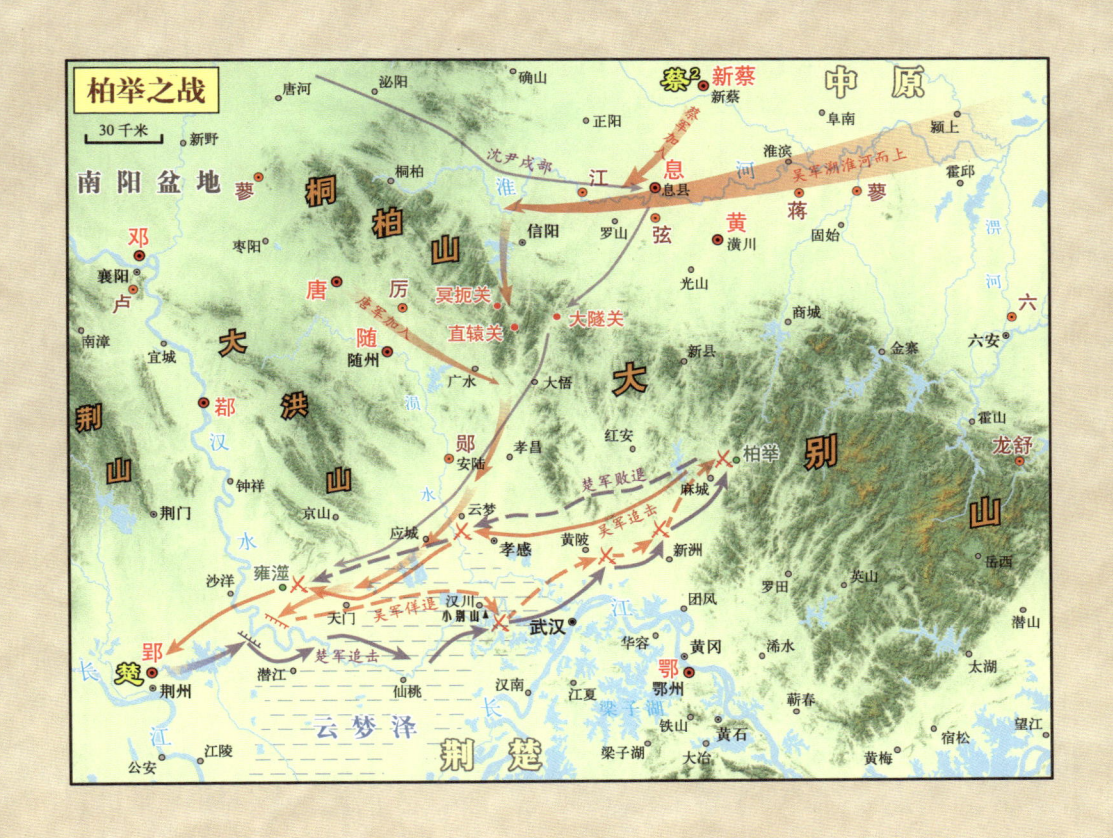

无备""以迂为直"的战术，沿淮河迅速西下，然后闪电般弃船步行，轻易突破了方城山和义阳三关（冥扼关、直辕关、大隧关）的险要之地，直接侵入楚国腹地。

此时，吴兵人少而多精锐，适合速战速决，而楚兵人多但恐慌，其实适合防守。所以，楚国左司马沈尹戌就提出主力防守汉水、坚守不战，由他去方城山一带招募人马，焚毁吴军留在淮河边战船的计策。如果成功，没有退路的吴军必然惊慌失措，至少也会首尾不能兼顾。可惜楚国令尹囊瓦为了贪图一点儿功劳，竟然轻率追击，结果在柏举被精锐的吴军大败。这场战斗充分说明了战术的重要。

时间 前496—前473

09 吴越争雄

> 勾践已平吴，乃以兵北渡淮，与齐、晋诸侯会于徐州，致贡于周。周元王使人赐勾践胙，命为伯。……当是时，越兵横行于江、淮东，诸侯毕贺，号称霸王。
>
> ——《史记·越王勾践世家》

【人物】勾践、夫差、伍子胥、伯嚭（pǐ）、范蠡（lǐ）、文种

【事件】夫椒之战、卧薪尝胆、吴郊之战、笠泽之战、姑苏之战

占优势的吴王夫差不听伍子胥的逆耳忠言，却听信伯嚭的谗言，放过越王勾践。勾践卧薪尝胆，在范蠡、文种等人的帮助下，抓住一切机会复国，最终消灭夫差，成为又一个霸主。

世代结仇的邻居

越国是一个古老的国家，位置在吴国东南。据说其始祖是夏王少康的庶出儿子，受封于会稽。越国远离中原，和吴国一样断发文身，发展长期滞后于中原，也难以在各方诸侯前展现作为。后来，随着吴国崛起，越国也快速发展起来，到了越王允常时，越国已逐渐成了吴国的大患，经常和吴交战。

当时，打败楚国、想向中原进军的阖闾就遭了越国的偷袭，稳定政权

奇珍异宝

青瓷悬鼓座

青瓷是越文化不可磨灭的印记,也是中国瓷器的前身。青瓷悬鼓座是越国的一件青瓷乐器部件,即悬鼓的座基。鼓座上部有六条堆塑的双头蛇,蛇身饰有鳞纹,头向上昂,两蛇相互交缠,身体弯曲呈游动状,造型非常优美。

后,阖闾不得不正视越国,决定先征服它。

周敬王二十四年(前496),越王允常去世,其子勾践继位。阖闾不顾伍子胥反对,亲自率军进攻越国,勾践率军在槜(zuì)李迎战。

吴军盔明甲亮,阵容整齐,这让勾践深感忌惮,他试着派敢死队连续两次冲锋,试图破坏吴军阵形,都以失败告终。勾践灵机一动,又派出一批死刑犯在阵前排成队伍,每人将剑横于颈上,冲着吴军阵营高叫:"我们犯了军令,不配当军人,情愿以死谢罪。"说罢,人人横剑自刎。

吴军将士被眼前的一幕惊呆了,争相探头观看,阵形有所松散。勾践趁机指挥越军发起攻击。吴军被冲得七零八散,全线崩溃。阖闾也在战斗中被长戈击中,只得下令退军,还没回到国都就死了。

吴国太子夫差继承君位,将此事视为奇耻大辱,为鞭策自己,他专门找人在宫殿门口站着,每天见了他就高声喝问:"夫差!越王杀死你父亲,你忘记了吗?"他自己则大声回答:"不!我从不敢忘!"就这样,夫差日日操练兵马,时刻准备兴兵伐越,报杀父之仇。

越王勾践听说后,寝食难安,打算先下手为强,于是在继位第三年发兵攻打吴国,大夫范蠡一再劝阻,可越王一意孤行。

时间 前 496—前 473

吴王夫差知道报仇的机会来了，他任命伍子胥为大将，伯嚭为副将，率军迎向越国。两军在夫椒决战，吴军彻底击败越军，大举侵入越国疆土。越王勾践率仅剩的五千越军一路退至会稽，被吴军团团围住。

在危机时刻，越国大夫范蠡建议勾践："我们备上厚礼前去讲和，如果得不到对方允许，只有举国降吴，请求作为奴仆，才可能保全性命。"

事已至此，勾践只好让大夫文种带上大批珍宝贿赂吴国的太宰伯嚭。伯嚭收了好处，会谈时开始卖力地为越国说情，夫差有些动摇，想答应越国的请求。

伍子胥却出言劝阻："大王，下臣听说修行品德最好的方式是每日滋养，治疗疾病最好的手段就是彻底根除，难道您没听过越国祖先少康复国的故事吗？今天的吴国可不比少康的仇人强大，勾践是个贤君，范蠡、文种都是能臣，留下这样一个国家和我国接壤，必将引发大乱！"夫差犹豫了一下，还是觉得越国构不成威胁，依旧同意议和，只是要求勾践夫妇必须到吴国来做人质。

伍子胥知其心意已决，不愿再白费唇舌，只好长叹道："若再给越国二十年时间繁衍人口、教育百姓，吴国恐怕就要沦为废墟了。"

奇闻逸事

沉鱼西施

在越国的苎（zhù）萝山下（今浙江诸暨南），有一位叫西施的浣纱女子，她的容颜美艳绝伦，当她的纤纤玉手轻揉洁白的新纱时，溪里的鱼儿都害羞得躲到水底看她。夫椒之战后，为了求得吴国谅解，西施被献给夫差为妃，在华美的姑苏台上，她一颦一笑都让人心醉。吴国灭亡了，西施不知下落。在因美色而亡国的故事中，西施是少有的未被加罪的女子，历朝历代的人都怀念她的美貌，杭州的西子湖，就是以西施的名字命名。

就这样，吴越实现议和，勾践夫妇和范蠡来到吴国，成为夫差的奴仆。

卧薪尝胆，十年磨剑

勾践夫妇和范蠡成为夫差的奴仆。他们安分守己，日日卑躬屈膝毫无怨言。

一段时间以后，夫差认为穷苦生活已经消磨了勾践的斗志，又经伯嚭讲情，就决定放他们回国。

回国后，为让自己不忘前耻，勾践特意居住在简陋的茅屋里。屋里挂着一只苦胆，每当起床、入睡、吃饭之前，他都会先尝一下苦胆，自言自语道："勾践啊勾践，你忘了会稽的耻辱吗？"睡觉时他不肯睡床，而是找来一堆柴草，就睡在草堆上。

白天，勾践亲自下田耕种，让夫人绩麻织布，还规定七年之内不收任何农业税赋，以鼓励越国百姓尽心发展生产。为增加人口，补充兵源，他下令不准青年娶老妻，不准老夫娶少妻，青年男女如果不及时成亲，便会处罚他们的父母。夫妻如果生儿育女，官府就会给予奖励，如果生有一个以上男孩，官府还会负责赡养。就这样，越国君民齐心协力，艰苦奋斗，短短几年便恢复元气。

为稳定夫差，勾践经常亲自率使者去吴国朝贡。每次贡品都有所增加。夫差非常满意，不再怀疑勾践的忠诚。此时的他已不把越国这个边远小国放在眼里，而是将目标放在了北方的齐国，当时齐景公刚刚去世，新君还不能掌控局面，掌权的大臣又彼此倾轧。夫差觉得，吴国走出东南争霸中原的机会到了。

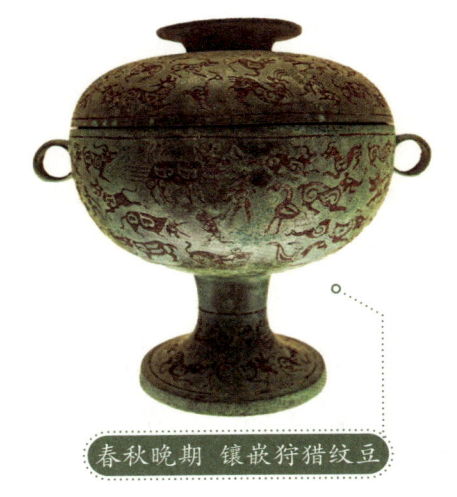

春秋晚期 镶嵌狩猎纹豆

时间 前496—前473

奇珍异宝

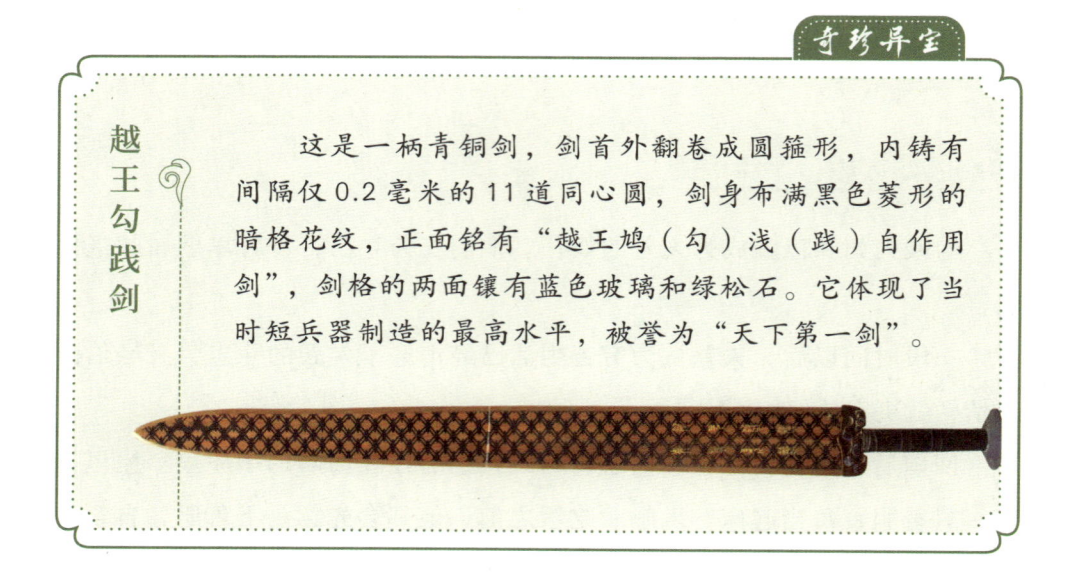

越王勾践剑

这是一柄青铜剑，剑首外翻卷成圆箍形，内铸有间隔仅0.2毫米的11道同心圆，剑身布满黑色菱形的暗格花纹，正面铭有"越王鸠（勾）浅（践）自作用剑"，剑格的两面镶有蓝色玻璃和绿松石。它体现了当时短兵器制造的最高水平，被誉为"天下第一剑"。

为此，周敬王三十四年（前486），夫差组织大量人手开挖邗沟，将长江和淮河连接，作为攻打齐国的水路。次年，齐国突发政变，大臣鲍氏杀死了齐悼公，夫差听说后，立即组织人马攻打齐国。吴军兵分两路：一路是水军，由长江入海向山东半岛迂回，攻向齐国侧后方；一路是陆军，由吴国联合鲁国、邾国、郯（tán）国等国，组成联军，从陆地攻向齐国。这次进攻虽然被齐国军队打退，但夫差进攻齐国的愿望却更加坚决，为攻齐又做了不少准备。伍子胥多次苦苦劝谏，但夫差根本听不进去。

比起吴王夫差，越王勾践此时非常隐忍，尽管经过七年多的治理，越国恢复了不少元气，但他还是虚心听取大夫的意见，打消了起兵反吴的念头。他一面忠心耿耿地侍奉夫差，要钱给钱、要兵给兵，珍宝美人毫不吝啬，一面却采纳大夫逢同的计策暗中结交齐国、晋国、楚国，让这些国家消耗吴国的兵力，默默等待时机。

这时的吴国太宰伯嚭是勾践重点拉拢的对象，他收了越国不少好处，也为勾践说了很多好话。这无形中让伯嚭和伍子胥站在了对立面，两人多次因为越国问题爆发矛盾。

伍子胥虽然很有才能，但性情刚烈、为人严厉，因此支持他的人少，愿意听他刺耳忠言的人更少。伍子胥知道无法改变夫差的心思,只能趁着出使齐国的机会把儿子托付给齐国的鲍氏。

这件事立刻成为伍子胥被攻击的把柄,伯嚭趁机进献谗言,说伍子胥因为建议不被采纳怀恨在心,他如今把儿子留在齐国,大王出征也不肯随行就是证据。夫差攻打齐国得了些好处,也觉得伍子胥这些年实在是糊涂了,出的计谋都不对不说,还不够忠心,猜疑之下,夫差竟然命人给伍子胥送去一把宝剑。

伍子胥看了宝剑,仰天长叹:"天啊,伯嚭祸乱吴国,被杀的反而是我!夫差啊,你难道忘了是我让你父亲称霸,是我拼死在诸公子里立你为王吗?!"他对亲近的门客说道:"我今天死后,请你们在我坟头种上能成良材的梓树,把我的眼睛放在吴国东门,我伍员要亲眼看着越国贼寇灭亡吴国!"说完就自刎而死了。

吴国失去了伍子胥,越王勾践大喜过望,而吴王夫差却没觉得后悔。因为伍子胥看到的是吴国若不平定越国就难以争霸的大势,而夫差看到的只是几场战争的胜负。伍子胥死后,夫差联合鲁国毅然发动了艾陵之战,这一战吴国大获全胜,威名远播中原,夫差越发穷兵黩武,俨然以诸侯霸主自居了。

就这样,吴国的胜仗越打越多,名声越来越大,国力却逐渐消耗。

知识充电

伍子胥与端午

伍子胥死前的话被夫差听到,他恼羞成怒,竟剥夺了伍子胥被安葬的资格,命人用草席卷起伍子胥的尸体,直接将其丢进大江去了。夫差无情,吴国人却忘不了伍子胥的好,他们在江上为伍子胥修建祠堂,把他的尸体被投江的地方称为胥山,端午节的一部分起源,就是纪念伍子胥。

时间 前496—前473

🗡 三千越甲可吞吴

伍子胥死后两年（前482）的春季，夫差率军在黄池（今河南封丘西南）与中原诸侯晋国、鲁国等举行会盟，目的是争当中原霸主。为了确保争霸成功，吴国精锐兵马尽出。

越王勾践认为时机到了，率近五万越军进攻吴国，发起复仇之战。

吴国仅剩的老弱抵挡不住，统军的吴国太子都被越军杀死。败讯很快传到黄池，夫差惊怒交加，因为担心影响争霸结果，竟然把消息秘而不发，强撑着和晋定公争完盟主，这才引兵回到国内。在夫差不能赶回的期间，吴国只好交付大量财物，向越国求和。勾践觉得没有把握必胜吴国，也就答应了。

四年后，勾践再次发兵攻吴，吴国历经连年战争，百姓疲惫，精锐死伤严重。双方展开笠泽（今江苏吴江一带）之战。吴军依水布阵，挡住了越军去路。勾践见状，就在夜里派出两路疑兵，趁夜敲锣打鼓，忽左忽右，营造越军四处骚扰的假象。吴军摸不清虚实只好四处拦截，趁着这个机会，越军主力静悄悄地渡河而去，吴军顾此失彼，由此大败。最终，吴军只好陆续撤到姑苏城内，紧闭城门，坚守不战。越军久攻不下，索性在姑苏城外筑城，展开长达三年的围攻。

此时，吴越两国力量对比已经彻底扭转。越国占有绝对优势，吴国只剩招架之力。在对峙三年时间内，夫差自知力不能敌，八次派人求和，均遭到拒绝。

周元王三年（前473），姑苏城失守。夫差见大势已去，率残部逃上姑苏山。越军紧随而至。夫差卑辞称臣，派出王室公孙雄负荆请罪，希望勾践能念及当年会稽之围的情面，也为吴国留一条生路。勾践想饶

吴王夫差矛

夫差一命，但范蠡和文种不断强调："现在若是心慈手软，将来必成大患。"最终，勾践没有给吴国留下根基，只留下掌管数百家的土地，让夫差在那里称王。

夫差想起伍子胥的劝谏，羞愧难当，没脸接受这所谓的王位，长叹一声："我有何颜面见伍子胥！"便自杀了。勾践掌控吴国土地，立即杀死了吃里爬外的伯嚭。

灭亡吴国之后，勾践收点兵马，乘胜渡过淮河，邀请齐国、晋国、宋国、鲁国等国会盟，向周元王朝贡以显示功绩。周元王也派人送来祭肉，承认越王勾践南方诸侯霸主的地位。越王于是趁机重新分配吴国的土地，将淮上分给楚国，泗水以东分给鲁国，归还了宋国被吴国侵占的所有失地。这些国家得了好处，都支持越国，勾践一时有霸王之称。

从越王勾践回国，到彻底覆灭吴国，大体过了二十年，和伍子胥说的"越十年生聚，而十年教训，二十年之外，吴其为沼乎"一样。然而，勾践灭吴后数年就死去了，他死后，越国发生内乱，再不复霸主荣光。

成语典故

兔死狗烹

消灭吴国之后，居功至伟的范蠡却不辞而别，并给文种留下一封信，信上写着："飞鸟尽，良弓藏，狡兔死，走狗烹。越王可共患难，不可共安乐，您何不早做打算？"文种看了十分犹豫，称病不再上朝，但没等他下定决心，勾践就派人送来一把宝剑，说："文大夫，当年您教我伐吴七术，我只用了三条就灭亡了吴国，剩下的您不妨替我跟先王说说吧。"文种知道勾践的意思，含恨自杀了。

地图专题 勾践袭吴

意义： 春秋霸主吴国的衰落之战。

作战方： 驻守吴国都城的老弱残兵；勾践率领的精锐越军。

背景： 吴王夫差急于称霸，不优先吞并越国稳固后方，而是北上讨伐中原强国齐和晋，极大地消耗了吴国国力。

透过地图说历史：

说到吴国和越国的位置，大家可能有点儿陌生，但说到江浙沪，大家可能就比较熟悉了。在古代，吴国和越国这块土地的西北，是一道从西南流向东北的长江，南部是莽莽山脉，所以又被称为江东、江南。这片土地肥沃平坦，气候温暖湿润，中间是明珠般的太湖，交错着纵横的水网，是非常有发展潜力的地方。

尤其是吴国开通了邗沟（后来发展成了京杭大运河的南段），更是让江南地区南北联系更加密切。由于特殊的气候和地形，吴国和越国的人们衣食习惯相似，有良好的统一基础，所以伍子胥屡次提醒夫差，越国才是首要的吞并对象，而齐国和晋国都属于旱地，气候并不适合吴国人，夺取他们的土地是很难快速为己所用的。

可惜夫差一心争霸，人马远远开到黄池（河南封丘）去参加中原国家的会盟，结果被勾践水陆并进，迅速攻克了空虚的都城。从地图也可以看出，当时的大海比今天要辽阔一些，如今的上海等地方，还是一片汪洋，所以勾践从水路抵达的航程也比今天要短很多。

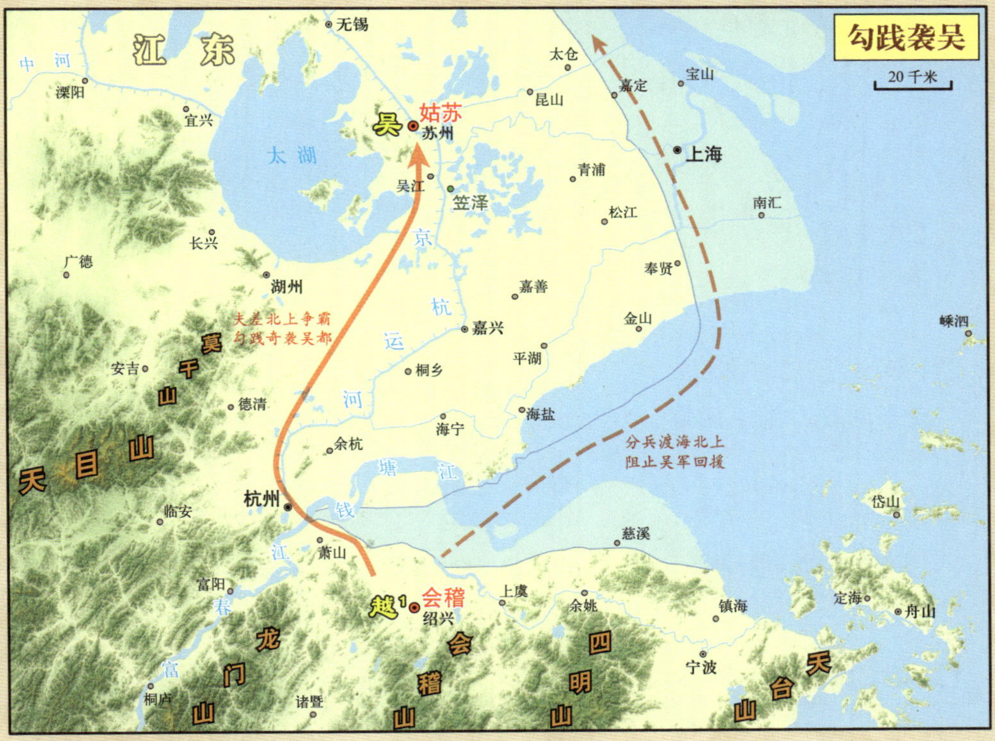
勾践袭吴
20 千米
无锡
江 东
中 河
溧阳
宜兴
吴
姑苏
苏州
太 湖
太仓
嘉定
宝山
昆山
上海
青浦
吴江
笠泽
松江
南汇
长兴
京
广德
湖州
奉贤
嘉善
夫差北上争霸
勾践奇袭吴都
杭
金山
嵊泗
莫
嘉兴
运
干
平湖
安吉
桐乡
山
河
德清
海盐
海宁
分兵渡海北上
阻止吴军回援
余杭
天 目 山
塘
江
杭州
钱
岱山
临安
慈溪
萧山
江
富阳
越
会稽
上虞
余姚
镇海
定海
舟山
春
绍兴
龙
会
四
宁波
天
门
富
稽
明
台
桐庐
诸暨
山
山
山
山

时间 前770—前476

10 百家肇始的时代

世之学老子者则绌儒学，儒学亦绌老子。"道不同不相为谋"，岂谓是邪？

——《史记·老子韩非列传》

【人物】老子、孔子、墨子

【事件】老子离周、孔子问礼、墨子使楚

道家从哲学层面去探究解决社会问题；儒家从道德层面去探究解决社会问题；墨家则从技术层面去探究解决社会问题。不同的学派理论，是不同阶层对社会问题答案的结晶，是中华文明光辉灿烂的精神源泉。

神龙老子

春秋时，社会大变，王室衰微，诸侯争霸。如何面对天下乱局？人一生应当追求的是什么？这些问题逐渐尖锐，越来越多的有识之士开始提出自己的政治主张、人生理想乃至艺术思想。这场思想爆炸，奠定了中国数千年思想文化的基石，而那些勇于开拓、自成一家的人物被以"子"尊称，也就是诸子百家。

老子是最先出现、影响最深远的大思想家、教育家之一。

老子名叫李耳，字聃，曾为周朝掌管守藏室的官员。守藏室是周朝收藏典籍的地方，老子的日常工作就是管好书籍，借此机会，他读遍了周王室几百年的藏书，成了天下知识最渊博的学者之一。

老子声名远扬，有一个向他请教的人，让他更声名远扬，这个人叫孔丘，也就是日后被称为圣人的孔子。当时的孔子比起老子还是个年轻学者，他谦虚地向老子行礼，说："我想向您讨教关于'礼'的学问。""礼"就是自上古时代流传，经过周公修订，用以区分尊卑、治理国家的这一大套规则。

老子叹了口气，对孔子说："你所询问的这些，已经是陈规旧矩，制定它们、遵循它们的人尸骨都已朽为埃土，剩下的只是些被记录的空言而已。君子应当懂得顺应时节而非违逆，应该注重修养内在、收敛才智。去去你的骄气和欲望吧，你所求的那些都无益于你本身。我想告诉你的，如是而已。"

孔子大受震撼，非常赞赏老子的智慧，但他却不可能改变夙愿，只能对弟子叹息："这世上的东西，鸟兽我知道它们能飞腾、奔跑，鱼儿我知道它们能潜游。会跑的可以用网拦截，会飞的可以用箭矢射落，会游的可以用鱼钩抓捕。可若是像神龙这样乘着风云直上九天的存在，我却不敢说知道了，老子，就是这种神龙般的人物啊！"

老子不看重周公的礼制，对社会问题的解决方式是寻求宇宙万物的本源——道。他认为道是自然的规律，是永恒绝对的本体，一切事物都有对立的正反两面，彼此可以互相转化。老子觉得当时百姓生活艰苦，多是因为统治者违背道，肆意妄为，是因为人有太多的欲望，因此主张统治者顺应规律"无为而治"，不要打扰百姓太多。

明 张路 老子骑牛图

时间 前770—前476

然而时势并不如老子所愿,他知道在诸侯争霸的时代,周王室日渐衰落,这套理论是没人听的。于是老子离开周王畿,准备出函谷关,云游四海。

函谷关守将尹喜是老子的崇拜者,得知老子要出函谷关隐居,觉得老子的思想就此埋没实在可惜,于是恳求他写点儿什么流传于世。

老子见尹喜如此热情,盛情难却,同意住几天。在那几天,老子在竹片上刻了一篇表述其毕生思考结果的文章,交给尹喜,自此就不知所踪了。

后来的人们读到这部巨著,加以归纳整理,形成了八十一章、五千余字的《老子》(也叫《道德经》),这是道家学派最重要的著作,是中国哲学的重要组成部分。后来,道教也将老子尊为始祖。

5 儒家圣人

和老子主张无为的思想不同,在鲁国,有一个青年儒生认为世道崩坏的原因是周公等人完善过的礼乐制度被摒弃。上位者失礼,在下者就逾越,不同地位的人就再没有尊卑之分,所以臣子敢于杀死国君,诸侯胆敢欺凌天子。青年认为,要让社会有秩序,就得恢复礼法、讲求仁爱。这个青年就是向老子问礼的孔丘,即我们熟知的孔子。

而所谓的儒生,其实来源于西周末年因丧乱流落民间的祝、宗、卜、史之类王室官员,他们无法回到王室为官,就以教人知识和礼谋生,形成了儒家这一阶层。

孔子出生于周灵王二十一年(前551),这时晋楚争霸已经以湛阪之战告一段落,天下局势特别混乱。孔子的出生地是鲁国昌平乡陬(zōu)邑,祖先是宋国的贵族,因为出生时额头高高隆起,所以叫丘。

孔子出生不久就失去父亲,生活很贫苦,但他为人孝顺,从小就喜欢学习礼,经常和其他儿童一起模仿大人摆放各种礼器,像模像样地进行祭祀。长大后,孔子周游四方学习夏朝、商朝、周朝三代的礼法,成为这方面的专家。然而,夏商之时的礼制流传下来的大多是口耳相传而已,孔子自信熟知它们，却苦于缺乏权威资料，不能加以验证。

面对诸侯争霸背信弃义的乱象，孔子提倡仁爱的学说，主张"己所不欲，勿施于人"，强调人们要孝敬长辈，怜爱兄弟。但这种仁爱最根本的原则还是礼法，比如国君可以怜爱自己的兄弟，但绝不能为此打破君臣名分，一定要国君像国君，大臣像大臣，人人都要和自己的社会地位名分相符，不能以不加节制的仁爱破坏社会秩序。

孔子还提倡以德治国，教化百姓，反对严苛的政策和肆意刑杀。在文化被贵族垄断的时代，他首先倡导平民教育，对中国的文化影响颇深。因为这些成就，孔子被尊为圣人。他的思想影响了中国两千多年。

成语典故

登堂入室

某天，孔子的弟子子路在老师家里弹瑟，瑟声中带有杀气，孔子很不喜欢，却又不便发作，便问其他人："子路弹瑟，为何要在我家弹呢？"众人一听，纷纷对子路表示了不满。孔子知道后，说："子路弹瑟的本领已能登上厅堂，只是未能进入内室而已。"

▲孔子像

5 科圣墨子

孔子提倡恢复周礼，同为儒生的墨子却不喜欢烦琐的礼乐制度，他最终退出儒家学派，自己创出与儒家旗鼓相当的墨家学派。春秋末期，道家思想主张避让，影响相对微小，儒家和墨家成为互相竞争的显学。

墨子，名翟，是宋国贵族后裔，后来迁居鲁国。墨子出生于周贞定王元年（前 468），也就是越灭吴之后的第五年。他早年曾师从儒家，一度担任过宋国大夫，但墨子不喜欢这样的生活。他曾做过工匠，所以用"贱人"自称。他同情农民和手工业者，长期在各诸侯国之间奔走，收了很多出身贫苦的弟子，据传有三百多人。

墨子同情春秋时期处于社会底层的生产者，熟悉战争对社会生产的破坏。所以墨子觉得理想的社会就是应该兴办有利于天下的事，而不去做对天下有危害的事。人和人之间要"兼相爱，交相利"，不要互相攻打（即兼爱、非攻）。他主张从天子、诸侯国君到各级正长，都要选择有才能的人来当，天下人人都要相亲相爱，反对恃强凌弱的战争。

墨子的学说赢得了很多饱受战争之苦的小生产者的支持，他们形成了组织严密的集团——墨家，其领袖称为"巨子"，为了达到理想中的兼爱社会，墨家弟子"生不歇，死不服"。

由于出身原因，由小生产者组成的这个学派成员往往掌握着一定技能，墨家学派因此对科学的发展也做出了独到的贡献。

墨子本人就是春秋时技术高超的工程师、设计师和科学家。他博学多才，擅长工艺制作，尤其是军事器材制作。他制造的战车在当时是战略性进攻武器的代表，制造技术无人能及。

墨子喜欢琢磨，不时地搞一些发明创造。他发明过辘轳（lù lu）、滑车、云梯等用于军事和生产的器械，深受人们欢迎。由于长期钻研工程制造，墨子也熟知攻城和守城的要害之处和秘诀。一座城市，他稍微观察一下，就知道从哪里攻破最容易、在哪里需要加强防守。

由于掌握着核心科技，无论是贵族还是平民，都很尊重墨子。他向东到过齐国，向西到过郑国、卫国，向南到过楚国。他走一路宣扬一路他的理想，帮助弱小者抵御不正当的侵略，尽力阻止战争并四处寻找能践行自己理想的国家。

当时，楚国是实力一等一的大国，墨子多次访问楚国，享受上宾待遇。但楚国是靠兼并周边小国崛起的，"非攻"不符合其整体战略。因此哪怕楚惠王给予墨子超高的待遇，墨子还是坚持"要么采用我的政治主张，要么让我走人"的理念。

墨子离开楚国，与楚国敌对的越国成为最大受益者。越王许诺封墨子五百里封地，但墨子不看重这些，依然坚持原则——"听我的劝告，按我讲的道理办事"。越王拒绝了。墨子主张再次受挫……这样的事发生了多次，但他依然坚持梦想。

可惜的是，春秋末期，兼并战争已成为社会大趋势，墨子及墨家学派虽然因其掌握时代核心科技而受重视，但其主要思想与时代大趋势不相吻合，断然无法获得重用。

墨子死后，墨家学派一分为三，彼此争执不休，传世经典《墨子》也分为上、中、下三篇。到汉朝时，相对一家独大的儒学，墨家学派已近乎消亡，只留下《墨子》一书。

奇珍异宝

郭店竹简

这些竹简出土于湖北省荆门市郭店村，是楚国墓葬中的随葬品。郭店竹简为竹质墨迹，用楚国文字抄录了多种古籍，其内容对这些古籍的版本考校有着巨大的意义。

时间　前551—前479

11 笔判春秋的布衣学者

"高山仰止，景行行止。"虽不能至，然心乡往之。……天下君王至于贤人众矣，当时则荣，没则已焉；孔子布衣，传十余世，学者宗之。自天子王侯，中国言六艺者折中于夫子，可谓至圣矣！

——《史记·孔子世家》

【人物】孔子、鲁定公、卫灵公、颜回等

【事件】堕三都、周游列国、笔著《春秋》、删定《诗经》、批阅《周易》

孔子是春秋末期的圣人，是春秋史实的记录者，历史观的改写者。他知其不可为而为之，以毕生精力传道授业、著书立说，是中华文明历程中不朽的丰碑。

让人心痛的"优哉游哉"

孔子出生的鲁国是一个爵位高实力弱的国家，它比邻东方强国齐国，也是晋国、楚国争霸的桥头堡，经常受到三个大国的欺凌。鲁国的内部也不安定，有强大实力的三桓长期掌握大量领土和百姓，三桓联手则实力强于国君。也就是所谓的"三桓分公室"。

三桓其实就是鲁桓公没继承君位的三个儿子开创的家族，周庄王三年（前694），鲁桓公去世，太子鲁庄公继位，没当上国君的三位公子庆父、叔牙、季友被封为卿，他们的子孙发展壮大，逐步瓜分了公室的权力，形成了三桓。有句成语叫"庆父不死，鲁难未已"，说的就是此事。

经过百多年发展，三桓掌握的土地总额已经超过鲁国公室，孔子三十五岁时（前517），鲁国国君鲁昭公借斗鸡之事讨伐三桓中的季平子。结果三桓联起手来抵抗，反而把鲁昭公打得逃到齐国。孔子也是因为这次动乱去往齐国。此后鲁国内部的争斗日益严重，又出现了阳虎之乱。

直到孔子五十多岁时，鲁定公任命孔子为中都宰，孔子这才有了回国从政的机会。孔子上任一年就把管辖的城市治理得井井有条，周边城市都以孔子为榜样。由于治政有方，孔子很快做到了司空，后来又升为大司寇。鲁定公十年（前500），孔子已经开始行使相国的职权。这一年，齐景公和鲁定公聚会，孔子严格按照礼法安排行程，把鲁庄公的行仪安排得威严庄重。而齐国却因不懂礼法接连出错，先是错误地演奏了夷狄音乐为礼乐，又以侏儒和杂技艺人表演宫乐。孔子当场严厉指责了这种错误，又以迷惑诸侯之罪将杂技艺人和侏儒腰斩。齐景公又羞愧又大为恐惧，因此回国后归还了侵吞鲁国的郓、汶阳、龟阴等土地谢罪。

孔子圣迹图·夹谷会齐

时间　前551—前479

孔子因此威望大涨，他决心对付三桓，彻底解决鲁国君不君、臣不臣的乱象。他对鲁定公说："我听说当臣子的不应该收藏盔甲，当大夫的不应该坐拥高高的都墙。"建议鲁定公以礼法的名义要求三桓摧毁各自领地城池的高墙。鲁定公同意了，但城墙对三桓意义重大，因此并不顺利。只有叔孙氏主动拆除了郈（hòu）地的城墙，季孙氏的家臣则激烈反抗，直接率领费城的人马攻打鲁定公，乱军一度打到鲁定公身边，但还是被孔子击败了，于是费城的都墙也被拆除。三桓中只剩下孟孙氏，他们态度强硬，坚守成城不出，鲁庄公打不下来，只好不了了之。

后来，不仅鲁国的权贵忌惮孔子，就连齐国人都觉得，孔子继续执政下去鲁国必然称霸，到时候恐怕会吞并邻近的齐国。于是齐国选了八十多个绝色舞女，精心为她们配上华美的衣裳，让她们在鲁国郊外表演，惹得行人纷纷围观，鲁国执政的季桓子心痒难耐，乔装打扮去偷看了好几次，终于忍不住劝鲁定公收下。有了美艳的齐国舞团后，这两人不仅好多天不理政事，连祭祀时给大夫们送祭肉这种大礼都忘了。

孔子圣迹图·女乐文马图

孔子长叹一声，离开了鲁国。鲁国只有一名乐师为他送行，孔子悲哀地唱道："那些女子的口，可以把卿相撵走；那些女子一来，可以使人败事亡身。优哉游哉啊，我也只好这样度过余生！"

周游列国，漂泊半生

知道在鲁国无法达成政治理想，孔子决定出去走走，可能他自己也没想到，这一走就是十几年。

其实在执政鲁国之前，孔子就有过周游列国的经历，他曾经到成周向老子请教周礼，曾经在齐国学习过韶乐。

这次辞职之后，他首先去的是卫国，卫灵公见了孔子很高兴，以和鲁国一样的待遇招待他。但没过多久，就有人说孔子的坏话，孔子担心因为谗言获罪，待了十个月就离开卫国，打算去南方的陈国。在经过匡这个地方时，孔子的弟子里有一位曾经路过这里，他很兴奋地和别人指着一个缺口说："我当初就是从这儿进去的。"这句话被当地人听到了，他们立刻拿起武器把孔子团团围住，原来孔子长得和鲁国的阳虎很像，阳虎逃亡时就是从这儿进入匡地的，他曾经让当地人吃了不少苦头。孔子有口难辩，被扣留了五天，才有机会狼狈地离开，很快又返回卫国。

卫灵公依旧对孔子不错，但并没有重用他。孔子心里越发失落。有一天，卫灵公带着爱妃南子一起坐车出行，让孔子作为副乘，大庭广众下招摇过市，孔子觉得这太失国君的身份了，恨恨地说了句："我从未见过喜好德行如同喜好美色的人！"不久就离开了。

离开卫国以后，孔子应该还是想去陈国，于是经由曹国，抵达宋国，再由宋国去往西方的郑国，郑国东南就是陈国了。这一路可不顺利，在宋国，司马桓魋（tuí）想杀他，孔子一路逃离，一度和弟子失散。但他很顽强，面对桓魋的追兵也不肯狼狈奔逃，他觉得有上天赐予的品德，桓魋是不能把他怎样的。在郑国，孔子与弟子们失散了，一个隐士调侃他，对孔

时间　前551—前479

孔子圣迹图·匡人解围图

子的弟子子贡说:"我看见东门有个人,他的前额像帝尧,脖子像皋陶,肩膀像子产,但是腰部以下和大禹差三寸,又累又颓丧的样子就像一条'丧家之犬',不知道是不是你的老师啊?"子贡大怒,孔子听了却哈哈大笑,说:"对啊,对啊,我现在真是狼狈得像丧家之犬!"

到了陈国以后,孔子暂时安定下来,在陈国待了三年,这一期间,晋、楚、吴三国争强斗狠,陈国经常被侵犯,孔子有些丧气,开始怀念鲁国,于是想离开陈国继续游历。陈蔡两国的一些大夫担心孔子的学说被国君接纳会影响他们的权力,于是将孔子围困在陈蔡之间。孔子和弟子们整整七天粒米未进,这才等到了子贡从楚国找来援兵。摆脱陈蔡之围后,孔子开始向鲁国回返,一路经由叶国、许国,重新返回卫国。这一次孔子没敢走匡地,谁知匡地旁边的蒲地正在造反,孔子再次被包围。多亏弟子公良孺勇猛作战,孔子一行才得以逃出险境。

卫灵公见了孔子，激动地到城郊相迎，问询孔子应对蒲地造反的办法。可等孔子思考一番，提出只问罪领头造反的几个人即可兵不血刃地解决问题时，卫灵公先是点头称是，过后却顾虑重重，不敢施行了。

孔子知道卫国不会重用自己，叹息道："如果用我的计策，一个月就能平定叛乱，三年国家治理就能小成。"

在卫国的遭遇是孔子周游列国的缩影：国君对他敬而远之，大夫忌惮他的才华，隐居乱世的有识之士嘲笑他，就连孔子的很多弟子都当上了大官，可孔子却依旧没有得到一个国家的重用。

但此刻他也想开了，周游十四年后，孔子回到鲁国，鲁哀公多次向他问政，但一直不起用他，孔子也不再追求为官。

孔子圣迹图·丑次同车图

时间　前551—前479

5　著书立说，笔判春秋

有了几十年的游学执政经历，孔子掌握了大量知识，目睹了列国文献，开始致力于学术研究，做了两件影响深远的大事。

第一件就是《诗经》等重要文献的编辑整理。所谓的诗在周王朝是非常重要的文化瑰宝，它的来源很广，有各国的民歌，有士大夫讽谏君王的谏词，也有在祭祀时表演的特定曲目及记录夏商周祖先艰难创业的史诗。它们不仅是一种艺术，也是治理国家的重要依据，周朝人引经据典引用的就是诗。但经过几百年的积累，以及周王室的衰败，王室采诗的活动受到影响，诗的内容也开始良莠不齐、混杂无序。孔子精心收集整理了这些诗歌，共计三百多篇，所以又称"诗三百"，分成风、雅、颂三类。风是各个地区的乐调，雅是朝廷的正乐，颂一部分是祭祀之歌，另一部分是对祖

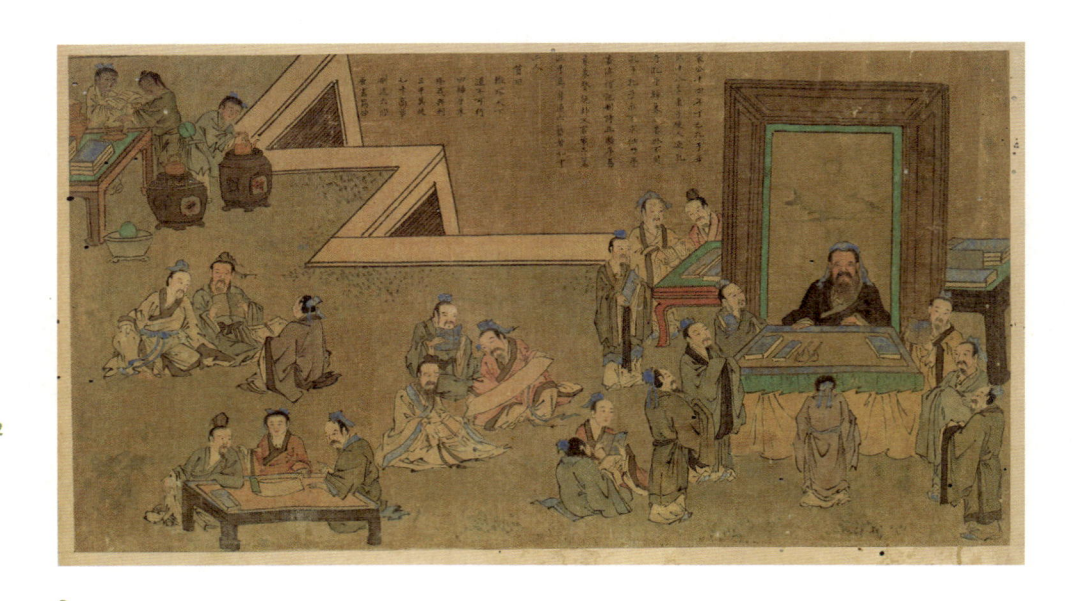

孔子圣迹图·删述六经图

先的赞美，内容比较多元。

《诗经》之外，据传记录夏、商、周礼仪的《礼记》，追溯尧、舜、禹等古代君王贤人事迹的《尚书》，反映夏、商、周三代哲学思想的《易经》都经过孔子的编辑整理。尤其是《易经》，孔子晚年如痴如醉地研究它，连穿竹简的牛皮绳都磨断了三次。直到今天人们还用"韦编三绝"形容治学刻苦。

第二件就是编订鲁国的史书《春秋》。在西周时期，包括周王室在内的各国或早或晚都有史书传下，这些在当时通称为《春秋》，但大多亡佚了，只有鲁国的历史保存最好，也就是今天的《春秋》。《春秋》这种记事的散文和商朝在龟甲、兽骨上记录占卜日期、占卜人、事件等内容的甲骨文卜辞是一脉相承的，《春秋》和甲骨文卜辞的不同在于，它有了明确的时间观念和自觉的记事意识。《春秋》记载了鲁隐公元年到鲁哀公十四年（前

孔子圣迹图·西狩获麟图

时间　前551—前479

722—前481）的历史，和列国历史的不同之处在于，孔子在尊重史实的前提下明显地维护周礼，对违背礼法的行为以及邪说暴行有明显贬斥。这种贬斥体现在一种严谨的遣词用字中，《春秋》中，不承认吴楚两国国君自封的王位，依旧以周王室分封的子爵称他们为吴子、楚子；杀死罪人称为"诛"，杀死无罪的人称为"杀"，下位者杀死上位者称为"弑"。这种以历史伸张正义的传统对后代著史影响深远，也对肆无忌惮的篡逆有一定约束，所以后人才说："孔子成《春秋》而乱臣贼子惧。"

传说，鲁哀公十四年（前481），鲁国人捉到一只长相奇特的野兽，谁也辨认不出，大家就去请教孔子。孔子听了来人的描述，长叹道："麒麟啊麒麟，你为何而来？为何而来？我孔丘所求的道是穷尽了吗？"在他看来，麒麟是神异的野兽、王者的象征，麒麟被捕或许是周王室王道衰落的迹象。这件事后，《春秋》就此住笔。

由于这部巨著和东周奴隶制延续的时期大体吻合，人们就把周平王元年到周敬王四十四年（前770—前476）这段时间称为春秋。

弟子三千，贤者十人

在周朝早期，教育和文化有被贵族垄断的情况，只有具备一定地位、出身高贵的人才有机会受到教育，学校也只面对这些人。但孔子实行"有教无类"的主张，大量聚徒讲学，开创了民间教育的先河，自此，儒家发展壮大，教育和文化也逐渐向平民放开。

据说孔子招收了三千弟子，学而有成、"受业身通"的有七十二人，其中具有重大成就的有十人，被称为孔门十哲。

子渊　即颜回，姓颜名回，字子渊。颜回是孔子最得意的弟子，他敏而好学，能举一反三，特别注重品德修养。颜回身体不好，很早就白了头发，且英年早逝。他死时孔子悲叹不已。由于出色的品行和学识，后世称颜回为"亚圣"。

子骞 即闵损,姓闵名损,字子骞。闵损以德行著称,特别孝顺,他幼年遭后母虐待,可当他父亲因此要赶走后母时,他却为后母求情,担心后母走后她所生的几个孩子无人照顾。子骞一生"不仕大夫,不食污君之禄",很受后人敬仰。

伯牛 即冉耕,姓冉名耕,字伯牛。冉耕以德行著称,他的事迹流传不多,但孔子很喜欢他。冉耕后来患了传染恶疾,临死时,孔子不顾风险,隔窗握着他的手叹息:"这就是命啊,这样的人,却染上这样的疾病!"此后,"伯牛之疾"就用来形容令人惋惜的重病。

仲弓 即冉雍,姓冉名雍,字仲弓。冉雍以品行著称,执政才能也非常不错。他做过季氏宰,在任期间颇有美名。孔子觉得他"可使南面",这在以坐北朝南为尊的春秋时代是很高的评价,只有天子和诸侯才有这样的资格,意思是冉雍有资格侍奉这些人,做一地长官。

子有 即冉求,姓冉名求,字子有,一般叫他冉有。冉有很擅长政事和理财,也颇懂带兵打仗。鲁哀公十一年(前484),冉有任左师统帅,力挫强国齐国,孔子流亡十四年后仍能被鲁国接回,冉有功不可没。

子路 即仲由,姓仲名由,字子路。子路武艺高强、非常勇敢,性格耿直,是重要弟子中被孔子批评最多的。但不管批评多么严厉,只要批评的话在理他就会接受,相对的,哪怕是孔子的所作所为,只要他觉得不对就会直接批评。孔子对子路的评价特别有人情味,他说:"如果我的道无法推行,落魄到乘着木筏浮流沧海的境地,跟随我的,恐怕只有子路吧。"后来子路果然像老师教导的一样慨然赴死。

子贡 即端木赐,姓端木名赐,字子贡。子贡长于口才,善于辞令。曾经担任过一国相国,曾以辩才游说列国,保护鲁国免受攻打。子贡和孔子的对话,可能是《论语》列位弟子中最多的。他还精于为商,是当时有名的大商人。

子我 即宰予,姓宰名予,字子我。宰予口齿伶俐,经常出使各国,在学术上也有很多独到见解,但他有点儿懒惰的小毛病。有一次,宰予大白

时间　前 551—前 479

天呼呼大睡，孔子看见了，气得大骂："朽木不可雕也，粪土之墙不可杇也。"这句话至今仍被用来形容不堪造就。

子游　即言偃，姓言名偃，字子游。言偃长于文学，认为"君子学道则爱人"，致力于通过所学的礼乐教化百姓。他掌管武城的时候，城中处处能听见弹琴唱歌的声音。

子夏　即卜商，姓卜名商，字子夏。子夏的文学修养很高，连孔子都大加称赞，认为可以和他讨论《诗经》这样的文学作品。孔子死后，子夏继续教学，他提出的"学而优则仕"的观点对中国文化影响深远，当时的魏文侯就曾向子夏讨教。

唐　阎立本　孔子弟子像卷（节选）

史海辨真

论语里的农业

《论语》不仅体现了丰富的哲学思想，也多方面反映了春秋时期农业生产方式的进步。在上古时期，人们种田完全靠人力使用耒耜翻地除草，生产力很低。但在春秋时期牛耕已然非常普遍，还发展出了以动物粪便施肥的技巧。何以见得呢？比如孔子的弟子冉耕，就以伯牛为字，司马耕则以子牛为字。至于孔子骂宰予的"朽木不可雕也，粪土之墙不可杇也"中的"粪土"就是用粪施肥过的土。

子路　子有　仲弓　伯牛　子骞　子渊

孔子周游列国

地图专题：周游列国

意义：孔子为推行政治主张所做的一次伟大实践。

游历地：鲁国、卫国、曹国、宋国、郑国、陈国、蔡国等。

背景：孔子虽担任司寇，但鲁国积弊已久，执政的贵族又沉迷女色、胸无大志，以致孔子的政治主张在鲁国无法实现。

透过地图说历史：

孔子号称周游列国，但即便算上早年游历齐国、拜访周王城的经历，其活动范围也基本限于今山东、河南、安徽三省之间。这已经算是了不起的经历了，因为春秋时期，周朝的势力核心，主要也就限制在孔子的行程范围（可参考本书目录前"春秋疆域图"）。而且，孔子并非只是策马游玩，而是真真切切地在调研途经国家的现状，渴望大展身手。

孔子周游列国

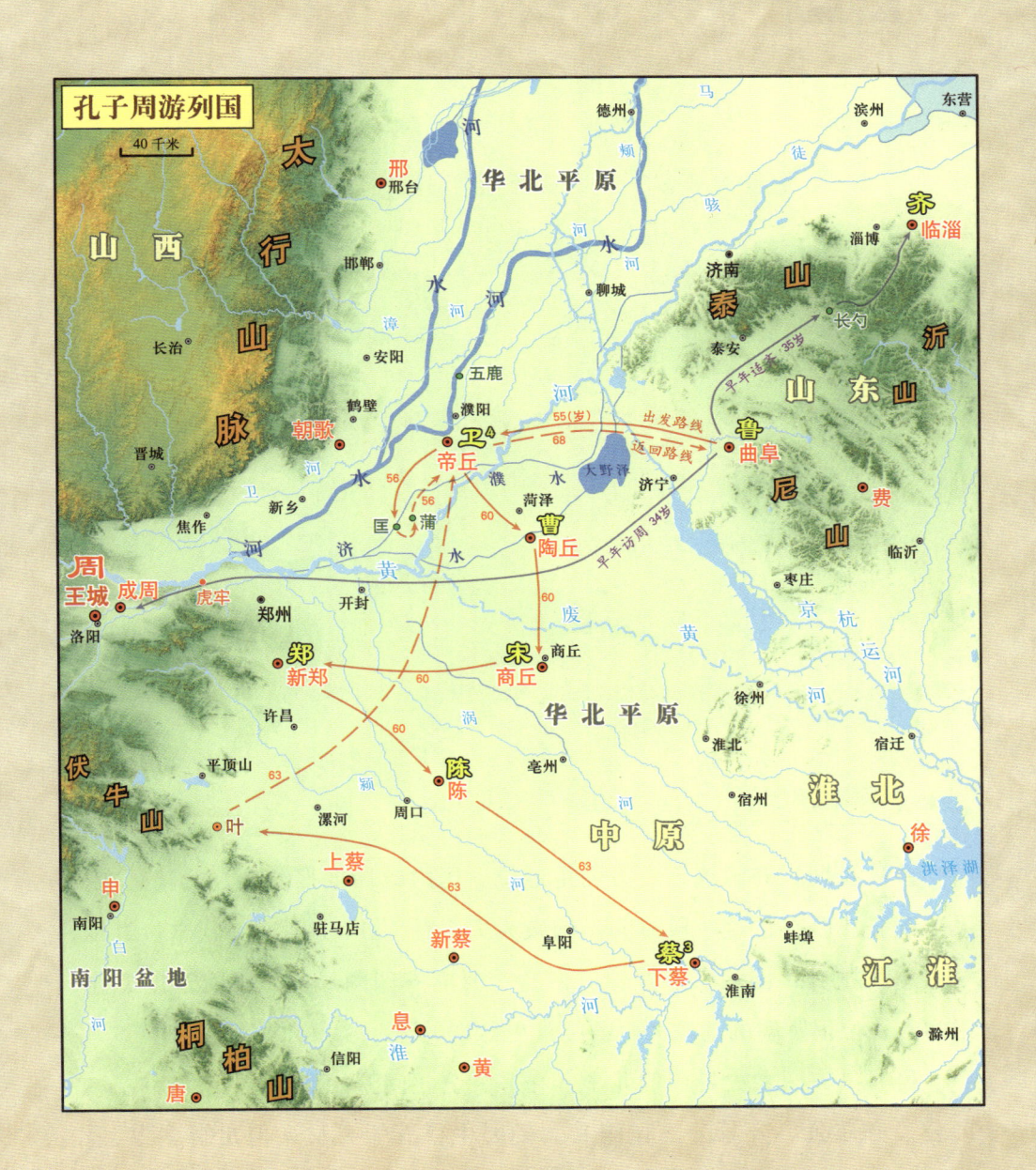

时间 前770—前476

12 璀璨春秋，人才辈出

女无美恶，居宫见妒；士无贤不肖，入朝见疑。……故老子曰："美好者不祥之器。"岂谓扁鹊等邪？

——《史记·扁鹊仓公列传》

【人物】晏子、扁鹊、鲁班、范蠡、司马穰苴（ráng jū）

【事件】晏子相齐、扁鹊发明望闻问切、鲁班与墨子辩论、范蠡从商

春秋是人才辈出的时期，各行各业都有杰出人才问世，他们不仅在那个时代拥有一席之地，其成就对后世影响也颇为深远。

滑稽宰相晏婴

春秋晚期，齐国逐渐失去霸主地位，国内政局也很混乱。尤其是在齐灵公到齐庄公在位这一段时间，辅政大夫崔杼（zhù）两次干预君位继承，一次杀死国君，国内人心惶惶。但这一时期齐国的局面并没有过度恶化，因为有一位很贤明的辅政大臣晏婴，史称"晏子"。

晏婴是齐国大夫晏弱的儿子，在齐灵公年间开始参与政事，辅佐了齐灵公、齐庄公、齐景公三位国君。晏婴生得五短身材，但足智多谋，作风朴素，一餐从不吃一道以上的肉菜，也不许妻妾穿帛制成的衣服。他很有为政智慧，国君无道时就坚守本分，国君有道时就顺时进言，深得

诸侯敬重。

齐景公为政时,齐国宫廷纵酒淫乐之风盛行,明显走下坡路,晏婴便常常用玩笑、讽喻、反语等方式进言,从而取得意外效果。

有一天,齐景公心爱的马突然死了。他勃然大怒,下令把养马人抓来肢解。晏子制止正想动手的武士,对齐景公说:"杀人总得有个方法啊!请问,尧舜肢解人时,是从什么部位开始的?"

风云人物

铁血穰苴

齐景公时,燕国、晋国大败齐军,侵吞了很多土地,晏婴于是举荐了司马穰苴。司马穰苴接到任命后对齐景公说:"我人微言轻,没有威信,请国君派一位受人尊重的宠臣过来监军。"齐景公同意了,派出宠臣庄贾。司马穰苴对庄贾说:"我们中午军门见。"庄贾答应了,但没当回事儿,拖到晚上才醉醺醺赶来。一进军门,司马穰苴早让人磨刀等着了。庄贾慌了,说:"都是亲友相送耽误了时辰。"司马穰苴毫不理会,喝道:"为将从军之日理当忘却小家,何况如今敌国深入腹地,士兵战于野外,国君寝食难安,老百姓都等着救命,你身为监军,朋友相送能算理由吗?!斩了!"齐景公听说消息,吓了一大跳,赶忙派使者飞车冲入军中阻拦,但司马穰苴不仅毫不通融,反而命人拿下使者,喝道:"将在外,君命有所不受,你驾车冲撞军营按罪当斩!念及你代表国君,我只斩副使,以儆效尤!"三军听后无不肃然。执法严明之外,司马穰苴对底层士兵却极为同情,经常嘘寒问暖、分食送药,士兵们都愿意为他赴死。在司马穰苴的带领下,晋燕两国大败,齐国收复了所有失地。

时间　前770—前476

齐景公明白晏子的意思,说:"那不肢解了,把他交给狱官处死。"

晏子接着说:"他的确该死。不过,他还不知道自己犯什么罪。请让我说说他的罪状,让他死个明白,好吗?"

齐景公说:"你说吧!"

晏子大声数落那个养马人:"你犯了三大死罪:国君让你养马,你却把马养死,死罪;所死之马又是大王最喜爱的,死罪;你养死了马,使国君杀人,导致百姓听说后会怨他,诸侯听说后会轻视我国,死罪。把你送到监狱,你知罪吗?"

齐景公越听越难受,说:"把他放了吧!放了吧!不要损害我仁爱的名声。"

滑稽之余,晏婴其实是个勇敢、有主见的能臣。当年崔杼杀死齐庄公,大肆清洗朝廷大臣,大夫们人心惶惶,都不敢对齐庄公的死表示太多情绪,晏婴却敢闯入崔杼家里,趴在齐庄公的尸体上大哭,尽了臣子之礼。

孔子圣迹图·晏婴阻封图

出使楚国时，楚王嘲笑晏婴矮小，故意把城门关上，特意在旁边凿开一个小门让他通过。晏婴笑了笑说："若是出使狗国，自然应该从狗洞入，但出使楚国走狗洞我觉得不合适。"楚王没办法只好让他从城门进去。晏婴到了大殿，楚王接着奚落他："齐国难道没有人了吗？"晏婴假装听不懂的样子，问："齐国的临淄人多得摩肩接踵、挥汗成雨，怎么没人了？"楚王看了看晏婴的小个子，说："既然有那么多人，怎么选了你来？"晏婴听了，不卑不亢，回道："大王好眼力，我们齐国选使者确实是人尽其才，访问贤君就派贤者，访问不肖的就派不肖者，我晏婴最不肖，所以派我来楚国。"楚王听了哑口无言。

晏婴在位时还为齐国举荐了著名的军事家司马穰苴，帮齐国打赢了对晋国的战争，他的为政事迹被记录下来，也就是《晏子春秋》（又名《晏子》）。

千古神医扁鹊

望闻问切是中医的四诊法，至今还在使用，它是由中医学的开山鼻祖——神医扁鹊发明的。

扁鹊，其实本是上古时一位神医的名字，春秋时一个叫秦越人的医者医术高明，人们觉得简直像扁鹊再世，就称他为扁鹊。

扁鹊年轻时是客馆主管。有个叫长桑君的到客馆住宿时，扁鹊认定他是奇人，招待他非常恭敬。长桑君来来去去有十多年，经常住这家客馆，一直在观察客馆的人，也发现扁鹊不是普通人。

有一天，长桑君邀请扁鹊坐下来，陪自己聊天。他悄悄对扁鹊说："我有秘传的医方，现在我年老了，想传给你，希望你不要泄露出去。好不好？"扁鹊说："好，我答应您。"

于是长桑君给扁鹊讲起医药之理，把高明的医术都传给扁鹊后就不见了踪影。有人传说长桑君就是鬼神之类，他给扁鹊吃过一包神药，让他能

时间 前770—前476

风云人物

神医扁鹊

春秋战国时期的名医扁鹊，精于内、外、妇、儿、五官等科，擅长施用砭刺、针灸、按摩、汤液、热熨等法来治疗疾病，因而被尊为中华医祖。据《汉书》记载，他还著有医学名作《扁鹊内经》和《扁鹊外经》，可惜均已失传。

看清病人的五脏六腑。

实际上，扁鹊看病靠的不是透视，而是望闻问切，全面观察了解病情。扁鹊是一个很有原则的人，他认为有一些人是不应诊治的，比如骄横无理之人、迷信巫蛊之人，这类人共六种，就是"六不治"原则。

尤其值得称道的是，扁鹊十分重视疾病预防，认为铲除病根，将疾病消灭于未起才是最高明的。

魏文王就曾向扁鹊求教。他好奇地问："你家兄弟三人都精于医术，哪个医术最好呢？"

扁鹊说："我大哥的医术最好，二哥的差些，我的医术是三人中最差的。"

魏文王不解地问："为什么？"

扁鹊说："我大哥治病，是在病情发作之前。那时，病人还不觉得自己有病，大哥就下药铲除了病人的病根。他的医术难以被人认可，所以没有名气，只是在我们家中被推崇备至。我二哥治病，是在病初起之时。那时，症状尚不十分明显，病人也没有觉得痛苦。二哥药到病除，乡里人都认为二哥只是治小病很灵。我治病，都是在病情十分严重之时。病人痛苦万分，家属心急如焚。此时，他们看到我在经脉上穿刺，用针放血，或在患处敷以毒药以毒攻毒，或动大手术直指病灶，使重病之人的病情得到缓解或很快治愈。所以，我名闻天下。"

> **奇闻逸事**
>
> **起死回生**
>
> 有一次，扁鹊去了晋国，遇到晋国卿相赵简子突然昏倒，一觉睡了五天五夜。赵简子的家人急得团团转，赶快请扁鹊前来诊病。扁鹊观察了一番，按了按赵简子的脉搏，说："不要紧，三天内即可醒来。"果不其然，只过两天半，赵简子便清醒过来。

魏文王恍然大悟。

扁鹊一生无私地把自己的医术传授给门徒。他的徒弟子阳、子豹、子越等人，都是有成就的人。扁鹊之后，望闻问切一直是中医最重要的诊断方法，至今还服务着广大百姓。

在游历秦国之时，扁鹊因为高超的医术被秦太医令李醯（xī）妒忌。李醯担心扁鹊让自己声望扫地，就派人刺杀了他。

5 工匠大师鲁班

春秋时，随着经济的发展，各国诸侯与贵族住宅越来越豪华。在高台上建起壮观宫室，突出其地位和势力，成为当时的一种社会风气。各种形制复杂的高台宫室，促使建筑技术迅速发展，一批优秀匠人脱颖而出，最受称道的就是鲁班。

鲁班并不姓鲁，相传他姓公输，名般，因为是鲁国人，所以才被称为鲁班。他大致活跃在春秋末期和战国初期。

鲁班出身工匠家庭，从小就跟随家人参加过许多土木建筑工程，积累了丰富的实践经验。相传他发明了很多木工工具，比如钻、刨子、铲子、曲尺、墨斗等。

时间 前770—前476

　　锯的发明源于一次意外。相传有一次，鲁班进山砍柴，不小心被草叶划破了手。他仔细一瞧，发现叶子边缘长着锋利的小齿。受此启发，又经过多次试验，他发明了锯。

　　曲尺最早称作矩，也叫鲁班尺。它由尺柄及尺翼组成，相互垂直呈直角，尺柄较短，长为一尺，用来量长度，尺翼长短不定，最长为尺柄的一倍，用来量直角、平衡线。使用曲尺，木工可以量出直角、平面、长短甚至平衡线。

　　鲁班还发明了硙（wèi），这是一种石磨。硙发明以前，人们把谷物放在石臼里用杵不停地舂（chōng）捣以制成粉，费时费力。鲁班见了，就选出两块比较坚硬的圆石，各凿出浅槽，再合在一起。只要用人力或畜力带动它转动，就能把谷物磨成粉末。石磨的发明大大减轻了粮食加工的劳动强度，提高了生产效率。

　　在兵器方面，鲁班也有发明。据记载，他将梯子改制成可凌空而立的云梯，专门用来攻城；还将钩改制成舟战中用的钩强，待敌船后退时可以钩住它，待敌船进攻时又可以推拒它。

　　有一次，鲁班帮助楚国制造兵器，准备攻打宋国。当时，墨子为让楚国放弃攻宋计划，不远千里赶到楚国。墨子解下衣带围成城墙，用竹片充当器械，与鲁班展开一场精彩的模拟战。

成语典故

班门弄斧　　唐代文学家柳宗元曾在文章中写道："操斧于班郢之门，斯颜耳！"意思是说，在鲁班和郢人这样的用斧高手门前表现用斧子的本事，脸皮也太厚了。比喻不自量力，在专家面前卖弄。

鲁班尺

推演中，鲁班使出自己为攻城研发的多种器械，在沙盘上多次演变进攻策略。而墨子也展示自己为守城设计的器械，一次次挡住了他。结果，鲁班用尽所有攻城器械，墨子守城方法仍然绰绰有余。见此，楚王放弃了攻宋计划。

鲁班虽然与墨子在攻守战中落下风，但丝毫不影响他成为时代精英。凭着高超的技艺和精妙的发明，鲁班被尊称为"土木建筑鼻祖""木匠鼻祖"，这是对他所取得成就的认可。

5 经商圣手范蠡

在春秋时期，随着经济的发展，商人阶层开始壮大，出现了不少留名后世的大商人。范蠡是其中代表，也就是辅助越王勾践灭吴的那位越国大夫。

范蠡二十岁时认识文种，二十五岁时邀请文种一起到越国去，二十七岁时开始受勾践重用，策划卧薪尝胆灭吴，帮助越王勾践复仇称霸。

勾践灭掉吴国后，范蠡没有要任何高官厚禄，早早辞行泛舟五湖。离开越国后，范蠡辗转来到齐国，改名鸱（chī）夷子皮，在海边结庐而居。他有着令人惊叹的经济才干，在齐国一边辛勤耕作，一边兼营副业，很快积累出数千万家产，成为当地富豪。此后又因仗义疏财声名远播。齐王听说了，特意把范蠡请到临淄，任命他为相国。

范蠡却从中看到危机，感叹说："当官当到上卿国相，治理家业赚下千金的产业，对于白手起家的百姓来说，已经到了人生极点。长期享受尊贵

春秋 龙虎纹鼓座

和声望,这恐怕不太吉祥。"

于是当了三年相国后,范蠡再次急流勇退,将相印交还齐王,将家里的财产全部分给知交好友及周边乡亲。

一无所有以后,范蠡迁居到陶丘,因为这是天下的中心,能连通四方诸侯,是天下货物聚散之地。来到陶丘以后,范蠡根据时节、气候、民情、风俗等,人弃我取、人取我予,顺其自然、待机而动,做生意经营产业。没出几年,他又成为巨富,自号陶朱公。

范蠡与普通巨富不同,他不仅数次经商致富,还提出系统的商业理论和商业思想。与重农轻商或者重商轻农不同,范蠡提出"农末俱利",即

> **知识充电**
>
> **天下熙熙，皆为利来**
>
> 早在商朝和西周，中国就有了专门的商人。到春秋时，农业和手工业的进步为商业提供了优良的生长土壤。诸侯中齐国商业发展较早，自建国起就"通工商"以得鱼盐之利，但商人在齐国也受到严格管束，商人之子世代为商。另一个以商业著称的国家是郑国，郑国国君曾和商人盟誓"尔无我叛，我无强贾，毋或丐夺"，意即商人只要不损害国家利益，国家就要保障商人的合法利益。在宽容的商业环境下，郑国商业繁荣了两百多年，郑国商人足迹遍及黄河、长江流域。到战国时代，商业进一步发展，甚至出现了资金雄厚、交游诸侯的大商人。

农业和商业双赢思想。他意识到，物价贵贱取决于供求关系，供大于求者贱，供小于求者贵，尤其是粮食的价格。粮价过低会让百姓生活艰苦，过高则对商人有损害，应当将价格调整到一定范围内，这样既可以促进农业发展，又有利于工商业发展，各行业就可以协作双赢。汉朝史书《汉书》中记录有范蠡所著的篇目，但具体作品遗憾地亡佚了。

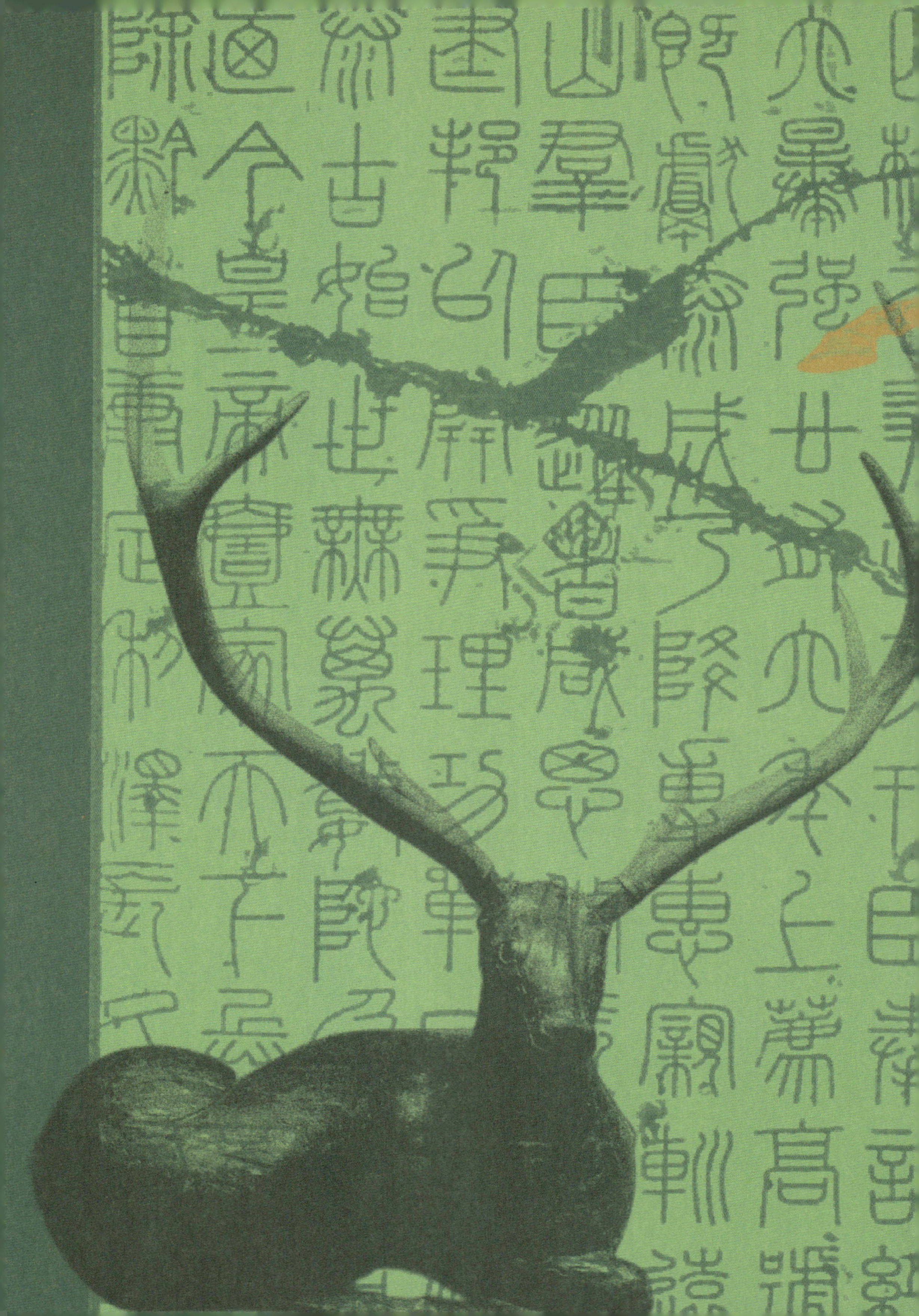

战国

前 475—前 221

春秋之世，诸侯只想争霸，即争得二三等国的服从，一等国之间，直接的兵争较少，有之亦不过疆场细故，不甚剧烈。至战国时，则：

（一）北方诸侯，亦不复将周天子放在眼里，而先后称王。

（二）二三等国，已全然无足重轻，日益削弱，而终至于夷灭，诸一等国间，遂无复缓冲之国。

（三）而其土地又日广，人民又日多，兵甲亦益盛，战争遂更烈。始而要陵驾于诸王之上而称帝，再进一步，就要径图并吞，实现统一的欲望了。

——吕思勉《吕著中国通史》

前 453	吞并智氏
前 379	田氏代齐
前 376	三家分晋
前 356	商鞅变法
前 353	围魏救赵
前 341	马陵之战
前 316	秦吞巴蜀
前 307	胡服骑射
前 306	楚国灭越
前 299	秦扣楚怀
前 288	秦齐称帝
前 284	乐毅破齐
前 279	田单复国
前 260	长平惨败
前 257	窃符救赵
前 255	秦吞西周
前 246	嬴政继位
前 237	谏逐客令
前 230	吞并韩国
前 225	水淹魏都
前 223	秦国克楚
前 222	辽东灭燕
前 222	代地灭赵
前 221	秦国平齐

时间　前497—前376

13 雄起的三晋诸侯

> 静公二年，魏武侯、韩哀侯、赵敬侯灭晋后而三分其地。静公迁为家人，晋绝不祀。
>
> ——《史记·晋世家》

【人物】智瑶、赵襄子、魏桓子、韩康子、魏文侯、李悝（kuī）、乐羊、吴起

【事件】廪丘之战、三家分晋、李悝变法、魏国称霸

三家分晋，在古代被视为春秋与战国的分水岭，这虽然和今天的划分不甚一致，但三家分晋以后，诸侯兼并的确更加频繁，改革变法富国强兵的举措也如雨后春笋。

晋国的六卿吞并战

晋国一直是举足轻重的强国，但到春秋晚期，晋国的内部危机越来越重。吴国的季札、齐国的晏婴，这些有识之士都预言过晋国的危机。

晋国的危机起源于六卿，六卿可以简单理解为六个世袭执政，拥有封地和军队的大家族，分别是智氏、韩氏、魏氏、赵氏、范氏和中行氏。六卿祖上基本都是随晋文公开创伟业的功臣及其后裔，但经过一百多年的发展，晋国公室良莠不齐，出现了几位只顾修筑宫室的庸主，而趁机把持国政的六卿则越来越有权力。到晋昭公时，六卿已经明显强于公族，之后开

始对国君的权力进一步削弱。比如晋国宗家祁傒孙、叔乡子和国君的内斗就被利用，六卿趁机将两人的族人尽数诛灭，把他们的封地分而治之。

到了春秋末期，六卿之间也不满足于当前权力，开始互相兼并。晋定公十五年（前497）时，晋国六卿爆发了一次大战乱，事情的起因是范氏和中行氏围攻赵氏，晋国国君也参与其中。智氏、韩氏、魏氏和范氏、中行氏有仇，因此站在了赵氏一边，派兵攻打范氏、中行氏，最终的结果是范氏、中行氏在围攻中先被逼反然后战败，晋国于是只剩下四卿。

范氏和中行氏被除名，留下的土地引起了新一轮争抢。晋出公十七年（前458），四卿达成协议，将范氏、中行氏的土地瓜分划为自家的城邑，晋出公大怒，立即向齐国、鲁国求援，想要铲除四卿，但四卿动手更快，直接反攻晋出公，晋出公逃出晋国，死在了路上。于是晋国另立晋昭公的曾孙子为晋哀公。晋哀公祖上几代都和智氏交好，所以特别倚重智氏的家主智瑶，国家大事都由智瑶裁断，智瑶利用职务之便，独吞了中行氏、范氏的所有土地，一举成为四卿中最强的一方。

智瑶的野心很大，吞下两家的土地后又不断勒索剩下的赵、魏、韩三家，想进一步吞并赵襄子、魏桓子和韩康子。于是他以强大晋国为由，要求每家贡献一百里土地给晋公室。

战国 错金鸟尊

魏桓子、韩康子都不乐意，但他们很聪明，不肯做得罪智瑶的出头鸟，便忍痛献出了一块有万户人家的土地。赵襄子却不肯受这个侮辱，直接拒绝："要地？那是我祖宗传下来的，不可能送给别人。"智瑶非常气愤，于周贞定王十四年（前455）联合魏桓子、韩康子进攻赵襄子，想瓜分赵家土地。

智、魏、韩三路大军浩浩荡荡地进攻赵襄子，赵襄子自知不敌，收缩兵力，死守晋阳城（山西省太原市）。晋阳城固若金汤，备有很多武器与粮草，又是赵氏的起家之地，民心归附。所以，双方打得天昏地暗，在晋阳城下僵持了两年多。

晋阳城久攻不下，智瑶在视察地形时忽生一计，他注意到流经城外的晋水，想到水淹晋阳的战术。于是命大批士兵开沟挖渠，一股股水流向晋阳奔去。大水把全城包围其中，高高的城墙只有短短一截还在水上。城里渗水严重，老百姓家里的炉灶都生出青蛙，可百姓们仍然死守，不肯背叛。

智瑶得意地叫来魏桓子、韩康子在城外高地观察，说："没想到水也可以亡国呀。"言者无意，听者有心。魏桓子赶紧用胳膊肘碰了碰韩康子，韩康子也轻轻踩了踩魏桓子的脚背。两人交换一下眼神，心里都清楚，智瑶今天能淹了晋阳，明天也能淹了魏国都城安邑和韩国都城平阳。

智伯手下有一个大臣叫缔疵（chī cī），他聪明又善于察言观色。魏桓子、韩康子面有忧色的神情被他看在眼里，他觉得这是背叛的先兆，于是连夜跑去向智瑶报告。但智瑶刚愎自用，不仅不听，反而把这番话告知了韩、魏两家。魏桓子、韩康子矢口否认，心中却更坚定了反叛的决心。这时晋阳也到了极限，赵襄子派张孟谈趁夜偷偷出城找魏桓子、韩康子谈判。三家一拍即合，当夜就结下联盟。

第二天夜里，赵襄子派人攻打智伯围水的大堤，在上面挖开口子，围城的大水于是向智瑶军营流去，智瑶以为大堤出了故障赶忙派人维修，结果混乱之中，赵、魏、韩三家联军攻来，智瑶彻底落败，智家被灭族。于是赵、魏、韩三家反而平分了智氏土地。

赵、魏、韩三家吞并智瑶后，下一步继续蚕食晋国公室，等到晋幽公在位之时，晋国已经君臣颠倒，晋幽公反而要朝奉赵、魏、韩三家，晋国公室的土地也几乎被瓜分殆尽，只剩下国都绛和发迹之地曲沃。

晋烈公十九年（前403），赵、魏、韩派出使者去请求周威烈王册封他们为诸侯。周威烈王被迫同意，赵、魏、韩至此完全是和晋并立的国家，连名义上的君臣关系也不复存在。

周安王二十六年（前376），赵、魏、韩彻底消灭晋国，瓜分其全部土地。这件事史称三家分晋。由于赵、魏、韩实际占有了晋国，所以历史上将它们合称为三晋。

奇珍异宝

侯马盟书

晋国晚期的都城是新田，也就是今天山西的侯马。有一年，晋国赵、魏、韩、智四大家族在新田开大会，立下誓词，并记录了攻灭范氏和中行氏的事情，赵襄子的父亲赵简子是大会的主持人。那么久远的事情，今人是怎么知道的？侯马盟书上都写着呢，那五千多块玉石片上记载得清清楚楚。

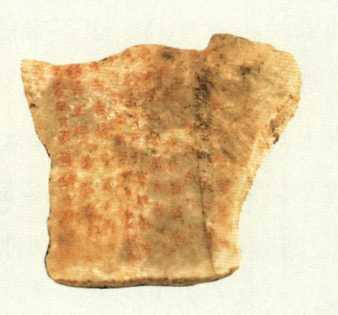

时间　前497—前376

5 第一位变法者李悝

三家分晋后，各诸侯国兼并战争加剧。乱世之中，凭什么在众多诸侯国里脱颖而出？三晋中的魏国首先交上了答卷。魏国是三晋中靠西的国家，瓜分智瑶的土地后，魏氏出了一位英明的领袖，叫作魏斯，也就是后来的魏文侯，为了表述简易，我们提前称他为魏文侯。

魏文侯是孔子弟子子夏的学生，因此积累了不错的学问，他特别尊敬人才。子夏有一位弟子叫段干木，德才兼备，名望很高，是魏国的隐世高人。魏文侯知道后，决心请段干木出山为官，但段干木无心于此。魏文侯并不气馁，亲自去段干木家里请。段干木家人听到屋外有车马声，立即躲开。魏文侯吃了闭门羹，却丝毫不动怒，对段干木更加

战国 铜剑

敬重，每次从此经过家门，都要下车站立，扶着车前横木，以示尊敬。后来，他索性不乘车马，也不带随从，亲自走路去段干木家。段干木回避不及，只好将他请入屋中。两人交谈很久，讨论不少国事政策。魏文侯认真听取段干木的治国大略，自此大有长进。

魏文侯拜访段干木的故事很快传开。听说魏国国君礼贤下士，非常器重人才，其他博学之士比如李悝、翟璜、吴起、乐羊等人，纷纷前来效力。一时间，魏国人才济济。

尤其值得称道的是李悝。他代表了儒、道、墨三家学派之外的一个全新学派法家的萌芽，法家方一登场就对先王之法提出了质疑。这是很大的一次颠覆：春秋时期征战虽然激烈，但每一个主导时代的霸主都尊重礼法，

> 奇闻逸事
>
> **李悝选相**
>
> 有一天,魏文侯招来李悝,询问下一任国相人选。李悝刚一出门,翟璜就拦住他询问结果。李悝想了想说:"魏成。"翟璜大怒,埋怨道:"战功赫赫的西河守吴起,是我推荐的;国君担心邺地安危,我就推荐了政绩不凡的西门豹;国君想讨伐中山国,我就推荐了大将乐羊……我就想问问,凭这些大家耳闻目睹的功绩,我哪里比不上魏成?"李悝摇摇头,说:"魏成的俸禄多达千钟,但十分之九都用于公务,所以才为大王求得了卜子夏、田子方、段干木三位贤人,这三人,国君都视为师长,而您举荐的五人,国君则视为臣子,您怎么和魏成比呢?"翟璜脸色一红,赶忙行礼说:"是我见识浅薄,愿意终生当您的弟子。"

力图恢复名义上以周王为尊的秩序,因为这些旧制度已深入人心。

但李悝等法家人士却认为天子和诸侯间政治、经济地位的变动是合理的,旧法早已过时,只有进行改良才能符合时代要求,这就是变法。

李悝当时出任魏国的国相,提出了四条积极有效的变法之道。

首先,他提出"靠劳动吃饭,靠功劳享受俸禄,重用有能力的人,奖赏要兑现,惩罚要适当"。魏文侯深感其理,便开始努力推行废除世卿世禄制,取消那些无才无能且又作威作福的贵族的俸禄,用这笔资财招揽人才。四面八方有能力和想出人头地的人都来到魏国。

接着,李悝又算了一笔细账:魏国人多地少,粮食亩产不增加,国家无法壮大。为此,他建议实行"尽地力"政策,即积极兴修水利,改进耕作方法,充分发挥土地潜力。同时,为了避免自然灾害导致某种作物减产、绝产,他提倡多种作物套作,大田以外,屋前屋后的闲地也要种上桑树、

时间 前497—前376

蔬菜。为了保障政策得以落实，李悝还给每亩地定下一石五斗的标准产粮量，农民懒惰、不肯深耕土地、不按农时抢收都是违令行为。

粮食种出来了，农民也未必有好日子，因为粮价变化太大，丰年谷贱，农民或许反而赔钱。于是，为保护农民利益，李悝设置平籴（dí）法。遇到丰收年景，国家将粮食平价买进；遇到灾荒年景，国家再将粮食平价卖出。如此一来，不管收成好坏，粮价一直比较平稳，百姓生活比较安定，国家赋税收入也有保障。

此外，李悝还汇集各国法典，著成一部《法经》。《法经》分为六篇，即《盗法》《贼法》《网（囚）法》《捕法》《杂法》和《具法》，是中国古代第一部系统化的国家法典。它的"重典治民"原则，被其他国家争相效仿。

李悝以外，将军吴起则改进了魏国的军事制度，建立武卒制，即按照不同士兵的作战特点，重新进行编排，擅长近战者一起、敏捷灵活者一起，按照战场情况调用。同时吴起还提出了对士兵的严格考核，体力优秀者可以免除全家徭役，并且奖励田宅。具体标准有能穿动三层铠甲、驾驭十二石硬弩、背三天干粮、半天赶路一百里等。

李悝变法是中国历史上的第一次变法。后来的吴起、商鞅、韩非等变法无不受其影响，中原列国也纷纷效仿，变法强国成了战国的"全民运动"。

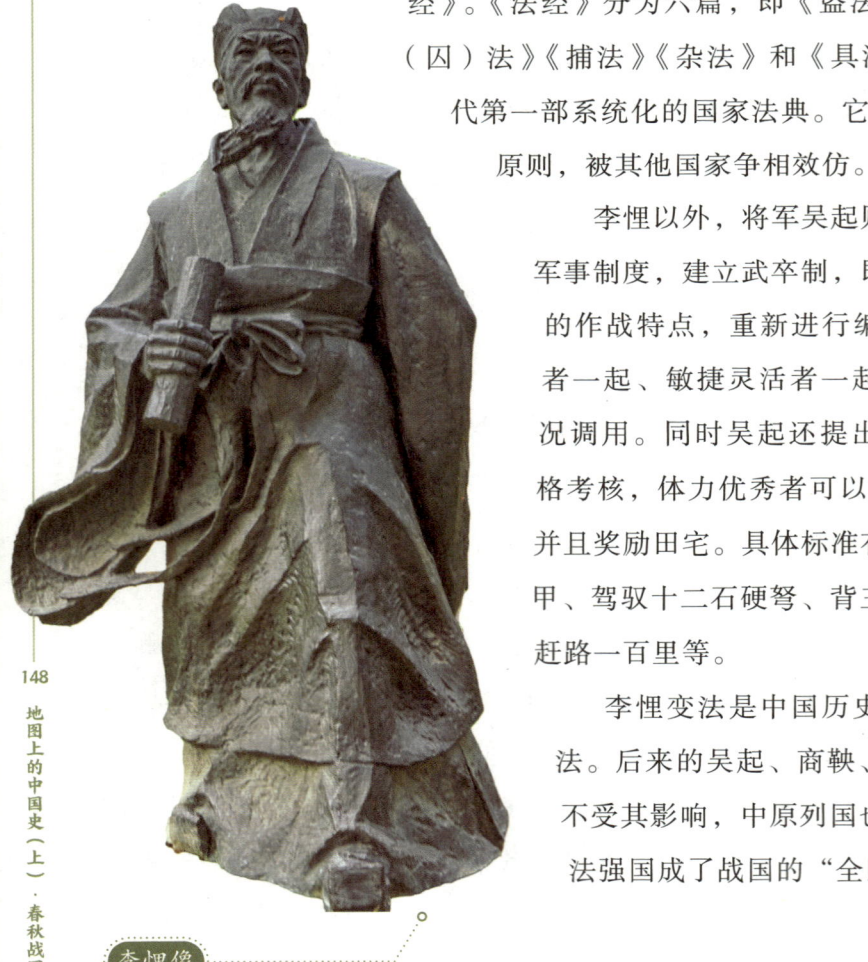

李悝像

5 国富兵强，将星熠熠

变法释放了魏国的潜力，并吸引了大批人才，凭借这些，魏国强盛起来，开始开疆拓土。魏文侯的目标是中山国（在今河北正定东北），中山国位于魏国东北，是白狄族建立的国家，原本是晋国附属国，三家分晋后，中山国不再进贡。魏文侯认为，魏国不打中山国，赵国和韩国必会将其攻占，不如抢先动手。

于是魏文侯派翟璜举荐的门客乐羊和西门豹率五万魏军进攻中山国。双方打了一个多月未见胜负。这时，西门豹使用火攻，一举打败中山军队，一直打到中山城下，将其紧紧包围起来。中山王姬窟非常害怕，一面加紧城防，一面派乐舒（乐羊之子，在中山国任职）出面劝说乐羊停止进攻。乐羊同意了，给了一个月期限。可是，如此反复三个月，中山军仍然坚守，没有投降的意思。

魏国有人趁机进谗言，说乐羊因私心而贻误战机。魏文侯不加理睬，派人去前线慰劳将士，提前修建一幢用来奖赏乐羊的房屋。乐羊非常感激魏文侯，率军拼命攻城。中山国国君姬窟慌了神，命人将乐舒绑在城门楼上，想借此逼退对方。哪知乐羊毫不顾忌，拔箭就要射向儿子。姬窟见逼迫无效，索性杀了乐舒。可这样一来，乐羊反而再无顾虑，率军猛攻，最终灭掉中山国。

班师回朝后，乐羊虽有丧子之痛，但也难掩骄傲之色。这时，魏文侯送给他两个箱子。乐羊开箱一看，吓得直冒冷汗——里面满是告状信！有的说他拥兵自重，有的说他指挥失当，有的说他图谋造反……良久，他转身走了几步，向北再拜道："攻灭中山国，不是我的功劳，其实是国君努力的结果。"

吞并中山国后，魏国想要扩张，最大的障碍就是西边的秦国。为了对抗秦国，翟璜向魏文侯推荐了卫国人吴起。魏文侯有些嘀咕——吴起曾在鲁国做官，在对抗齐国时，鲁国人不信任他，因为他的妻子是齐国人，吴

时间　前497—前376

战国　镶嵌几何纹敦

起为了求得信任竟然将妻子杀了。所以虽然吴起领兵大破齐军，但鲁国人特别看不起他，他这才逃到魏国。

但李悝坚持推荐他，说："吴起贪名好色不假，不过在用兵方面，要超过齐国名将司马穰苴。"魏文侯思量一番，还是任命吴起率军攻打秦国。

吴起不辱使命，一连攻克秦国五座城邑。魏文侯大喜，命令吴起镇守西河，全权负责防御秦国和韩国。

凭借这两位名将，魏文侯"与诸侯大战七十六，全胜六十四"，"辟土四面，拓地千里"，魏国国富兵强，一举成为战国初期最强大的诸侯国。

悲歌豪杰吴起

周安王六年（前396），魏文侯去世，他的儿子魏击继承国君，也就是魏武侯。魏武侯用兵作战成就不错，但用人的眼光不如父亲，气魄也不如父亲。

奇闻逸事

吴起带兵

为以身作则，吴起与士兵同衣同食，同甘共苦，睡觉时不铺席子，行军时不骑马乘车，而是亲自背着干粮，和士兵们一起徒步。有一次，某个士兵生疮，吴起为其吸脓。士兵感动极了，士兵的母亲知道后却放声大哭："以前，吴将军为孩子的父亲吸过疮脓，他父亲作战时一往无前地拼命，直至战死。现在，吴将军又为我儿子吸疮脓，我不知道他将死在哪里！"

刚继位不久，魏武侯选任了才干一般的田文为相，故意忽略了战功赫赫的吴起。吴起很不服气，气哼哼地质问田文："统率三军，让士兵殊死杀敌，让敌国畏惧，是您厉害还是我厉害？"田文摇摇头："我不如您。""那治理百官、亲和百姓、充实府库这些政务是您处理得好还是我处理得好？""我也不如您。"田文依旧摇头。"那镇守西河让秦兵不敢东进，令韩、赵宾服，是我行还是你行？"吴起更加咄咄逼人。"还是您行。"田文老实说道。"既然你这三点都不如我，凭什么坐到我头上？"吴起冷哼道。田文却笑了，说："我只想问您，现在君主年少，国人多疑，大臣还不亲附，百姓还未心安，在这种时候，政事是该委托给您还是委托给我？"吴起脸色变了，默然半天才说："应该托付给您。"田文说："这就是我地位居于您之上的原因。"吴起这才自知不如田文。

此后，魏国公卿大臣对吴起更加排挤。担任魏相的公叔更是使出一条毒计。他先是对魏武侯进言："吴起是个贤人啊，臣担心魏国太小留不住他。您不如嫁一位公主来试试他，如果他拒绝了，就一定是不打算留在魏国！"魏武侯答应了。公叔于是特意邀请吴起一起回家，才到门口，公叔的妻子（也是一位公主）就跑出来羞辱公叔，吴起看了眉头大皱，过几天

时间　前497—前376

魏武侯提议嫁公主给他时他自然就拒绝了。哪里知道，门口那一幕根本是公叔夫妻俩在演戏。

因为不娶公主，魏武侯对吴起越发怀疑，吴起担心被杀，只好逃到楚国。

楚悼王早就听说吴起贤明，就任命他为相国。吴起于是在楚国展开轰轰烈烈的变法。变法内容和李悝一脉相承，他大举修订了楚国的法令，将它们明文示众，大量削减无用的虚职，废黜血脉疏远、空享待遇的贵族，用这些经费富国强兵。

楚国很快强大起来，向南力压百越，向北击退三晋，向西进攻秦国，诸侯都畏惧不已。

但吴起削减官员和贵族的做法得罪了很多人，楚悼王一死，他就被这些势力围杀。眼看四周密密麻麻的弓箭，吴起知道难免一死，索性趴到楚悼王的尸体上。这些仇家报仇心切，连楚王的尸体也射得千疮百孔。最终吴起落得车裂的下场，但那些射他的人因为伤了楚王遗体，同样被牵连灭族。楚国借此更彻底地清扫了冗多的官员和贵族，越发强大起来。

吴起死后的几十年里，眼见魏楚两国变法强国的盛况，韩、秦、齐、燕等国也采取了变法措施。虽然细则不同，但结果都是打击了奴隶主旧贵族势力，解决了由奴隶制导致的各种社会矛盾，使得人附属于人的人身依附关系得到改善，这些对提高百姓的生产积极性、解放生产力有很大意义。

作为变法的首位受益者，魏国历经魏文侯、魏武侯、魏惠王三代国君，逐渐形成了地跨东西的霸主国。魏国对内开凿运河，修黄河大堤，引黄河之水灌溉农田，对外和赵韩结成同盟，沿洛水修筑长城，抵御齐秦两个大国的压力。到魏惠王时，魏国"伐楚胜齐，制韩、赵之兵，驱十二诸侯以朝天子于孟津"，是当之无愧的诸侯领袖。

奇珍异宝

青铜鎏金虎噬羊形底座

这是一件青铜制成的虎形饰,虎用后腿支撑站立,爪子紧握,下颚大张,眼睛鼓突,尾巴指向天空,金、银、铜饰镶嵌成鸟形和蛇形兽纹,形成明丽的色泽,很容易让人联想到巧夺天工的漆器类古物。人们推测,它原本可能是用于支撑铜盘或类似器物的四足之一。

地图专题 三晋伐齐

性质：掌握国权的四家大夫之战。

作战方：赵、魏、韩联军，廪丘的齐国叛军；齐军主力。

背景：赵、魏、韩吞并智氏，实际掌控了晋国政权，急于扬名于诸侯；齐国田氏经营多代，实际取代了国君姜氏，把控了齐国大政。

透过地图说历史：

三晋伐齐，也称为廪丘之战。因为作战的主战场是廪丘。

廪丘位于泰山以西，在齐国核心地域的屋檐之下，原本就是齐国的领土。廪丘之战前，统领这片区域的齐国贵族叛变了，以自己的土地投诚了三晋。这就是廪丘之战的起因。

从地图上看，三晋大体位于雄伟的太行山、太岳山等群山脚下，也就是今天的山西一带，三家到廪丘的距离普遍在数百公里以上。为了来到廪丘，三晋要翻过大山、渡过黄河，甚至要越过卫国的领地。

如此长距离的行军，去控制一块强国脚下的飞地，从战略上有价值吗？显然是缺乏的。

这场战争的内幕，《淮南子》说得很中肯："逾邻国而围平陆，利不足贪也。然则求名于我也，请以齐侯往。"也就是说，三晋越过邻国来进攻齐国并不是出于直接利益，而是为了树立名声，而田氏也早有不臣之心，于是就让国君去丢人赔罪。最终三晋凭借此战获得诸侯地位，齐国宗室威望进一步下跌。

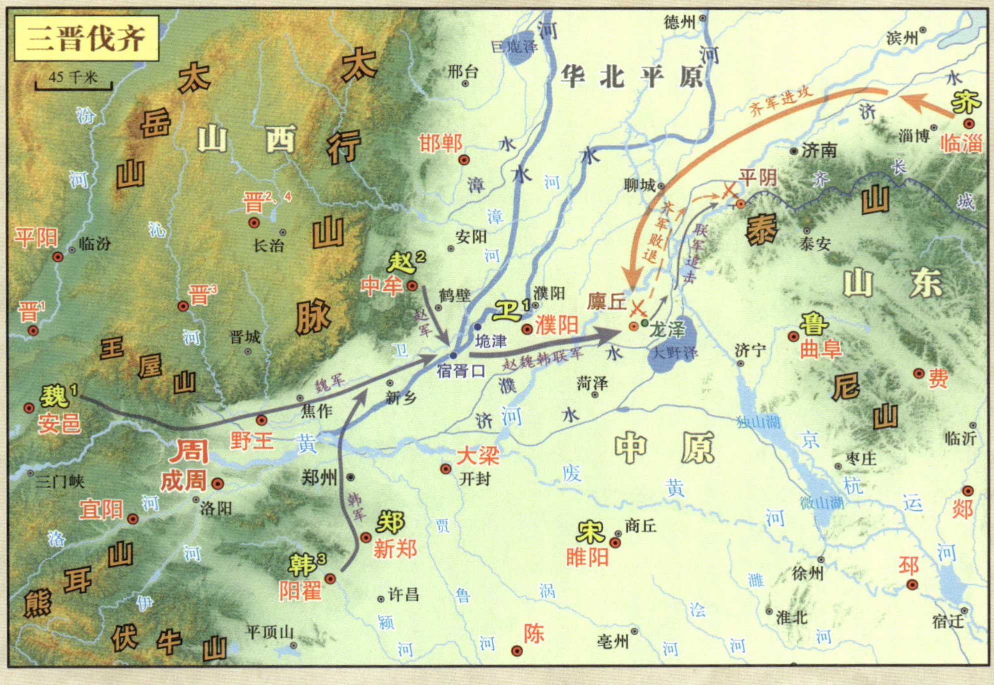
三晋伐齐
45 千米
太岳山
山西
太行山脉
华北平原
王屋山
熊耳山
伏牛山
泰山
山东
尼山
中原
齐军进攻
齐军败退
联军追击
赵魏韩联军
魏军
赵军
韩军
齐
临淄
平阴
廪丘
龙泽
大野泽
鲁
曲阜
费
郯
邳
卫
濮阳
赵
中牟
魏
安邑
韩
阳翟
郑
新郑
宋
睢阳
陈
大梁
周
成周
野王
宜阳
平阳
晋
宿胥口
垝津
邯郸
邢台
德州
滨州
济南
淄博
聊城
泰安
济宁
菏泽
枣庄
临沂
徐州
淮北
宿迁
商丘
亳州
开封
郑州
许昌
平顶山
洛阳
三门峡
焦作
新乡
鹤壁
安阳
长治
晋城
临汾
巨鹿泽
独山湖
微山湖
长城
京杭运河
黄河
济水
漳水
卫河
濮水
汾河
沁河
洛河
伊河
颍河
鲁河
涡河
浍河
濉河
贾鲁河
废黄河

时间　前 672—前 379

14　陈国赘婿，鸠占鹊巢

> 初，田常生襄子盘，盘生庄子白，白生太公和。是岁，齐田和迁齐康公于海上，使食一城，以奉其先祀。
> ——《资治通鉴·卷一》

【人物】田无宇、齐景公、田乞、国夏、高张、齐简公、子我、田常

【事件】田无宇收买人心、田乞册立国君、田常打击政敌、田常结交诸侯

得民心者得天下。姜齐公室良莠不齐，时常忽视民心，而田氏数代人重视收买人心。最终，田氏取代了姜齐公室，成为齐国民心所向。齐国就这样相对和平地从"姜齐"过渡到"田齐"。

收买人心的田氏家族

西周初年，周天子将齐地封给吕尚，即姜太公，将大禹的后代妫（guī）满封在宛丘，建立了陈国。这两国既不沾亲也不接壤，但齐桓公时的一件小事，让两国从此联系到了一起。

周惠王五年（前672），陈宣公杀死太子御寇，想改立宠姬之子为嗣。与御寇交好的陈国公子妫完听说后，害怕灾祸牵连到自己，就跑到了齐国。齐国当时由齐桓公主事，他将妫完封在一个叫田的地方，让他担任管理百工的工正，妫完于是安心在齐国定居，以封地为氏，齐国大夫齐懿仲还将

女儿嫁给了田完。这样，逃离陈国的田完顺利跻身齐国贵族行列。田完死后，他的子孙世袭继承工正这个职位。以此为起点，田完的子孙发展壮大，深受齐国国君赏识，到了四世孙田无宇这一代，更是为齐国立下大功，成了齐灵公女儿孟姜的丈夫。

齐灵公、齐庄公之后，齐景公继位，齐景公在位时因有晏婴等能臣辅助，齐国相对稳定，但齐景公生活上奢侈腐化，晚年非常喜欢修建豪华宫室，养狗遛马。为了维持奢侈生活的开销，齐景公加重赋税，对百姓实行严刑管理。当时，齐国公室仓库中的布匹粮食多得腐烂生虫，百姓生活却没有依靠，经常苦于劳役。

在齐国百姓水深火热时，田无宇的儿子田乞适应形势，利用大夫职权向百姓实施私惠。向百姓征收税粮时，田乞用小斗，等到向百姓发放粮食时，却改用大斗，长此以往，国家实际入手的粮食不足，就得加征，百姓由此更怨恨齐景公而心向田氏，田氏家族日益强大。

田无宇的举动，晏婴看得非常透彻，他多次向齐景公请求禁止田乞的行为，但齐景公根本不管。晏婴知道改变不了齐景公的心意，只能趁出使晋国时跟晋国大臣叔向私下叹息："田氏虽没什么大的功德，但能借公事施私恩，有恩德于民，获得百姓拥戴。齐国政权恐怕最终要归田氏所有了。"

> 史记·田敬仲完世家
>
> 凤皇于飞，和鸣锵锵。
> 有妫之后，将育于姜。
> 五世其昌，并于正卿。
> 八世之后，莫之与京。

时间　前672—前379

史海辨真

田乞放粮

齐国量制原本是四进制，即四升为一豆，四豆为一区，四区为一釜，十釜为一钟。田无宇私自将四进制改为五进制，即五升为一豆，五豆为一区，五区为一釜，十釜为一钟。同样是一钟粮食，用四进制的斗来量，是六百四十升，而用五进制的斗来量，则是一千二百五十升。田乞放粮时用五进制的斗，收粮时用四进制的斗，相当于把公家财产的一半用来作顺水人情。

▶云纹九棱铜斗

等到晏婴死后，田氏更加肆无忌惮，当时晋国六卿内斗，范氏、中行氏处于劣势，向齐国求救。利用这个机会，田乞以范氏、中行氏对齐国有恩为借口拼命游说齐景公相救，齐景公不明就里地答应了，田乞便趁机带着粮食亲身前去，将范氏和中行氏拉拢为田氏的盟友。田氏的势力也就越来越大。

5 废掉国君的臣子

田氏大得民心后，周敬王三十年（前490），齐景公去世，临死之前，齐景公委托国惠子（国夏）与高昭子（高张）一起辅佐宠姬芮子生的儿子荼为新君，也就是齐晏孺子荼。

田乞很不高兴，想立齐景公儿子中和自己关系好的公子阳生为君，以便把持大权。但国夏和高张的权力不小，田乞于是以退为进，对国夏和高张恭敬异常,每逢朝会都在车上陪侍,背地里却挑拨他们和大夫的关系,阴谋掀起武装政变。

田乞对国夏和高张说:"起初,各位大夫都不想立荼。荼当上国君后,你们出任相国,大夫们人人自危,恐怕是要图谋作乱啊。"国夏和高张听了连忙加强对大夫们的防范,朝中气氛一时紧张起来。

趁此机会,田乞又和反对国夏和高张的大夫们说:"高张这个人很可怕,趁他还没对我们动手,我们先干掉他吧!"

大夫们担惊受怕,都表示愿意起事。于是田乞、鲍牧和大夫们猛然起兵,突击宫廷。高张听说有人发动了政变,就与国夏一起去救国君荼。最终,支持国君荼的军队战败了,高张被杀,国夏被迫逃往莒,国君荼则被控制起来。

这正是田乞期待的情况,他暗中派人迎回公子阳生,将他藏在自己家中,然后对大夫们说:"我家有一场薄祭,请各位届时赏光来聚会饮酒。"聚会当天,大夫们坐满了田乞家的大厅,觥筹交错之际,田家人却抬上来一个巨大的口袋,放在座位中央。大夫们都有些发愣,询问这是什么菜肴。田乞一言不发,快步上前把布袋一掀,里面竟然坐着公子阳生!大夫们都惊呆了,田完却快步下拜,泪流满面地说:"这才是齐国国君呀!"其他人迫于形势只得跟着俯身拜见。当时赴宴的大夫中以鲍牧最有地位,田乞就趁机撒谎,故意说:"我与鲍牧合谋拥立阳生为君。"鲍牧刚开始还不肯配合,冷冷地说:"大夫们忘记先君的遗命了吗?"大夫们听出事有蹊跷,一时游移不定,

战国 武士斗兽纹青铜镜

阳生也感觉气氛不对，于是向众人顿首，说："你们认为我可以，就立我，不可以就算了。"鲍牧听了，心里却犯起嘀咕，现在自己身在田氏族中，如果不配合还不知会遭到怎样的报复，就改口说："都是先君的儿子，怎么不可以呢？"于是，大夫们就在田乞家立阳生为国君，即齐悼公。齐悼公掌权后，命田乞出任相国，田氏由此掌控齐国大权，国君荼则被杀害了。

四年以后，田乞去世，他儿子田常继任相国。田常为相时，齐国公室已经非常衰弱，齐国完全由几个权臣掌控，他们甚至能决定国君生死。当时田常最大的对手是另一位相国阚（kàn）止，阚止有一个同族叫子我，他打算拉拢一些田氏旁支，诛灭整个田家嫡系。为此，子我找到和自己关系不错的田氏旁系田豹，对他说了计划，不承想田豹不仅不支持，还把计划对田常和盘托出。

田常听说后，决定先下手为强。当时，子我住在齐简公的宫里，田常就带着兄弟四人乘车入宫追杀。齐简公正与宠妃在檀台饮酒作乐，眼见田常带兵入宫，正准备命令护卫驱逐。这时太史子余对他说："田常不敢作乱，他是要为国除害。"齐简公听了，忍着怒气没有阻止。

这件事毕竟是大不敬，因此田常非常惶恐，一度想出外逃亡。这时田子行拦住他，说："迟疑不决，是做事业的大敌。"田常恍然大悟，索性一不做二不休，率军继续攻击子我，结果不仅将子我和阚止全都杀死，连齐简公也被杀害了。

周敬王四十年（前480），田常拥立齐简公的弟弟骜（ào）继位，即齐平公。短短十年之内，田氏竟两次另立国君。

5 姜齐变田齐

田常拥立齐平公后，完全把持齐国政权。

为了稳定政局，他故技重施，对内通过"修公行赏"等亲民政策，再度成为民心所向，对外则出卖国家利益，避免诸侯借机攻打。他主动将此前齐国侵占鲁国、卫国的土地全部归还，主动与晋国的韩氏、魏氏、赵氏订立盟约，还派出使者和吴国、越国建立友好关系。

如此一来，齐国总算安定下来。田常趁机向齐平公建议："施行德政是得人心的事情，臣请国君亲自施行；处以刑罚是得罪人的事，就让微臣来干。"齐平公同意了，田常趁机掌握刑罚大权，将鲍牧、阚止等政敌的家族及公族中实力强大的脉系尽数治罪诛灭，齐平公由此成为傀儡。

此后，田常将安平以东到琅琊一带作为自己的封邑，面积之大超过了齐平公所有。

田常死后，他儿子田盘继任相国。他对内大力安排田氏宗族子弟到齐国各大小城邑当权，让田氏家族控制齐国从国都到地方各级权力机关；对外则争取盟国，打算找机会让周天子封田氏为诸侯。为此，田盘率先承认了吞并智瑶的韩、赵、魏三家，和他们互通使者。

田盘死后，田白、田利、田和相继继任相国，继续执掌大权，田氏日益强大。而齐国公室却没有雄才大略的国君继位，反倒出了个沉溺酒色、不理朝政的齐康公。齐康公在位期间，齐国公室的威信扫地。这期间又出了一件大事，即三晋被周王室承认为诸侯，有了韩、赵、魏开头，田和依样画瓢，于齐康公十四年（前391），将齐康公放逐于海滨，仅留了一座城作为食邑，权作对祖先姜太公的祭祀费用。后来，这唯一的食邑也被收回，齐康公在土坡上挖洞为灶，勉强度日。

田和则实际行使国君大权，仍然沿用齐国名号。为了名正言顺地鸠占鹊巢，田和和魏国联盟，请求魏文侯代告周天子，列田氏为诸侯。魏文侯派使臣将请求上报，周天子畏于魏国的霸主实力，只得准许。周安王二十三年（前379），齐康公去世，"姜齐"自此终结，"田齐"正式走上历史舞台。

此后，齐国通过田齐太公（田和）、齐废公（田和长子田剡）、田齐桓公（田和之子田午）三代君主努力，到第四代君主齐威王时，逐渐成为首屈一指的强国。

时间　前357—前341

15 齐魏争雄

> 三十年，魏伐赵，赵告急齐。齐宣王用孙子计，救赵击魏。
> ——《史记·魏世家》

【人物】齐威王、邹忌、庞涓、孙膑、田忌、景舍

【事件】邹忌讽齐王纳谏、孙膑遭害、田忌赛马、围魏救赵、马陵之战

庞涓和孙膑之间的斗争，本质是魏国和齐国之间争霸。庞涓输给孙膑，魏国称霸之路从此中断，从强国位置跌落下来，此后逐步从寻求自保沦落到最终灭亡。

从谏如流的齐威王

田氏并齐二十二年后（前357），田因齐继位。此时的齐国还算不上霸主，田因齐也没有称王，但为了表述方便，我们提前称其齐威王。

齐威王继位之初，国家都交给卿大夫治理，结果政务处理得稀松平常，短短九年中，韩、赵、魏、鲁、晋、卫等国都对齐国发起战争，齐军一败再败，失去了不少土地。

继位第九年时，齐威王对国家的真实情况已经比较熟悉，不再被卿大夫的虚言所蒙蔽。他立即对齐国的要员做了一次大奖惩。他召见恶名昭著的即墨城大夫，表彰道："自从您掌管即墨以来，污言诽谤不断，可密使却告诉我即墨城良田大增，人民富裕，官府的公务毫无积压，想必是您不肯

阿谀近臣沽名钓誉。"说罢赐给即墨大夫万家食邑。不久,他又召见阿城的大夫,斥责道:"自从你镇守阿城,每天我都能听到讲你的好话,可我的密使却看到阿城百姓贫苦。几年前赵国攻打甄地,未见阿城援兵,卫国夺取薛陵,你竟毫不知情!像你这种糊涂官能有好名声,真不知使了多少贿赂!"说罢,当场把阿城大夫处以死刑,同样被处死的还有那些颠倒是非的近臣。齐国官吏都大惊失色,再没人敢小瞧齐威王,也没人敢文过饰非了。四方人才听说齐国吏治清明,纷纷赶来投奔。

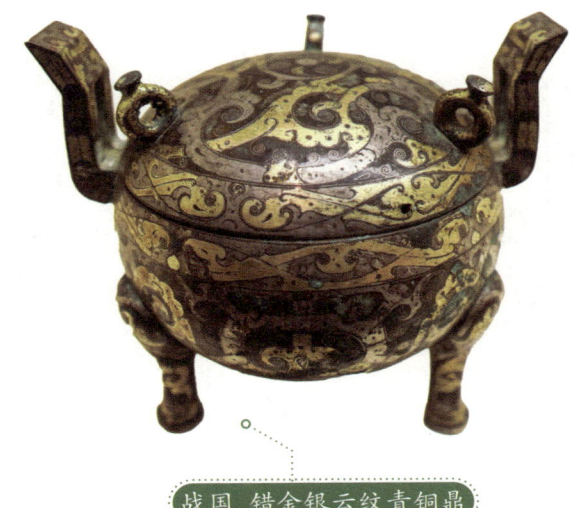

战国 错金银云纹青铜鼎

邹忌本来是以鼓琴闻名的琴师,但他有治国之才,经常借弹琴讲述治国安邦的道理,齐威王与他相见恨晚,才三个月就让他当齐国的相国。当上相国后,邹忌依旧借身边小事讽喻齐威王,劝诫他身为大国之君,为众人所亲所畏,不广开言路必然深受蒙蔽。齐威王深以为然,立即下令:"群臣吏民能当面指责寡人过错的,受上赏;上书劝谏寡人的,受中赏;能在大庭广众议论,传到我耳中的,受下赏。"

命令刚一下达,来进谏的人就络绎不绝,宫中热闹得好像赶集一样,如此一年过去,宫中又冷冷清清——齐国的政策几乎没有什么可劝谏的了。这就是邹忌讽齐王纳谏的故事。

于是齐国大治,国力迅速增强,赵国、卫国纷纷被击败,只得归还侵占的土地,齐威王的名头响彻诸侯。

时间　前357—前341

> **知识充电**
>
> **稷下学宫**
>
> 田氏代齐以后,在齐国国都临淄稷门附近,修了一座专门招待饱学之士的宫殿,称为稷下学宫。稷下学宫是世界上最早的官办高等学府,在齐威王时非常兴盛,诸子百家的代表在此交流辩论,著书立说,既形成了百家争鸣的盛况,也为齐国提供了大量人才,齐威王的大夫、外交家淳于髡(kūn)就是稷下学宫出身。

5 鬼谷门下的恩怨

齐威王崛起时,魏国已经历经魏文侯、魏武侯、魏惠王三代的积累,是地跨东西的大国,为了方便控制东方,魏惠王时,魏国将都城从安邑迁到大梁,所以魏国也被称为梁,魏惠王则被同时代的孟子称为梁惠王。

梁惠王继承先祖的遗风,继续招揽人才,但他不善于鉴别、利用人才,导致商鞅逃亡秦国,孙膑逃亡齐国。商鞅逃亡,对魏国的危害暂时是隐形的;孙膑投齐,却直接导致魏国霸主地位丧失。

孙膑是谁,又为何逃离魏国?这要从庞涓说起。梁惠王在招揽人才时,遇到了军事奇才庞涓。他重用庞涓后,魏军战斗力大为提升,在对外作战中接连取胜。庞涓为何这么厉害?据传他是隐世高人鬼谷子的弟子,跟随鬼谷子学习兵法多年。庞涓有个一起学习兵法的师兄叫孙膑,是孙武的后人。拜师期间,庞涓聪明性急,领悟较快,但不喜欢深入思考;而孙膑性格沉稳,喜欢深入思考。庞涓常常觉得,自己的才华不及孙膑,所以一直担心孙膑被敌国重用,毁了自己一世英名。庞涓想来想去,写了封信给孙膑,请他来魏国,跟自己一起实现人生梦想。

孙膑相信了庞涓的话,便告别鬼谷子,来到了魏国。可庞涓担心他受到梁惠王重用,盖过自己的风头,竟然捏造罪名将孙膑处以膑刑和黥

（qíng）刑。这样，孙膑的身上被刺上耻辱的刺青，健全的腿也残疾了，无法行走，自然也无法获得梁惠王的重用。

孙膑被庞涓陷害后，一心想着保存自己，以便寻机报仇雪恨。他装疯卖傻，忍辱负重多年，终于等到了齐国使者到访魏国。孙膑冒险以刑徒身份秘密拜见齐国使者，一番交谈后，齐国使者发现孙膑非常有才华，于是悄悄将孙膑藏在自己的车内，带回了齐国。回到齐国后，将军田忌很赏识孙膑，让他做自己的门客，待遇非常不错。孙膑非常感激田忌，但他来齐国的目的并不是当门客，而是获得齐王重用，然后借助齐国的力量，去魏国找庞涓报仇。于是，他寻机展现自己的才华，引起齐王的关注。

当时，齐王喜欢赛马。每次与大贵族们赛马时，都会设重金赌注，然后将马分为上、中、下三等，按照上等马对上等马，中等马对中等马，下等马对下等马的规则进行比赛。田忌的马不如齐王，毫无意外地输了一次又一次。孙膑笑了笑，对田忌说："下次，您将赌注下得更大些，我有办法稳赢不输！"

田忌问孙膑用什么办法，孙膑说："您只管下注，赛马时，我再告诉您秘诀就行。"

田忌好奇，也想借此考验一下孙膑的才干，就与齐王及各位公子约下一次赛马，赌注千金。齐王非常高兴，心想这次赢定了。

比赛即将开始，孙膑对田忌说："先用您的下等马对他们的上等马，再用您的上等马对他们的中等马，最后用您的中等马对他们的下等马。"

三场比赛结束后，田忌一场败而两场胜，最终赢得齐王的千金赌注。

孙膑像

齐王输得不甘心，找田忌问原因。田忌告诉了齐王真相。齐威王认为孙膑不一般，向他请教兵法，封他为军师。

重用孙膑后，齐国开始走向强国之路，而这也是魏国噩梦的开端。

5 围魏，不救赵

孙膑偷偷到了齐国，这件事像一朵微不足道的浪花，没有多少人关注。诸侯各国还是忙于强大自己，魏国的邻国赵国也争先恐后，抓住机会兼并小国，壮大自己。然而，强大的魏国挡在南方，赵国扩张的空间被隔断了。这样，魏国和赵国不可避免地发生冲突。赵国本来没有实力对抗正处于巅峰的魏国，但此时魏国东方出了个齐威王，同样不甘心受制于魏，于是齐赵两国会盟，协议共同对付魏国。

周显王十五年（前354），赵军进攻卫国，攻占两座城池，逼得卫国不得不俯首称臣。但卫国是魏国的盟友，赵国的扩张是魏国不能容忍的。于是魏惠王派出大将庞涓率魏军进攻赵国。魏军战斗力强悍，打得赵军连连后撤，赵国都城邯郸也被重重包围。

赵国感觉形势不妙，急忙派使者去齐楚两国求援。楚王派景舍为将救赵。齐威王召集众臣商议后，认为既要救助赵国，又要同时削弱魏国和赵国，创造齐国称霸的条件。最终齐威王决定拉拢宋国和卫国，与其组成联军，合力进攻魏国的襄陵，骚扰魏国的东部边境。

然而这种程度的袭扰不能阻止魏军的攻势，很快，邯郸告急了，赵国再度派出使者求援。齐王思考一番，决定放弃小规模骚扰，派出八万齐军参战。这一战，齐威王本想任命孙膑担任主将，但孙膑知道自己缺乏威信，就以受过刑为由婉言推辞了。齐威王一听有理，便任命田忌为主将，孙膑为军师。

由于传讯和准备耽搁了一些时间，齐军开到齐魏交界地时，魏军已攻破邯郸。田忌心急如焚，准备尽快同魏军交战，夺回邯郸。孙膑却阻止了他，说："我听说想解开乱丝的人决不会乱拉乱砸，会劝架的人决不会插手帮打，打仗也是这个道理，善于攻击对方薄弱之处，自然能解决危局。如今魏军已经打了很久，国内守军力量必定非常薄弱，在他们对赵国和卫国虎视眈眈时，我们不如直接进攻魏都大梁。为解除大梁之危，魏军必然会从赵国撤军。赵国之危不就解除了吗？"

田忌点头称是，亲率齐军主力直扑大梁。庞涓得知消息急坏了，赶忙回军救援。然而，他的一切行动都在孙膑预料之中。魏军开到桂陵（今河南长垣西北）时，人疲马乏，正好钻进孙膑设置的伏击圈。齐军发起猛烈围攻，魏军一败涂地，然而魏国的底蕴依然雄厚，齐国的胜利也只是一时。

最后，由楚国大将景舍出面调停，各国才达成休战协议。魏惠王与赵成侯在漳河边结盟，协议魏军撤出邯郸。

战国 彩绘木雕卧鹿

5 庞涓死于此树之下

经桂陵一战，魏军虽然有所折损，但依然未伤元气。此时西方的秦国崛起，数次骚扰魏国西境，齐魏之争于是有所缓和。此后形势再次转变，秦国由于多次和魏国争锋失利，决定转变策略，尊魏为王，挑起魏国和诸侯的矛盾。魏惠王不明就里，就广邀诸侯在逢泽相会，以此确立魏国的崇高地位。然而这次盛会受到了韩国的抵制，魏惠王很生气，派庞涓率魏军进攻韩国，这一年是周显王二十八年（前341），桂陵之战已结束十三年。

弱小的韩国不是魏国的对手，只好派人向齐国求援。韩国是一定要救的，但早救还是晚救是个大问题。孙膑认为："此事宜迟不宜早，现在韩魏

时间 前357—前341

两国军队士气正盛，我们早去相当于替韩国挡劫。魏国是抱了灭亡韩国的想法，此战一定旷日持久，待到韩国元气大伤，迫于亡国危机一定会再次求援于齐国，届时我们再发兵救援，韩国不仅会感激我们，可能还会愿意以我国为尊。而且趁魏国军队疲敝，我们正好能一举两得，名利双收。"于是，齐国表面答应韩国的求救，暗里却采用观望态度，迟迟不出兵，直等到韩军同魏军激战五次，打得山穷水尽，愿意举国归附齐国时，才派田忌、田婴为将、孙膑为军师率齐军去援助。

这次，孙膑依旧使用"围魏救赵"，没直接去解救韩国，而是直扑魏都大梁。

眼看齐国又跑出来捣乱，还是用的老一套阴招，庞涓怒发冲冠，立刻从韩国撤军，掉头返回魏国。很快魏军追到了齐军住过的营地，庞涓派人清点一番，发现居然有足够十万人吃饭用的灶。他心里忌惮，如果齐军来了十万人马，可不好对付。等第二天追到下一个营地，他派人再数一数炉灶，发现只有够五万人吃饭用的灶。到第三天时，他发现齐军建的灶只够两万人吃饭用的。庞涓松了口气，说："看来齐军是胆小鬼，刚开进魏国，士兵就跑了一大半！"说罢，他下令魏军加快行军，火速追赶。

庞涓并不知道，这正是孙膑想要的结果，古代行军全靠人行马走，急速进军是非常危险的，会导致大量士兵掉队，带头在前的主将很可能误入包围。而此时此刻，齐军已在魏军必经之地马陵道上布下天罗地网。

马陵道夹在两山之间，狭长窄小。庞涓率魏军先头部队到达时，已是半

战国 龙凤纹皮盾

夜时分。山道两侧的树木被砍光，路上一堆堆乱木碎石，人马根本无法前进。魏军搬开乱木，发现有一棵孤零零的树，被刮掉一大块树皮，似乎上面写着什么。庞涓命人拿来火把一照，发现树上写着："庞涓死于此树之下。"

庞涓猛然反应过来，下令撤军。但为时已晚，埋伏在山道两侧的齐军早接到孙膑的命令，见到火光就立即攻击。霎时间，一阵阵箭雨铺天盖地倾泻而下。魏军被射得惊慌失措，人踩马踏，毫无阵形。接着，齐军蜂拥而出，如猛虎下山一般扑向魏军。魏军大败。庞涓自知穷途末路，已无力挽回败局，恨恨地说了句："竟成就了这浑小子的威名！"便拔剑自杀了。

齐军则乘胜追击，连续大破魏军其余人马，俘虏了魏军主帅太子申。齐国从此跃居一流大国。魏国军事实力被严重削弱，彻底丧失与齐国和秦国竞争的能力，自此走上了下坡路。

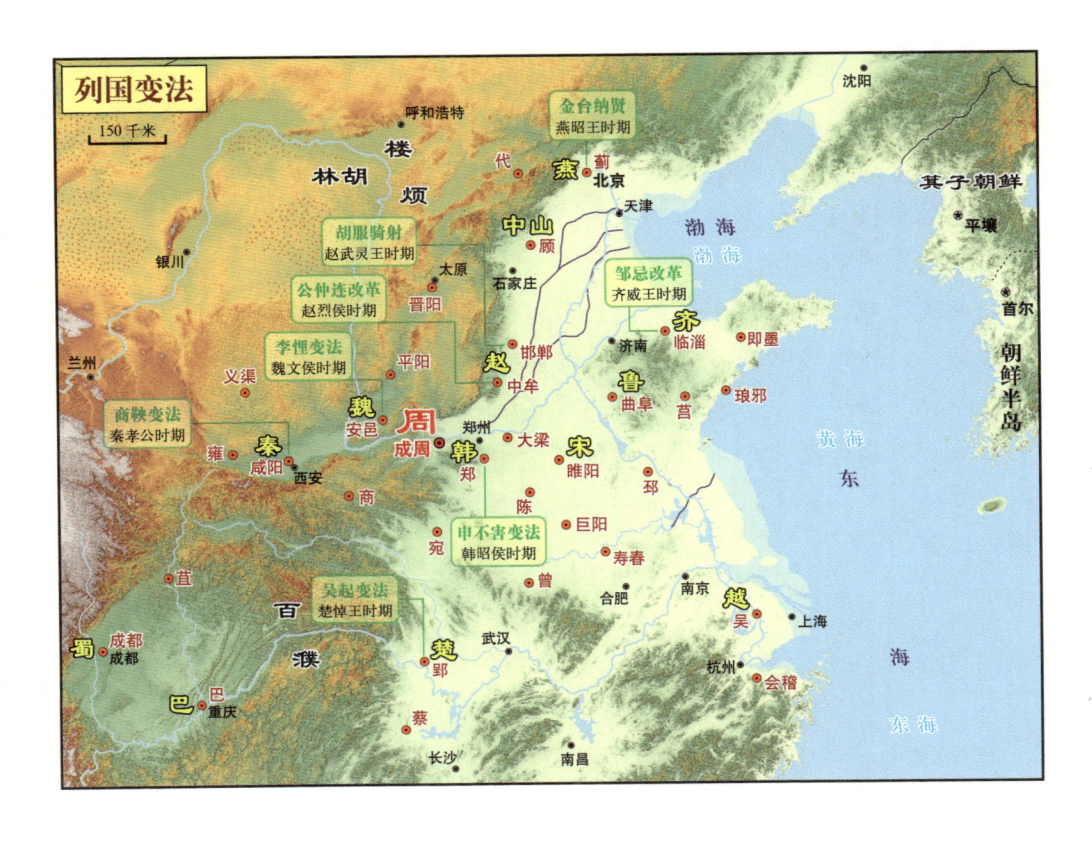

列国变法

地图专题 桂陵之战

意义： 战国时齐国围魏救赵的经典战役。

作战方： 孙膑、田忌指挥的齐国军队；庞涓率领的魏国主力军队；赵国军队、卫国军队。

背景： 魏国迁都大梁，开凿鸿沟，训练"武卒"，国力大有增强，邻国赵成为其吞并目标。

透过地图说历史：

韩、赵、魏三国都出自晋国，所以称为三晋，三家分立之后魏国由于最先变法，所以最先强大起来。魏国以西是有函谷关险地的秦国，那里地处偏僻、易守难攻。比起鸡肋的秦国，强大起来的魏国更想进入中原，所以重要的扩张目标就是赵国和卫国。赵国预料到了这种情形，因此早早就与东方的齐国有盟约。

赵国遇难，齐国出于道义是应当营救的。然而，从地图上的紫色虚线可以看出，齐国远在东方，救援赵国邯郸要走完长长的山麓，多次跨越河流，颇费一些周折。而且，齐国救助赵国的原因绝不只是义气，更重要的是利益。齐国不想看到三晋中的任何一个强大，以至于培养出一个新的晋国。所以，虽然答应了营救，但齐国磨磨蹭蹭，生怕援兵早到使得赵魏两国损失太小。

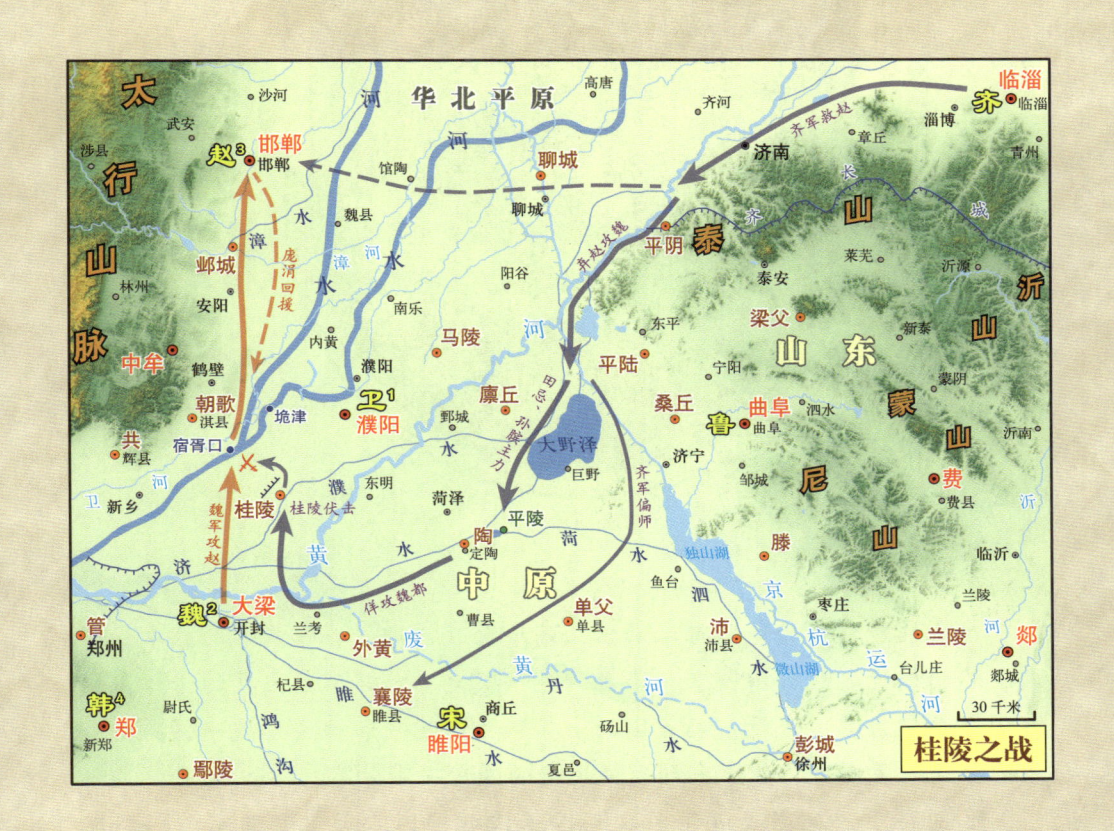

但也不能不救，所以在朝廷的辩论中，齐王听从了段干纶的意见——派一路兵马进攻魏国南部的襄陵，任由邯郸被魏国攻破，齐国再来坐收渔翁之利。这其实就是围魏救赵战术的雏形，后来的作战其实是更进一步，直接派军佯攻魏国的国都大梁。

所以，围魏救赵从开始就是一个谎言，桂陵之战的战略前提，就是等待邯郸沦陷坐收渔利。

地图专题 马陵之战

性质：战国时齐国大败魏国的战役，魏国的国势从此衰落。

作战方：田忌为将、孙膑为军师的齐国军队；庞涓为主将的魏国军队。

背景：十三年前桂陵之战，魏国虽然蒙受损失但变法带来的强大基础仍在，仍然有能力对周边国家进行侵略。

透过地图说历史：

对比桂陵之战的地图可以看出，马陵之战前期，齐军采取的战术和围魏救赵的桂陵之战如出一辙，连目的也一般无二。只不过出兵的借口，由赵国求救变为韩国求救。而齐国的出兵路线也几乎和桂陵之战一样，都是沿着泰山北麓西进，然后来到大梁东南的外黄一带。

区别在于，韩国太近了。从韩国返回魏国国都大梁的路程，可能不足从邯郸赶回的四分之一。所以孙膑不能像围魏救赵一般直接截击这批回援的魏军，他们此时锐气正盛，体力也没太多消耗，必须创造更有利的战机。

为此，在外黄遭遇魏军以后，齐军佯装不敌，并且逐渐减少沿途煮饭所修的军灶，充分营造出胆怯不敌的假象，诱惑庞涓轻率追击。最后凭伏兵和弩箭消灭了轻敌大意的魏军主力十万人。

关于马陵的位置，历史上有很多不同说法，造成这些不同意见的原因主要是史书中描述的"追击三天""道狭而旁多阻隘，可伏兵"等细节。

马陵之战

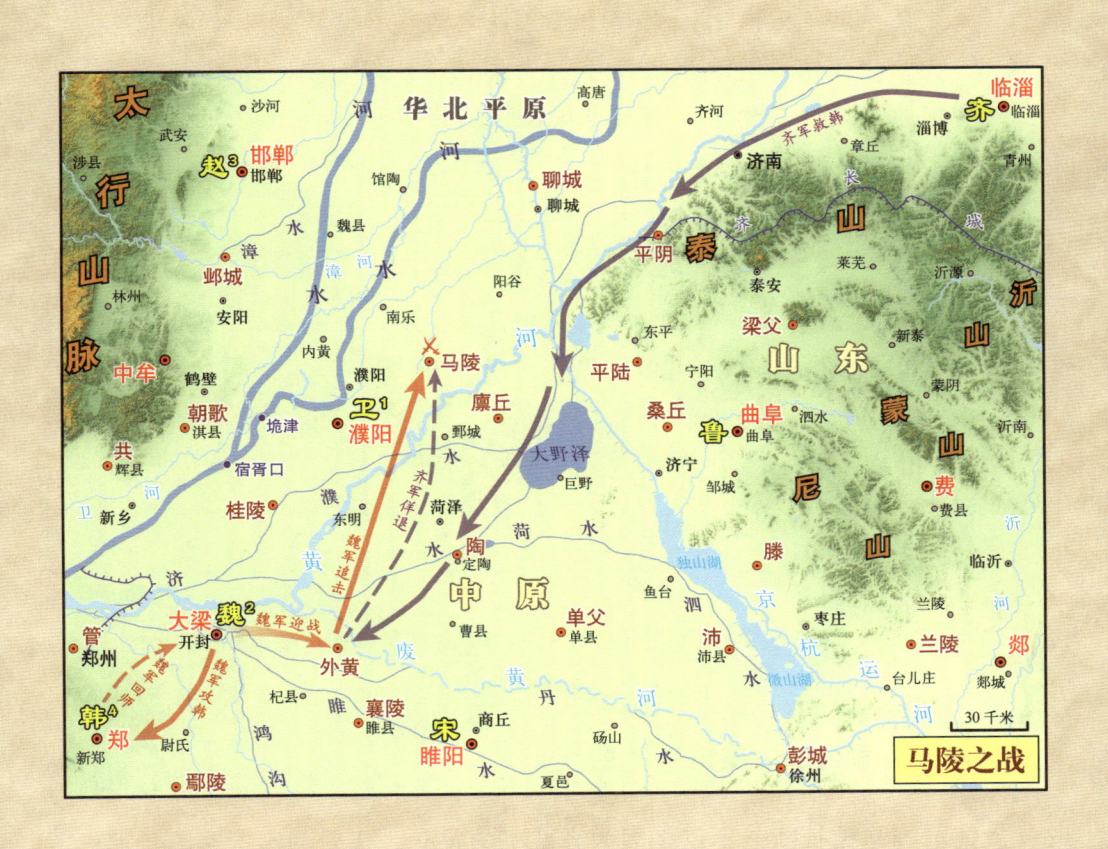

时间　前361—前333

16 秦赵楚齐，四强并争

> 孝公元年，河山以东疆国六，与齐威、楚宣、魏惠、燕悼、韩哀、赵成侯并。淮泗之间小国十余。……周室微，诸侯力政，争相并。秦僻在雍州，不与中国诸侯之会盟……
> ——《史记·秦本纪》

【人物】秦孝公、商鞅、无疆、楚威王

秦国商鞅变法、赵国胡服骑射、楚威王兴兵灭越……齐、魏先鞭之后，列国都变法革新，吞并崛起，齐、楚、秦、燕、赵、魏、韩七雄已见雏形，七雄之中，以秦、赵、楚、齐四国为强，形成四强并立的局面。

【事件】商鞅变法、胡服骑射、楚威灭越

献公、孝公的大秦振兴计划

魏国崛起被打断，不仅是因为齐威王的重拳，还受到秦国影响。而秦国的崛起和从魏惠王手中流失的人才商鞅有莫大关系。

在讨论秦穆公称霸的原因时，孔子曾说："秦国国小而志大，地处偏僻但政策中正，举用人才果决，内部君臣和睦，法令清楚明白。"可见秦穆公的称霸和一代君臣的品行能力息息相关，而不是受到优越制度的保障，所以随着秦穆公去世，秦国历经康、共、桓、景、哀、惠、悼、厉共、躁、怀、灵、简、惠、出十四位君主，两百多年时间，一直难有称霸之日。其向东扩展的道路被强大的晋国牢牢遏制,只能长期和晋国交战,但败多胜少。到了秦献公一代,秦国才跟随中原脚步,废除了殉葬的野蛮行为,开始实行户籍制度,不再区分国人、野人,所以在这一代秦国才尝到变法的甜头。趁着晋国内乱,秦国在石门之战、少梁之战中接连大胜晋军。

刚完成这些,周显王八年(前361)秦献公就去世了。二十一岁的秦孝公继位,他深受父亲业绩的鼓舞,不仅在国内励精图治、抚恤孤寡、招募战士,还发下政令说:"自先圣穆公称霸,我秦国数代沉沦,国家内忧不止,无暇出兵对外,三晋趁机侵占我河西沃土,中原诸侯以我秦国为笑柄,真是耻辱啊!寡人想要像先父一般重修穆公政策,振兴大秦。不管是谁,只要有办法让秦国强大起来,寡人就封他为大官,赏给土地。决不食言!"

这纸政令的意义在于,它打破了春秋时贵族为官的先例,不论出身如何,只要有才华就有封官晋爵的机会。消息一路东传,传到一个落魄的卫国人耳里,他决定去秦国一试。

这个人叫公孙鞅,公孙这个姓说明他的祖上是卫国公族,所以也有人称他为卫鞅,但我们更熟悉的名字是商鞅,那是因为后来他有了一块叫商的封地,这里我们提前以商鞅称他。

商鞅先是去了魏国,在魏国相国公叔座门下做事。公叔座非常赏识商鞅,临死前嘱托魏惠王:"我门下的商鞅,年纪虽小但有奇才,希望大王把整个魏国交给他治理。"魏惠王听了默不作声。魏惠王刚要离开,公叔座又

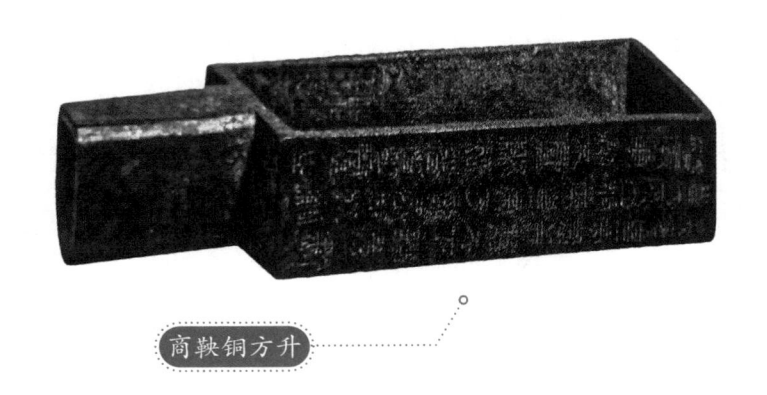

商鞅铜方升

时间　前361—前333

告诫他如果不用商鞅，一定要杀了他，千万不能让他跑去别国。但魏惠王以为公叔痤病糊涂了，全都没当回事。

商鞅听闻秦孝公寻访贤能的政令，于是决定去往秦国，靠着托人走关系才见到了秦孝公。商鞅对秦孝公的志向一无所知，于是试探性地用三皇五帝成就帝业的道理来试探他，商鞅说了很久，秦孝公却几乎要睡着了。但商鞅不气馁，过了几天，他开始用周文王、商汤建立王道的道理来试探秦孝公，秦孝公还是没多大兴趣，懒洋洋地说："太慢了！历代贤君哪一个不是在世时就声名鹊起，我哪能等几十、几百年成什么帝王之道？"商鞅这回彻底明白了，转而用称霸的道理劝说秦孝公，将自己富国强兵的理论讲得头头是道。秦孝公听得入了迷，不知不觉间跪在席上的膝盖向前移了又移，谈完后立即对商鞅委以重任。

强了秦国，害了自己

商鞅富国强兵的手段就是变法，用合理的制度保证秦国国力的强盛。但这触犯了秦国守旧贵族利益，反对的大臣非常多。秦孝公于是把双方召集起来，组织一场辩论。

大臣甘龙说："我听说圣人、智者不变换法令就能让百姓得到教诲，不变法，官吏就熟悉法律，百姓也乐得安宁。"

商鞅反驳说："您说的只是短见罢了，普通人不敢违背习俗，学者不敢质疑书本，此事真的合理吗？那为何夏、商、周三代的礼并不一致，（春秋）五个称霸的国君实行的法度不一？"甘龙说不出话了，大臣杜挚又站出来，说道："即便如此，变法的代价是很大的，我认为没有十倍、百倍的好处，还不如维持旧法，要是变法不成，我们岂不是要犯下大错，走上邪路？"

商鞅摇摇头："治理国家的道理并不是恒一不变的，食古不化未必无过。您不知道商汤、周武王变更古法才创立王朝，夏桀、商纣王因为不肯更新礼法而灭亡的事吗？法不变，是坐以待毙！"

甘龙等人听了，被驳得哑口无言。

这次辩论后，秦孝公任命商鞅为左庶长（秦国官职），授予他变法的权力，同时宣布谁再反对变法即刻治罪。在秦孝公的强力支持下，那些反对的贵族大臣不敢再吭声。

商鞅在秦国先后两次公布新法令。第一次颁布的新法令主要内容有：

一、推行《法经》，颁布连坐法。把魏国的《法经》调改后公布实施，并额外规定百姓五家编为一"伍"，十家编为一"什"，彼此之间互相担保，互相监视。一家犯罪，其他几家都要检举，否则一起判罪。检举坏人和杀敌一样有赏，窝藏坏人和投敌一样处罚。外出必须携带证件，各地不准留宿无证件的人。

二、重农抑商，优先发展农业。百姓勤恳种田，缴纳较多粮食、布帛的，可免自身的劳役或赋税；懒于种田的或者弃农经商的，他们的妻子全部会被充为官奴；家里有两个儿子以上的，待儿子成年后必须分家，各自缴税；三晋之地的百姓愿意来开荒定居的，十年免税，三代免徭役，一生不必当兵。

三、奖励杀敌立功。每个人不论出身，以立功大小决定官爵大小，功劳大的官爵就高，会赏赐较多车辆、衣服、田地、住宅、奴婢。

新法令实施三年后，秦国所在的关中平原得到进一步开发，大量官爵由勇敢而又有能力的平民接任，百姓畏惧私下犯罪打斗，上了战场却奋勇争先，秦国于是慢慢强盛起来。秦孝公非常高兴，提拔商鞅当大良造（秦国官职名称），并趁机反击魏国，一度包围了魏国的安邑。这也是齐国攻魏后，魏国不敢报复的重要原因。

趁此机会，商鞅再次陆续推出新法令。主要内容有：把国都从雍城（今陕西凤翔县）迁到地形险要的咸阳；合并零散的小乡邑为县，当时县还是一个新鲜名词，县和原本的城池最大的不同在于县由中央委派的县官管理，而不是由卿、大夫等贵族世袭统治，这样大量的土地就被国家直接控制；废除"井田制"，将之前划分田地的宽大边界"阡陌"全都毁掉，按

时间　前361—前333

奇珍异宝

杜虎符

符是中国古代常用的一种信物，分为两半，用以作为信物。当符的一位持有者想找另一位办事时，哪怕远隔千里，只要拜托一个人把符交给另一方，两符相合就是履约的凭证。虎符则是一种专门调动兵马的符，在春秋战国时期，战争频繁，国家君主对军队的把控也非常严厉。若没有国君的虎符，哪怕是一国大将也无法调动五十人以上的兵马。现今存世的虎符只有三枚，杜虎符就是其中之一。

面积划分土地给百姓，一经发放永不收回，允许自由买卖；统一度量衡；焚烧宣传古代礼法的儒家经典；等等。

这样一来，秦国的国君就比其他国君直接控制的土地多出几倍甚至几十倍，整个国家都成了能为战争服务的机器，秦国自然一跃成为强国。周天子派人送来祭肉，封秦孝公为一方诸侯领袖。中原各国对秦国另眼相看，也纷纷派使者来交好。

然而讽刺的是，周显王三十二年（前337），秦孝公去世，太子秦惠文王继位。这位太子曾在变法时犯禁，商鞅为了立威重重地处罚过他，所以他一继位就和在变法中被削弱势力的反对派达成一致，逼反了商鞅。商鞅想要逃出国去，可变法后的秦国戒备森严，没有身份证明绝不放行，商鞅于是作法自毙，被车裂而死。

商鞅虽死，得到好处的秦国君主却不会退还变法得来的权力，此后秦国世代实行新法，一发不可收。

战语典故

徙木立信

新法令出来后,如何让老百姓信服,是商鞅面临的大问题。他命人在国都集市南门外竖起一根三丈长的木材,旁边贴出告示:"谁能把这木材从南门扛到北门去,就赏谁十镒黄金(此处的金指黄铜,十镒合二百多两)。"围观百姓觉得奇怪,没人敢来扛,也不相信照做了能获得赏金。

商鞅又命人把赏金提高到五十镒。有人抱着试一试的心态,将木材扛到了北门。商鞅立刻兑现承诺,赏给他五十镒黄金。看到商鞅真的言出必行,有功必赏,不分身份和出身,百姓都觉得官府会守信用,相信变法是对他们有利的。

5 楚威王灭越国

勾践称霸后,越国吞并吴国,和楚国、齐国成了邻居,也是一方大国。但勾践的子孙没有才华特别突出的。勾践死后,历经五代,越王之位传到无疆手中。无疆有雄心争夺天下,就兴兵向北攻打齐国,向西攻打楚国。

当时,楚国传到楚威王手中。楚威王继承其父亲楚宣王救赵伐魏和开拓巴蜀的遗产,与齐国争锋,并多次打败了齐军。越王无疆见楚国强大而齐国偏弱,就联合楚国一起进攻齐国。但越国出兵后,楚国却按兵不动。越王无疆非常生气。

齐国面临楚国和越国夹攻,便派人游说越王无疆。齐国使者见了越王,反复向他讲越国不攻打楚国,从大处说不能称王,从小处说不能称霸的道理。但越王无疆游移不定,认为直接攻楚风险太高,最好能得到韩、魏、秦、齐四国的帮助才妥帖,甚至不需要四国出兵攻打,只要派军在楚国边

时间　前361—前333

境集结就足够牵制不少楚军了。

齐国使者见越王不上当,眼珠一转,用出了激将法,说:"越国没灭亡,真是太侥幸了!大王您能看出韩魏国君的失策,却像眼睛看不见睫毛一样看不出自己的失策。大王所期望于韩魏的,无非是分散楚军的兵力,可现在的楚军难道还不分散吗,您何必等着韩魏开窍错失良机呢?"

越王无疆有些惊讶,说:"你具体给我说说。"

齐国使者说:"楚国三个大夫已分率楚军九军,向北包围曲沃、於中,直到无假关,战线总长为三千七百里,景翠率的楚军则聚结到北部的鲁国、齐国、南阳,还有什么时候比这更兵力分散的吗?可大王却只想着让三晋与楚争斗的手段,忘了使楚国分兵的目的,以至于晋、楚不斗,越国便不出兵。这不就像只知两个五却不知十一样吗?再说,雠(chóu)、庞、长沙是楚国盛产粮食的地区,竟泽陵是楚国盛产木材的地区。越国出兵打通无假关,这四个地方将不能再向郢都进献粮材。我听说,国君图谋称王的,即便不顺利还可以称霸,然而连称霸也不敢想的,就会丧失国家的王道。"

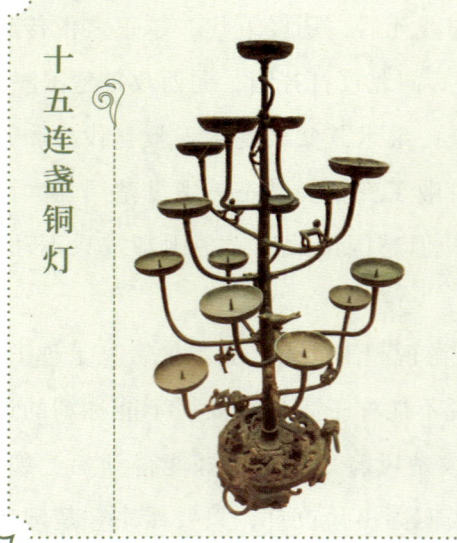

奇珍异宝

十五连盏铜灯

连盏灯又称连枝灯或树形灯。这具连盏铜灯看起来像一棵大树,枝杈顶端托起十五盏灯,大树底座由三只独首双身、口衔圆环的猛虎托起,树枝上分布着十几只珍禽异兽,如夔龙、猴子、神鸟,树下还有两人,正向树上抛食戏猴。经过考证,它不是一件放置在桌台上的案灯,而是置于房中的落地座灯。

所以，我恳望您转而攻打楚国。"

越王无疆被说动了，放弃齐国，攻打楚国。他原本想重演吴王千里袭楚、攻入郢都的故事，但没想到楚威王早已识破其野心，提前集结楚军，在边境上等着越军到来。

琱生簋

结果，越军大败，越王无疆被杀，楚军一鼓作气发起反攻，竟然把原来吴国的土地几乎全部攻下，越国被逼回了老家会稽，此后越王的各个儿子争相夺位，越国于是分裂为好多小国向楚国臣服，再也没有凝聚起来。

趁此机会，楚威王又率楚军讨伐齐国，与齐将申缚率的齐军在泗水鏖战。楚军大胜，包围徐州。虽然后来被齐将田盼击败，不过，吞并大量土地的楚国还是势力暴涨，包括残存的越国在内，江淮及长江中下游地区都成为楚国领土，楚国成了地方五千里的超级大国。

知识充电

郡县制度

周朝初年实行封邦建国，新占领的土地往往分封给功臣。但在春秋早期，为了便于管理，兼并的土地由国君直辖，这种区域就叫县。郡最早出现于春秋末年，最初设置在新开拓的荒凉之地，面积比县大，级别却比县低。后来人口增长，郡逐渐繁荣，不得不下分为县，于是郡就后来居上了。郡县在战国初期已经比较普遍，秦国在设立郡县上反而是落后的，所以才有了商鞅变法。

时间 前334—前316

17 合纵连横大对决

> 三晋多权变之士,夫言从衡强秦者大抵皆三晋之人也。夫张仪之行事甚于苏秦,然世恶苏秦者,以其先死,而仪振暴其短以扶其说,成其衡道。要之,此两人真倾危之士哉!
> ——《史记·张仪列传》

【人物】公孙衍、张仪、秦惠文王、司马错

【事件】徐州相王、五国合纵、秦灭巴蜀

合纵连横是战国中后期的重大历史现象。弱国联合进攻强国,称为合纵;随从强国攻打其他弱国,称为连横。纵横家提三尺剑,以三寸不烂之舌游说国君,不仅为自己赚得显赫地位,更深刻改变了战国的格局。

纵横之争

合纵连横之策,兴于魏国衰落,齐秦崛起的大趋势下。周显王三十五年(前334)魏国战败,魏惠王只得与齐威王在徐州会面,放弃一家独霸地位,互尊为王。这就是著名的徐州相王事件,其意义在于,不仅楚、吴、越这样的"蛮夷"不顾礼法,将周天子扔在一边,就连中原大国也开始彻底无视周天子的威权,尊天子以令诸侯的争霸时代一去不复返了。

弱小的国家不能再指望新霸主主持公道,而必须在大国博弈中找到夹缝生存，于是出现了纵横之术。三晋之地是齐秦的缓冲带，也是战火激烈的地区，产生了很多精于谋略权变的人才，其中颇为重要的是犀首。

犀首不是人名，而是魏国的一个官职，指的是曾任此职位的公孙衍。公孙衍本是魏国阴晋人，后来入仕秦国。当时秦国经历商鞅变法，国力急速膨胀，将堵住中原入口的魏国视为"腹心疾"，不断对魏国用兵。所以公孙衍的到来让秦惠文君很高兴，任用他为将对付魏国，公孙衍也不负众望，为秦国打下了河西之地。在此过程中，魏国伤亡惨重，仅其中一场大战就死亡了八万士兵。河西之地的丢失，不仅意味着魏国失去了几百里土地，也意味着魏国对黄河天险失去控制。

就在公孙衍身居秦国最高爵位大良造，春风得意之时，秦惠文君身边出现了另一个红人张仪，他也是个魏国人。张仪提出了连横策略，为秦国勾画了联合齐、楚，攻灭魏国入主中原的宏大战略，很快大受重视。

妙计被张仪率先提出，即将到手的相位也被张仪夺走，公孙衍的地位就很尴尬了，他只好去魏国寻找机会。为了对付秦国，公孙衍向魏惠王献上了合纵之策，要魏惠王承认魏国周边的几个国家都有为王的资格，以鼓动这些国家谋求自立，共同对抗秦国。魏、赵、韩、燕、中山五国参加了盟会，互尊为王，史称"五国相王"，加上不久前称王的秦国，徐州相王的齐国，早在春秋就称王的楚国，战国时期的几大强国几乎全自立为王了，

成语典故

滥竽充数

齐宣王喜欢听吹竽，常常让三百人一起合奏。南郭处士请求给齐宣王吹竽。齐宣王非常高兴，给了他丰厚的待遇。齐宣王死后，齐湣王继位。齐湣王也喜欢听吹竽，但喜欢让人一个一个地吹给他听。南郭处士见混不下去，只好悄悄溜走。

时间　前334—前316

周天子连名义上的领导地位也彻底失去。

然而合纵的漏洞在于列国各怀心思，很难统一调度。而秦国虽强但能打到的也只有魏国，所以很多国家对合纵并不热心。合纵因此开局不利，承担压力的仍然只有魏国，魏惠王对此颇有怨言。这一波折被张仪利用，他冒险来到魏国，献上了联合秦国攻打楚国的策略。魏惠王正愁压力太大，就厚待张仪，封他为相国，希望借助秦国兵力。可张仪当了很久相国，不仅没有带来秦国援兵，反而频频劝魏惠王割地给秦国巩固关系。时间久了，魏惠王也看出张仪吃里爬外，便拒绝与秦国合作。可刚一拒绝，秦惠文王就撕破和约，出兵打下了魏国的曲沃等地。

曲沃是晋国的起家之地，秦此举引起了各国恐慌，公孙衍的合纵策略再次被推上议程，周慎靓王三年（前318），楚、赵、魏、韩、燕五国合纵，大军浩浩荡荡开向秦国东门函谷关（实际出兵的只有韩、赵、魏三

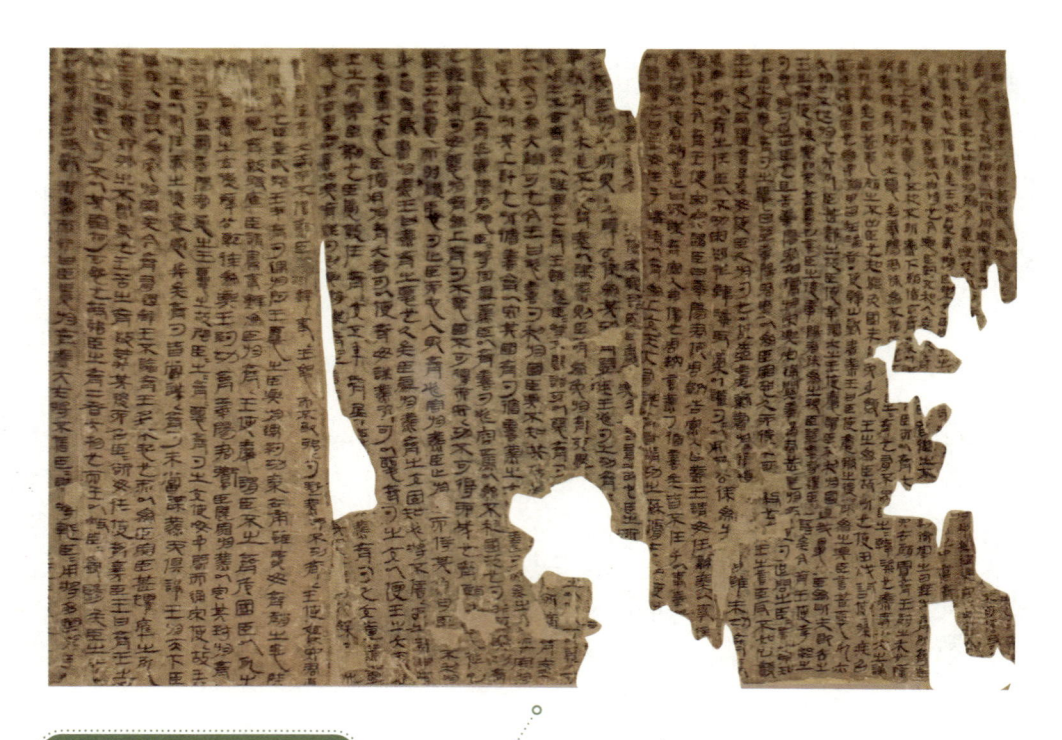

帛书本《战国纵横家书》

国）。但函谷关地形险要，一夫当关，万夫莫开，秦军倚仗本土作战的优势，物资人马源源不断，战争拖到次年，三国联军攻打不下，被秦军反攻击退，损失人马八万。这一战天下震怖，魏韩等国纷纷服软求和。而秦国也需要时间休养，于是暂停出兵，将精力集中于后方。

5 秦吞巴蜀

经过一年多的休养生息，秦惠文王再度起了扩张的心思，这一年是周慎靓王五年（前316），此时一个突发事件让秦国内部有了不同声音。

原来秦国西南方的巴国和蜀国正在交战，打得不可开交，两国都派出使者向作为西方诸侯之长的秦国求救。巴国和蜀国都是历史非常悠久的古国，巴国的历史可以追溯到夏朝，至于蜀国，神秘的三星堆就是蜀国悠久历史的见证。周武王伐纣，蜀国就是盟国之一，两国大体占据了汉中、四川等广袤的土地，只不过因领土被群山包围，巴人和蜀人很少和中原接触，只有秦国所在的关中之地可以跨越崇山峻岭间的小道，抵达巴蜀。

所以接到求援时，秦惠文王犹豫了，不知该不该出兵打蜀国（蜀国一直在欺压巴国，巴国不断迁徙），于是他叫来群臣商议。

张仪听后，发言道："大王，臣以为不如攻打韩国。"秦惠文王一愣，示意张仪详加解释。张仪点头，回道："韩国和楚魏两个大国亲善，位置重要，若能出兵三川，攻下其新城、宜阳，我秦军就能直指周王室的郊野，控制象征王权的九鼎，收纳记录天下人口地形的图籍，挟天子以令诸侯，谁敢不听呢？韩国的三川，周王室的王畿，那是天下的枢纽，想扬名天下不去那里，反而忙着攻打偏远的异族，这怎么行呢？"

秦惠文王若有所思，此时，将军司马错站了出来，说："形势和张仪所言不同，大王想要成就大业，就必须开拓土地以富强国家、殷实百姓，并且注重个人的品德修养。如今，您的土地还很有限，百姓也不富裕，不如先从基础做起。远在西南的蜀国，欺凌弱小，像夏桀、商纣一样残暴，而

时间　前334—前316

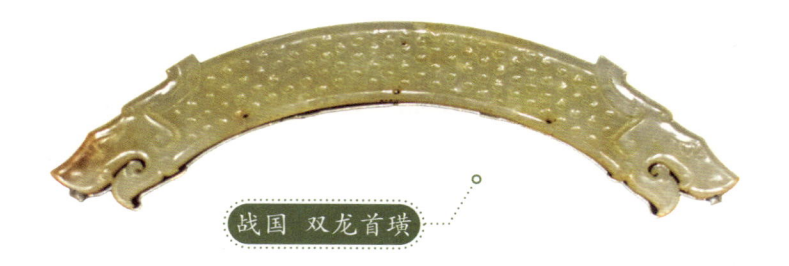

战国　双龙首璜

本身却非常落后，大王出兵攻打可谓摧枯拉朽、名正言顺，军队无须太多伤亡，还能顺便收取其土地珍宝。这样您即便攻灭一个大国，尽收其财富土地，却不会有人说我们秦国残暴、贪婪，反而要称赞我们伸张正义。这样的良机您上哪儿去找？如果您非要去攻打韩国、劫持周天子，那可是臭名远扬的大罪，周、韩要是亡国在即，拿出九鼎之宝和肥沃的土地拉拢齐、

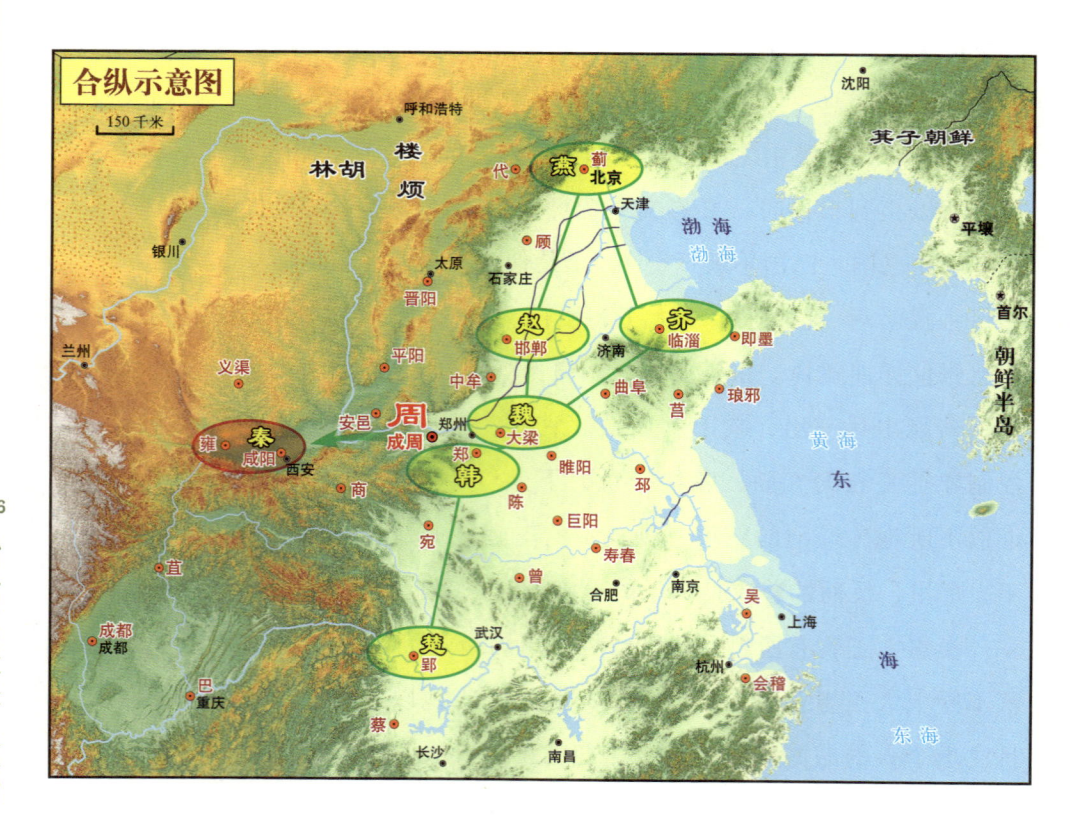

合纵示意图

魏、赵、楚，哪国能不心动出兵呢？到时候您就束手无策了。所以，不如攻打蜀国。"

秦惠文王眼睛一亮，决定出兵攻蜀。秦国军队浩浩荡荡地穿越山间狭道，猛然杀出时，蜀国根本无力抵抗，当年十月就亡国了。秦惠文王把蜀王降为侯，给他留了一点点爵位食邑，随后又派兵攻灭苴国、巴国，完全侵吞了广袤的四川地区，那里肥沃的土地给秦国提供了大量粮草兵马，秦国因而更加富强，完全不把中原诸侯放在眼里了。

吞并蜀国的另一好处在于，当中原诸侯对楚国的长江天险望而却步时，秦国兵马却可以从长江上游沿水路直入楚国腹地，所以楚国成了秦国的下一个目标。

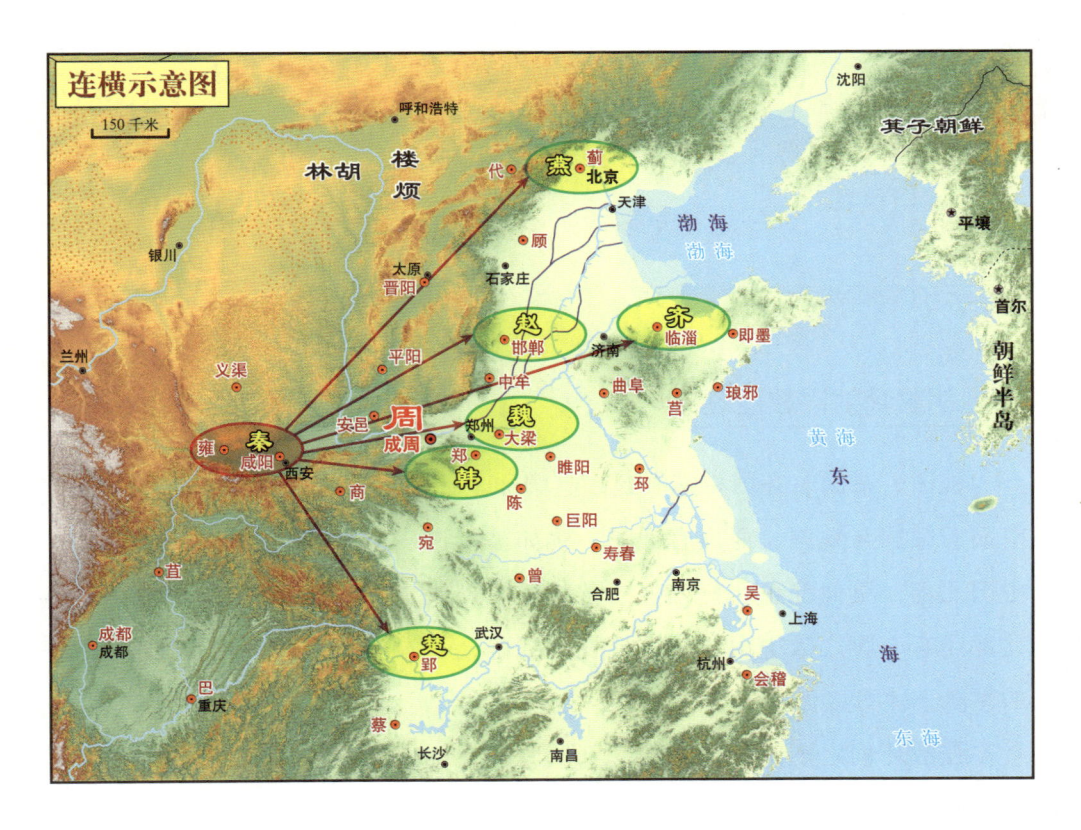

时间 前326—前279

18 燕赵之地，血勇之风

> 燕、秦、楚、三晋合谋，各出锐师以伐……燕将乐毅遂入临淄，尽取齐之宝藏器。湣王出亡，之卫。
> ——《史记·田敬仲完世家》

【人物】赵武灵王、公子成、燕王哙（kuài）、燕昭王、苏秦、齐湣王、乐毅、燕惠王、田单、骑劫

【事件】胡服骑射、金台纳贤、苏秦合纵、乐毅破齐、田单复齐

齐秦争锋，魏国衰落，为北方的燕赵两国留下了发展契机。赵国改武制，首建骑兵。燕国修内政，纳八方英才。两项举措都产生了显著效果，深刻改写了战国历史走向。

胡服骑射以教百姓

魏国、秦国、齐国相继崛起，赵国如坐针毡。那时，赵国东面有齐国，南面有韩国与魏国，西面有秦国，犹如被一道从西向东的万里铁壁困死在中国北部，更何况正北有凶悍的游牧民族匈奴，西北部有林胡、娄烦，东北部还有心腹之敌中山国。一旦发生战争，赵国四面受敌，只有拥有强大的军队，才可以保障安全。

强敌环伺之下，赵国时常受到欺辱，齐、魏、秦各国轮番来打，连国都邯郸都曾经沦陷。直到周显王四十四年（前326），赵武灵王继位。当

时，他年纪尚幼，不能亲理国事，由肥义、公子成等大臣辅政，虽然尚能支持，但国势十分危险，如赵武灵王九年（前317），三晋联军败于秦国一战，三国被斩首八万多人，赵国损失惨重，还被齐国趁机偷袭。直到赵武灵王继位第十九年（前307），这一年春季，赵武灵王备好车马，亲自巡视赵国周边的土地，他向东北查勘中山国的地界，向北深入匈奴所在的广袤草原，向西一直探索到黄河岸边。回来后赵武灵王大有感慨，想起一路所见的骁勇善战的游牧民族，以及他们来去如风远比中原战车灵巧的骑兵，赵武灵王做出了一个大胆的决定——"着胡服，习骑射"。因为中原人宽袖长袍骑马不便，只有改为胡人的短衣紧袖，才能适应骑马作战需要。

赵武灵王像

　　这一决定刚一公布，重臣中只有楼缓明确表示赞同，公子成等人都极力反对，他们说此举必会"改变传统，失去人心"。赵武灵王反驳说："德才皆备的人做事都是根据实际情况采取对策的，怎样有利于国家的昌盛就怎样去做，只要能富国强兵，何必拘泥于古人的旧法？"

　　群臣唯唯诺诺，心中却一百个不愿意。赵武灵王没办法，只好派人去给重臣公子成做思想工作，劝他穿胡服做榜样。可这时身为赵武灵王叔父又身居高位的公子成特别不配合，竟然称病不来上朝了。

　　赵武灵王知道公子成是装病，但还是私下去探望他，语重心长地说："你干吗这样固执呢？衣服就是方便穿用的，礼法就是便于办事的，所以不同地方就有不同的服饰、礼法，这有什么可排斥的？你难道忘了中山国和齐国勾结，侵夺我国土地、掳掠无辜百姓、引水围困鄗（hào）城之事了吗？你如今为了顺应中原习俗，违背历代祖宗兴盛赵国的心愿，羞于穿胡

时间　前326—前279

人衣服的名声，却忘了鄗城被困的耻辱，我真的感到失望。"

公子成愣住了，突然明白了赵武灵王的良苦用心，当即起身请罪。第二天他就穿上胡人衣服上朝，并向其他人宣扬学习胡服骑射的好处。赵武灵王这才正式下达改穿胡服的命令。

接下来，赵军全面推行胡服骑射。全军都换上窄袖交领右衽（rèn）的服装，学习胡人骑马射箭技术，并进行各种实战演习。一年后，赵国拥有了诸侯中第一支强大的骑兵。

有了精锐骑兵之后，游牧民族来去如风的袭扰再也行不通了，追赶他们的不再是笨重缓慢的战车，而是更加神俊的马匹和强劲的飞箭。凭借强大的骑兵，胡服骑射第二年（前306），赵军进攻中山国，中山国战败，被迫献出四座城池求和。随后五年里，赵国三战中山国，一雪前耻，夺得了广袤的肥沃土地。又过了五年，赵国完全吞并了中山国（前296）。

在进攻中山国期间，赵军还向北方匈奴频频出击，又向西边林胡和楼烦展开进攻，开辟了千里的广阔马场，林胡王被迫进献战马以求谅解，赵国的长城于是一路向北推移，广阔的领土绕过魏国，从北直抵秦国北部。雄心壮志的赵武灵王还乔装打扮，扮成使者西入秦国，亲自查探秦国地形，想从北方草原夺取关中之地。等秦昭襄王察觉不对派人追赶时，他已经顺利出了秦国边境。

战国　虎咬牛纹金饰牌

然而赵武灵王和齐桓公一样，在继承人上出了问题，他预先将君位传给了自己宠爱的小儿子公子何，自称为主父，专心掌管军队。他的长子公子章不服，趁赵武灵王出宫时发起政变。争斗很快就有了结果，但在这场乱战中，各方势力各怀鬼胎，因害怕被追究责任，竟然将赵武灵王困在沙丘宫中活活饿死。

虽然赵武灵王已死，但赵国势力依旧强盛，赵军成为战国后期唯一可以与秦军抗衡的力量。

5 修筑金台，广招贤人

在战国七雄中，燕国面积很小，爵位却很高。其初代国主是武王伐纣时的功臣召公，召公在周成王在位时是三公之一，当时周朝东西各有一都，周公和召公于是以陕为界，以西由召公主政，以东由周公主政。然而，燕国的封地实在太小，远在北燕之地，是战国七雄中最北方的边远之地。当时赵国的东北是中山国，中山国以北才是燕国，自建国以来，燕国就经常受到异族的袭扰。故而自从召公去世，燕国很多代都默默无闻，偶尔参与中原会盟，但没有特别大的影响。几百年过去，到了燕王哙（前320年继位）这一代，更是几乎有了亡国之祸。

燕国祸乱的根源在于继承，燕王哙有些志向，但不太聪明，听信了纵横家苏代的哄骗，认为想要成为霸主必须对重臣深信不疑，因而将国家大权纷纷下放给国相子之。不久之后子之权倾朝野，为了进一步夺权，他找来鹿毛寿等大臣给燕王哙吹耳边风。这些人拿出上古贤君禅让的美谈蛊惑燕王哙，劝他不如趁年老将国事禅让给子之，这样既可以得上古贤君的美名，而且官吏还是归属于太子，也不会断了王室的传承。燕王哙答应了，将国家完全交给子之，整整三年，燕国君臣失位，国家大乱。

燕太子平眼看子之要鸠占鹊巢，于是联合将军市发动兵变。因为子之势力更强，兵变没能成功，但还是导致几个月的大乱和数万百姓死亡。燕国由此君民离心。

齐湣王接受了孟轲的游说，认为燕国内乱是个良机，于是以伸张正义为名出兵。燕国百姓见了，果然全都夹道欢迎，任由齐军一路拿下燕国都城，杀掉燕王哙和国相子之。但事后齐国并没有帮燕国建立新的秩序，反而为祸百姓，以致被燕国举国抵制。中山国则趁火打劫，夺取了燕国方圆数百里的土地。此时赵武灵王在位，一心吞并中山国雪耻，所以他不愿意燕国灭亡，于是不远千里地护送燕国流亡在外的质子公子职回到国内继位，公子职即燕昭王。

燕昭王继位以后，深感国土被破之耻，又见民生凋敝，田园荒芜，于是下决心振兴燕国，向齐国复仇。他决定广招贤才，一起筹划富国强兵大计，就先去拜访郭隗，请教如何招揽人才。郭隗笑了，说："大王若定要招纳贤才，不妨从我开始厚加礼待，那些比我还贤明的人，不就不请自来了吗？"

燕昭王深受启发，自己克勤克俭，却把国库财产都用来安抚遗孤，造福百姓，还拜郭隗为师，斥巨资为他修建豪华公馆。消息传开，很多具有真才实学的人得知燕国非常器重人才，就纷纷前来投奔。乐毅、邹衍、剧辛等人，先后来到燕国。燕昭王大为高兴，专门修筑一座高台，台上堆满黄金为礼品。当那些人到燕国时，燕昭王还亲自拿扫帚清扫道路，以示尊敬。自此金台就成为历朝历代招贤之地的代名词。

洛阳书生，佩六国相印

以燕灭齐，无论军事力量还是领土面积，都是以卵击石。但这一奇迹偏偏发生了，促成它的第一位贤才是苏秦。

苏秦是洛阳人士，出生在周王的直属领地。少年时周游求学，学了些知识就跑去兜售游说，结果碰壁而回。回家后，苏秦不顾耻笑闭门读书，刻苦研究周朝的古籍，学有所成后毅然再度出游。几经辗转，苏秦来到燕国。

燕昭王很喜欢苏秦，经常与他谈论天下形势。苏秦觉得齐国强大燕国

错金银青铜流鼎

弱小，想要报仇就得借助诸侯之力。诸侯不会乖乖听燕国号令，所以要从齐国入手，将其拖入对外战争的泥潭。

定下计谋后，苏秦决定亲自前往齐国和三晋，施行反间计。苏秦来到齐国时，天下形势再度发生变化，秦国吞下巴蜀，实力大增，连连战胜南方的强国楚国，齐楚同盟遭到破坏。而赵国通过"胡服骑射"改革后，走向强盛，于是北方形成秦、齐、赵三足鼎立局面。在这种复杂形势下，苏秦能做的也就是让新继位的齐湣王大兴土木、消耗国力，让齐国暂时不北上攻燕之类，无法短时间建功。

可燕昭王复仇心切，等不及了。继位第十六年（前296），燕昭王派军进攻齐国。苏秦得知消息，立刻写信劝阻，但为时已晚。这一战，燕军大败。燕昭王不得不大量赔款求和，同时派弟弟襄安君到齐国当人质。

血的教训让燕昭王意识到时机未到，不再轻举妄动，耐心等待时机。在燕国蛰伏期间，天下局势再次巨变。崛起的赵国控制了北方的广袤草原，且有图秦之志，这让秦国很不安，于是秦昭襄王听取相国魏冉的计策，打算拉拢齐国，共同对付赵国。为此秦国还给齐湣王备好了一个诱人的头衔"东帝"。帝在当时可是神话传说中上古君王用的称号，比周王室的王还要尊贵，齐湣王很高兴地答应了秦国。

苏秦知道时机来了，于是站出来劝阻，他对齐湣王说帝这个称号只不过是虚名，与其接受后被天下各国轻视，不如攻打南方四处用兵的宋国，这样既能得人心，风险也小。

齐湣王动心了，当了两天东帝就宣布去除帝号，命苏秦联络诸侯合纵。苏秦的建议提出时，魏国主政的是孟尝君田文，此人本是齐国宗室，好交天下豪杰，名气非常大。孟尝君不久前在秦国差点儿丢了性命，正愁报仇无路，立刻就附和苏秦的建议，极力在三晋中鼓吹合纵，韩、魏于是都有合纵倾向。而赵国本来就和秦国不善，苏秦又同意让赵国主政的李兑当合纵领袖，于是赵国也被说动。齐、燕自不必说，于是在苏秦鼓动下，韩、赵、魏、燕、齐五国全都同意合纵攻秦。

周赧（nǎn）王二十八年（前287），五国联军聚集到韩国成皋一齐向秦国发动攻势，秦昭襄王见势不妙，只得服软，同意废除自己的西帝称号，归还了侵占三晋的大片土地。而齐湣王则趁机下令齐军南下，一举灭掉了嚣张跋扈的宋国。

风云人物

短命桀宋

在合纵连横的时代，宋国出了个国君宋康王，他得知宋国有一只麻雀生了巨大的鸟，就叫来史官占卜，结果是以小生大，非常吉利。宋康王认为这是宋国崛起的征兆，于是趁着天下大乱，起兵消灭藤国，攻伐薛国，夺取齐国的城池五座，攻下楚国的领土三百里。做完这些，他扬扬得意，用箭射天空，用鞭抽大地，摧毁土地神庙，放火焚烧以威吓鬼神，令百姓以万岁称呼自己。然而好景不长，几个大国一腾出手来，顷刻就把宋国给灭了。

> **成语典故**
>
> **悬梁刺股** 苏秦从秦国返回时，衣衫破烂，穷困潦倒。回到家中一看，妻子不理他，嫂子不做饭，父母也不和自己说话。苏秦深感耻辱，开始闭门不出发愤读书。深夜里老打瞌睡，他就找了把锥子，一犯瞌睡便拿起锥子扎向大腿，疼得有了精神再接着读书。

然而，宋国是个四战之地，齐灭宋相当于将兵力直压楚魏两国边境，更何况宋秦还有同盟关系。齐湣王惹了大麻烦还不自知，继续嚣张跋扈，频繁用武，虽然扩张了千余里土地，但和周边列国都成了敌人。至于燕国，齐湣王倒觉得不算威胁，竟然将北方的兵马几乎调拨一空了。燕昭王复仇的时机终于到了。

弱燕灭齐，威震诸侯

在诸侯离心的形势之下，要攻灭齐国还需要一位出色的将军。这位将军就是乐毅，乐毅的祖先就是魏文侯时击败中山国的魏国大将乐羊。

乐毅自幼喜好兵法，学有所成后在赵武灵王帐下为将，但很快就发生了沙丘之变，乐毅于是离开赵国，来到招贤纳士的燕国。

燕昭王任命他为亚卿，对他非常重视。乐毅也暗下决心要回报知遇之恩。

五国合纵攻秦以后，燕昭王知道时机到了，于是向乐毅问策。

乐毅想了想，说："齐国，至今还享受着齐威王时的霸业余泽，地广人多，只靠燕国拿下它是不容易的。大王想击败齐国，就要与赵、魏、楚联盟。"燕昭王点头称是，立即派乐毅出使赵国，派赵啖（dàn）出使秦国，楚魏也各有去使。

时间　前326—前279

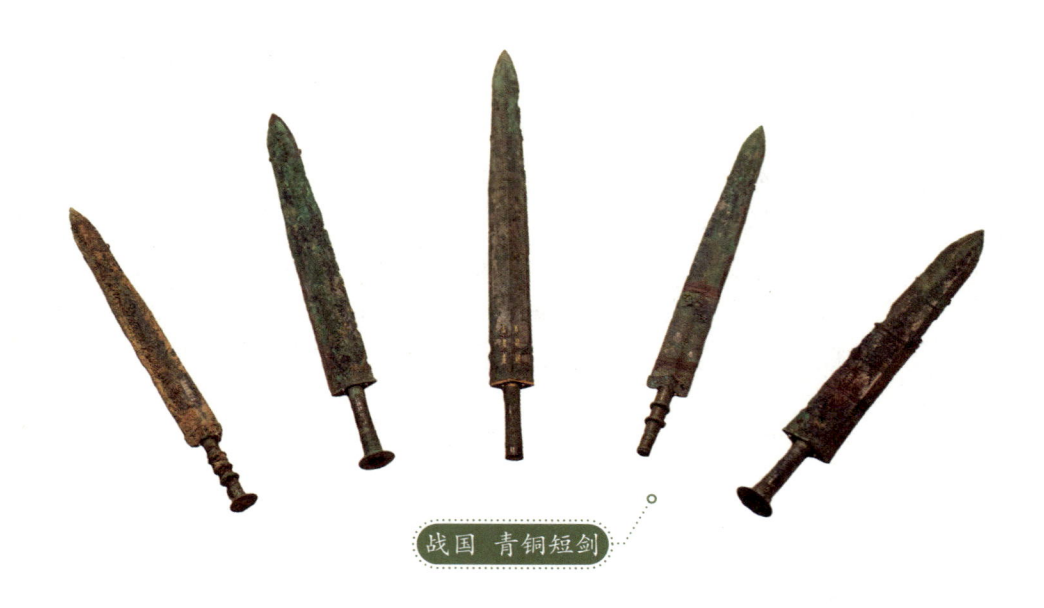

战国　青铜短剑

各国诸侯早就不堪齐国的骄横，担心齐国崛起威胁自身，于是纷纷响应。

等乐毅回来，赵、秦、韩、魏、燕五国兵马都听他调遣。于是，周赧王三十一年（前284），乐毅以燕国上将军身份挥师南下，在济水以西大败齐军主力。

乐毅想扩大战果，可诸侯们的军队都觉得教训齐国的目的已经达到，不肯再冒风险。乐毅阻拦不住，只得同意秦国、韩国撤军，允许魏国先去吞并原宋国的土地，让赵国去攻打河间，他自己则带领燕国一军深入齐国腹地，追亡逐北。齐军主力已被击败，齐湣王惊惶逃跑，他平时就不得人心，这回更是大失人心，所以齐军一直组织不起大规模的反攻，纷纷各自凭借城池防守。乐毅于是集中兵力一路追到齐国国都临淄，一举将其击破。这是齐国自姜太公建国以来未有之事，国都珍藏千百年的礼器都被运回燕国。

燕昭王名震诸侯。他下令乐毅驻守齐国，逐步吃下未占据的齐国土地。乐毅稳扎稳打，花了五年攻下七十多座城池，把它们全都收编为燕国的郡县。偌大的齐国只剩下即墨和莒两座孤城。

此时，齐湣王才明白苏秦都出了些什么"好主意"，盛怒之下，令人抓捕苏秦，将他五马分尸。

5 孤城复国，智将田单

齐国毕竟是屡屡称霸的大国，历史悠久，人才众多，因此乐毅对顽抗不降的莒城和即墨两座城市采取柔性手段，收买民心、围而不打。打算慢慢同化齐国的百姓。

然而计划才刚刚展开，后方出事了。周赧王三十六年（前279），燕昭王去世了，燕惠王继位。燕惠王在当太子时就和乐毅有过不愉快，这时更是疑窦重重，对乐毅留齐不回开始不满。

而齐国的形势也发生转变。原本，齐湣王一路逃窜并向楚国求救，可楚国虽派出大将淖齿，但实际上并没有帮齐湣王复国的心思，而是打算瓜分齐国。于是淖齿借题发挥，将齐国天上降下血雨、大地开裂出水的自然现象都怪到齐湣王头上，借故将他杀死。齐国人几经周折才在莒城找到逃亡的王子法章，将他拥立为王，也就是齐襄王。齐襄王继位后，民众对国君的态度由怨恨转为同情，抵抗外敌之心反倒强了不少。

与此同时，齐国有一个聪明人田单破格走了高位。田单本来只是国都临淄的一个小官，在临淄被破时，很多人家乘车逃跑，可木车经不起颠簸，没跑多远就因车坏被抓，而田单特意叮嘱家人用铁加固车子，因此顺利逃到即墨。当时即墨大夫战死，城中百姓看到田单用铁加固过的车子，觉得这个人聪明又是个官，就让他接手城防。田单于是一跃成为一城主将。一来他真有些手段，二来乐毅改用了怀柔策略，因此即墨城三年也未被攻下。

田单认为时机到了，想要组织反攻收复失地。但有两点他没有把握：第一是乐毅的军事能力很强，他没有信心必胜；第二是城中士气低落，百姓没有出城决战的勇气。

思来想去，田单决定使用反间计。他派出大量间谍到燕国散布流言，说乐毅和燕惠王不和，此时根本不敢回国，正准备自己在齐国当大王，所以才一拖再拖。要是换个大将，齐国早就亡国了。

这些消息传到燕国大夫骑劫耳里，他立即跑去对燕惠王告状，燕惠王

时间　前 326—前 279

战国　人形青铜灯

心里本就起疑，当即大怒，下令召回乐毅，委任骑劫为大将军。乐毅收到命令，长叹一声，知道回去肯定凶多吉少，于是偷偷跑去了赵国，任由骑劫接管了燕军。士兵们为乐毅鸣不平，都不愿意听骑劫的话，士气也开始低落。但骑劫视而不见，改变围而不打策略，强攻硬战。

即墨百姓很惶恐，不得不拼死抵抗。田单知道时机到了，又秘密派人散布传言，说齐军最怕的是被燕军抓去割掉鼻子，一旦割掉战俘的鼻子，其他齐军定会吓破胆，举手投降。

骑劫深信不疑，下令割掉齐国战俘的鼻子，拉到阵前示众。这一残暴行为激起即墨城内军民的怒火，人人都要据城死守，奋战到底。

一计奏效，又施一计。田单再次派人去燕营中煽动，说即墨人祖坟在城外，如果燕军把他们的祖坟刨了，他们就没脸面活着。骑劫一听，又下令刨坟烧尸。即墨军民对燕军恨得咬牙切齿，纷纷请战，要报仇雪恨。

全城斗志成功点燃。田单为进一步麻痹燕军，一边藏起精锐军队，一边安排老弱和妇女登上城墙防守，再派使者见骑劫，谎称城内已粮草殆尽，军民饿死的越来越多，准备开城投降。骑劫喜出望外，放松军事戒备，等待齐军择日请降。

哪知田单秣马厉兵，策划了一场奇袭。他收集全城一千多头牛，给牛披上大红衣服，画满五颜六色的可怕花纹，在牛角上绑上尖刀，尾巴上系上浸油的苇束。牛群后面紧跟头戴鬼面的五千精锐将士。在约定投降的头天晚上，田单把城墙凿了几十个大窟窿，让队伍悄悄出城门。齐军对准燕军大营，点燃苇束。一千多头牛受惊发怒，朝燕军方向横冲直撞。燕军正沉浸在睡梦中，听得一阵喊杀声、踢踏声、火爆声，还未出营帐，又见一头头身披五彩花纹直冒火光的怪物，和一大群青面獠牙的"厉鬼"正横冲直撞，一时根本无法抵抗，被冲上来的齐军尽数扑杀。骑劫也死于乱战中。

"火牛阵"大捷极大激励了齐军将士。莒城守军展开一场大反攻。在田单的率领下，齐军开始扭转战局，反败为胜，齐国百姓受到鼓舞，纷纷加入复国阵营，被攻占的七十多城池竟被逐步收复。

当然，经此数年折腾，齐国的国力一落千丈，秦国于是一家独大。

奇闻逸事

田单与赵奢

田单曾与赵奢谈论兵战，二人各有主张。田单认为，士兵并非越多越好，多了会造成供粮困难，影响国内农耕，属于"自破之道"，以前的国君只凭三万士兵即可号令天下。赵奢却认为，以前的国家多而小，三万士兵可攻可守，现在是战国七雄，千丈之城与万家之邑比比皆是，三万士兵不足以野战和围城，必须拥有十万、二十万士兵才能"服天下"。田单闻之，慨然叹服。

时间　前313—前278

19 一生被骗的楚怀王

> 鬻熊之嗣，周封于楚。僻在荆蛮，荜路蓝缕。及通而霸，僭号曰武。……天祸未悔，凭奸自怙。昭困奔亡，怀迫囚虏。顷襄、考烈，祚衰南土。
>
> ——《三家注史记·楚世家·索引述赞》

【人物】张仪、楚怀王、靳尚、屈原、楚顷襄王

【事件】张仪欺骗楚怀王、楚怀王被俘、屈原投江

秦取巴蜀之地，撬开入楚西门。楚怀王贪图小利，痛失齐楚同盟。楚顷襄王一错再错，流放忠臣，滥用刀兵。一代强楚最终积重难返，步步走向灭亡深渊。

张仪二骗楚怀王

稍稍回溯时间，到齐湣王攻破燕都之时。此刻齐国乘虚而入，差点儿消灭燕国的举动让其声名日隆，几乎和秦国势均力敌。秦惠文王有意敲打齐国，但无奈齐国正和楚国结盟，两大强国联手，连秦国也不敢小觑。

为了破坏齐楚盟约，秦惠文王故意免去张仪的相位，派他亲自去楚国，用大量金银贿赂楚国权臣靳尚，然后去见楚怀王。张仪开门见山地说："秦王最大的敌人是齐国，因此特派我来跟贵国交好。如果大王跟齐国断交，秦王情愿跟贵国永远友好，还愿意把商於（今河南淅川县西南）一带六百

战国　楚国舞人龙凤纹锦

里土地赠送给贵国。这样一来，大王既能削弱齐国势力，又得到秦国信任，还得到六百里土地的财富，岂不是一箭三雕吗？"楚怀王高兴地同意了。

靳尚等大臣纷纷道贺，唯有陈轸反对。他说："秦国为什么看重您？还不是因为楚国跟齐国结盟。楚国有盟友齐国，秦国才不敢来欺负，如果跟齐国绝交，秦国不来欺负楚国才怪！就算秦国真的赠送六百里土地，那么大王不妨先派人去接收土地，然后再跟齐国绝交也不晚。"

可楚怀王不听，一面派人去跟齐国绝交，一面派人跟张仪到秦国去接收土地。可到了秦国，张仪就突然"受伤了"，三个多月也见不到人。这期间，绝交的消息传到齐国，齐宣王非常生气，马上派人见秦惠文王，共同谋划进攻楚国。

接到齐国使者请求攻楚的消息，张仪的"伤"这才好了，故作惊讶地见了楚国使者，问："不是早就给你备好了从某处到某处的六里沃土，怎么

时间 前313—前278

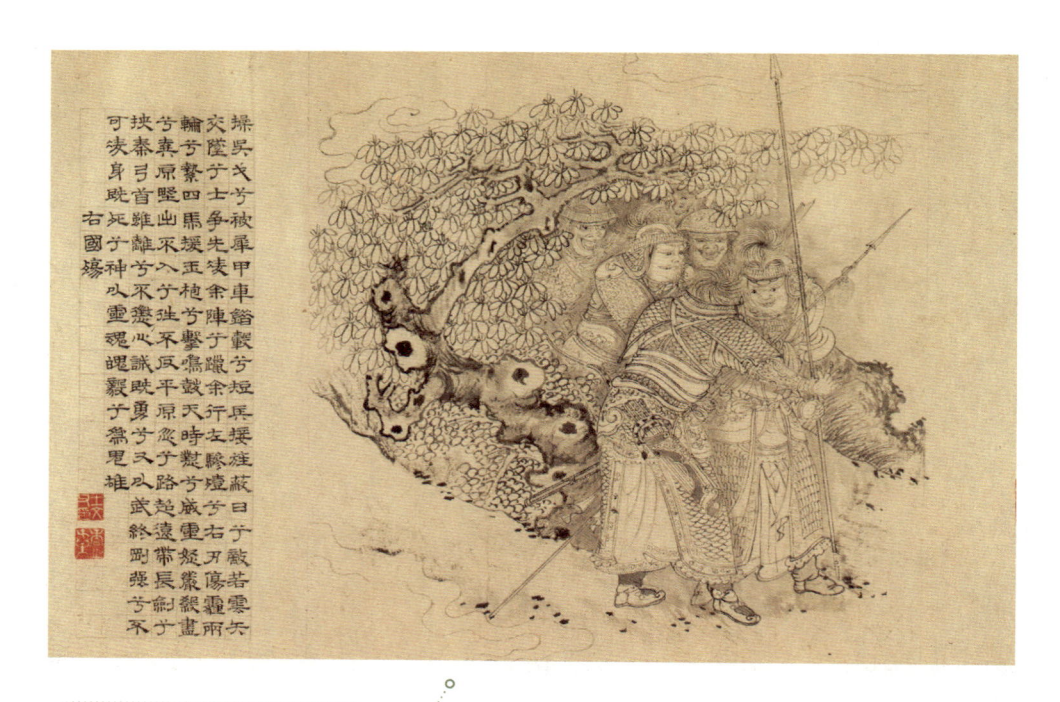

元 张渥 九歌图卷·国殇

"身既死兮神以灵，子魂魄兮为鬼雄。"

不去收？"楚国使者冷哼一声："我只听说秦国献给我们六百里土地，这块六里的地我没听说过。"说罢就怒气冲冲地回去报告。楚怀王拍案大怒，当即发兵进攻秦国。大臣陈轸听了，苦苦劝谏："攻打秦国不是上策啊！您还不如献出一些土地贿赂秦王，请他出兵攻打齐国，这样一旦得胜，失去的土地也就能补上了。您现在已经和齐国绝交，还要硬抗秦国，是逼着它们联合对付我国，必败无疑啊！"可楚怀王不听，仍然发兵攻秦。

秦惠文王早有预料，同样发兵迎战，同时还约齐军助战。结果，楚军一败涂地，士兵被杀八万多人，七十多员将领被俘。楚国不仅没得到秦国六百里地，还丢掉了汉中各郡。楚怀王大怒，就倾全国之兵报仇，大军一路北上一直压到秦国的腹地蓝田，但到达这里以后楚军供给艰难，而秦国山川险峻攻之不下，于是再度失利。楚国接连受创，韩魏等国闻风而动，纷纷发兵趁火打劫，楚国吃了大亏，楚怀王也只能忍气吞声地退兵求和。

然而战国形势多变，第二年，秦国就求上门来，愿意退还汉中的一半土地和楚国和好。楚怀王听了愤愤地回复："让张仪来，不要汉中。"张仪一听，立即要求秦王答应，开始第二次诈骗。这一次，张仪重金收买楚怀王的宠臣靳尚，让他劝谏楚怀王说："秦王器重张仪，杀了他，必将得罪秦国，没有秦国撑腰，楚国会更危险。"楚怀王有些动摇了。张仪趁热打铁，又让人给楚怀王的夫人郑袖传话："秦王听说楚王要杀张仪，准备献出上庸之地和大量美女赔罪，到时候秦女得宠，楚王对您可就疏远了。"郑袖大惊失色，非常卖力地劝说楚怀王释放张仪。张仪被放出后又借机劝楚怀王背弃合纵盟约，与秦国结亲。结果秦国没有付出一片土地，就和楚国结成了盟约。

怀王客死，屈原投江

楚国身为南方强国，地广千里，国富民强，更有贤臣良将，却屡屡为秦所欺。更令人唏嘘的，是楚怀王以后的数代楚王都昏聩不明、忠奸不辨。

当时楚国最可叹的是忠臣屈原，他的一生既是可歌可泣的传奇，也是楚国飞速衰落的缩影。

屈原名平，字原，是楚国的贵族。他博闻强识，既熟知治国的道理，又擅长辞令，原本是楚怀王的左徒，经常给楚怀王出谋划策、拟定命令。楚怀王最初很器重他，把迎接宾客、出使诸侯的大任委托于他。

屈原感念楚怀王的知遇之恩，提出了修明法度、选贤举能联合齐国的战略。但这些举措大多触犯楚国王公贵族利益，遭到强烈反对。一次，楚怀王委托屈原草拟宪令，同僚上官大夫嫉恨屈原的才能，就诬告屈原自命不凡，每每拟好一句法令都要自言自语："除了我谁能写出来？"楚怀王很生气，不加查证地疏远了屈原。

屈原远离政治中心，似乎也是楚国悲剧的开始，几年之后，张仪来到楚国，"六百里骗局"爆发了。屈原当时刚从齐国出使回来，听闻消息赶

时间 前313—前278

忙向怀王进谏:"为何不杀了张仪?"然而为时已晚,楚怀王很后悔,但并未因此重用屈原。

接二连三地受骗受挫之后,楚国失去了独据一方的超然地位,成了齐秦两国争夺的桥头堡,不论与谁合作都会引来一场战事。周赧王十二年(前303),因为楚国亲秦,齐、韩、魏三国联手伐楚,楚国只好把太子送到秦国当人质,这才说动秦国派来救兵。不承想这个太子和秦国大夫发生口角,竟然杀了人逃回来了。秦国借机发作,于周赧王十四年(前301)联合齐、魏、韩再度攻楚,联军一直打到楚国的腹地方城,杀死楚国大将唐昧,这一战,楚国失去了宛、叶等地,而这些地方是楚国进入中原的重要入口。

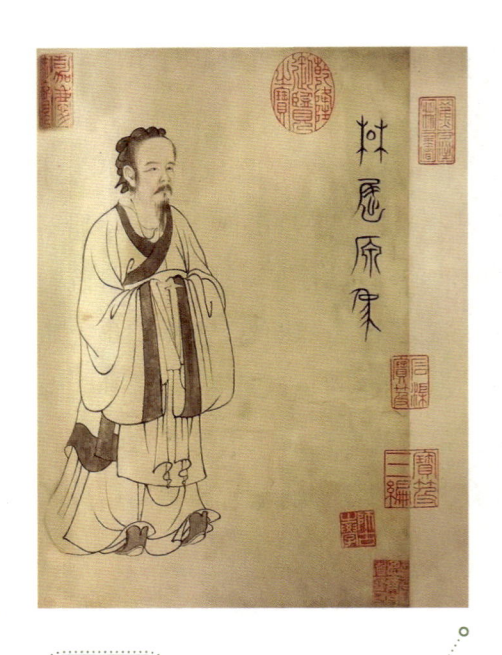

屈原画像

此后两年,这起外交事件一再被作为由头发酵,楚国几乎国无宁日,年年被秦国攻打,接连损失了数万人马,丢掉九座城池,将军景缺也兵败身死。

楚怀王忧心忡忡之际,秦昭襄王发来一封书信,大意为秦楚本是盟国,有秦晋之好,此前攻伐不过是记恨太子辱杀秦国重臣还不辞而别,如今秦楚不和则无以号令诸侯,故特邀楚王于武关相会,化干戈为玉帛。楚怀王游移不定,叫来群臣商议,会上,还是个半大孩子的王子子兰被秦国吓坏了,他苦苦哀求,对楚怀王说:"怎么好断了和秦国的关系呀!"靳尚等主张妥协的大臣也趁机极力撺掇。楚怀王听得心都乱了,一咬牙就信了奸臣小儿之言,无论屈原如何疾呼"秦国是虎狼啊!万万不可信任!万万不能出行!"也无济于事。

最终，楚怀王赴约。秦昭襄王将他软禁一年多，逼迫他割让土地。楚怀王虽然昏聩，但还有几分骨气，宁死也不答应，后来竟死在秦国。这或许是有史以来最屈辱的国君结局，最后，秦国将楚怀王的尸体送回楚国下葬。两国自此绝交。

楚怀王不在的时候，太子衡和一众奸臣执掌大权，屈原更被疏远。信而见疑，忠而被谤，屈原的心都要碎了，一滴滴血泪化作华美的辞章，将楚地的方言传说和中原的诗书礼乐结合，创作出凄美动人的诗体楚辞。和描写现实生活的《诗经》相反，屈原在现实中找不到希望，就转向浪漫的民间传说、祭词，借山精鬼怪、神仙美人来暗喻，他希望这些凄美的诗歌能让君王觉醒。然而收效甚微，反倒是楚国的百姓同情他，将这些诗传遍全国。

得知楚怀王客死他乡时，屈原悲愤交加，写下："湛湛江水兮，上有枫。目极千里兮，伤春心。魂兮归来，哀江南！"

明 文徵明 湘君湘夫人图

时间 前313—前278

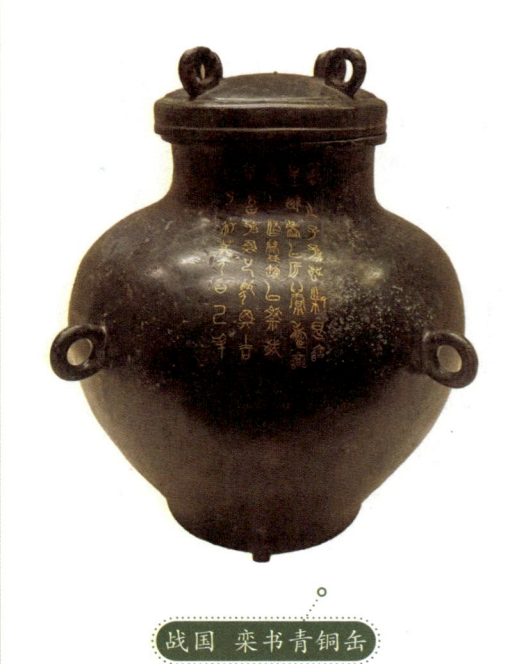

战国 栾书青铜缶

他多希望楚怀王魂归来兮，可惜这些诗传到被怪罪害死楚怀王的令尹子兰耳里，反而起了反作用，恼羞成怒的子兰向楚顷襄王（即太子横）进谗，结果，屈原被免职放逐，流放在楚地的滔滔江水间。

在流放途中，屈原写下大量诗歌，如《九歌》《九章》，等等。

此时的屈原披头散发，面容憔悴，常常一边沿着江水挪步，一边念念有词。渡江的老渔夫是个贤人，他认出屈原，惊讶地问："这不是屈大夫吗？您何以沦落至此？"屈原苦笑，回道："举世混浊而我独清，众人皆醉而我独醒，所以落得被流放。""难道您就没想过审时度势、韬光养晦吗？""您说得有理，可刚刚沐浴过的人尚且不能容忍衣帽沾有污秽，我屈原又如何能抱着聪明装聋作哑，忍心将一片丹心

奇珍异宝

楚辞

《楚辞》是中国文学史上第一部浪漫主义诗歌总集，它和《诗经》一样，是中国诗歌史的源头。因其运用楚地的文学样式、方言声韵和风土物产等，具有浓厚的地方色彩，故名《楚辞》。《楚辞》中以《离骚》为代表，因而《楚辞》也被称为"楚骚"。当然，屈原之后还有宋玉等多位诗人参与创作，如今的《楚辞》是他们的作品合集。

丢入浑浊的世间？若是那样，我还不如投入大江，葬身鱼腹！"老人叹了口气，不再劝说。

不久，屈原怀着悲愤的心情写了《怀沙》，当时正值夏日，草木莽莽，屈原的心里却没有半点儿生机，因为此时楚国已到朝不保夕的地步。

写罢，他抱着一块大石头，只身投入滚滚汨罗江中。这一天，正是农历五月初五。后来，人们为了纪念他和伍子胥，将这天演化成端午节。

元 张渥 九歌图卷·河伯

"登昆仑兮四望，心飞扬兮浩荡。日将暮兮怅忘归，惟极浦兮寤怀。"

风云人物

巧舌张仪

张仪早年曾在楚国某位令尹家里当门客。有一次，令尹丢了一块名贵的璧，怀疑是张仪所窃，把他抓起来打了个半死。张仪遍体鳞伤地回到家里，妻子心疼地说："你要是不出去谋官，哪里会受这种委屈？"张仪没有回答，张开嘴问道："我的舌头还在吗？""当然在。"张仪笑了："只要舌头在，就不愁没有出路。"

时间　前311—前265

20　赳赳大秦，天下来宾

> 穰侯智识，应变无方。内倚太后，外辅昭王。四登相位，再列封疆。摧齐挠楚，破魏围梁。一夫开说，忧愤而亡。
> ——《三家注史记·穰侯列传·索引述赞》

【人物】芈八子、魏冉、白起、范雎、秦昭襄王

【事件】武王举鼎、宣太后专政、白起破楚、远交近攻

> 一国之主举鼎而亡，幼弟登基，寡母主政，危局之下秦国不弱反强，东服韩魏，南征强楚，力挫齐国霸业。鲸吞蚕食，终成天下来宾盛况。

武王举鼎，太后主政

前几节中，秦昭襄王时常作为秦国的执政者出现，其实用秦昭襄王代表秦国是不准确的。因为他在位的大部分时间中，主持秦国政事的是他的母后宣太后（名芈八子，即影视作品中芈月的原型）及他的舅舅穰侯魏冉。

父亲秦惠文王去世时（前311），秦昭襄王没有继位资格，继位的是他的兄长秦武王。秦武王是个雄强的君主，胸有大志，他曾经对丞相甘茂感叹："有朝一日，若能打到三川，亲眼一窥周室领土，虽死无恨。"为此他积极发动对韩魏两国的战争，在位期间曾取得宜阳大捷，消灭韩军六万，逼得魏国派太子来朝。然而，秦武王有个癖好，喜欢拼力气。继位第四年

（前307），他和大力士孟悦比赛举鼎，一下受了重伤，不治而死。

秦武王意外死后，因为没留下儿子，燕国送回了当质子的秦武王异母弟弟，让他继位，是为秦昭襄王。开始时诸位公子多有不服，但芈八子和魏冉姐弟俩使出铁血手段，将有不同意见的大臣、公子全都处死，秦惠文王几乎绝后，这才稳定住局面。由于秦昭襄王还未成年，政事就由宣太后和魏冉主持，此后很多年里，秦昭襄王都只有部分权力。

宣太后可能是中国历史上第一位主政的女性，也是第一位被称为太后的女性，太后执政就是从她开始的。宣太后和魏冉虽然擅权，但把秦国治理得很不错，短短十年间，就先后平定了蜀地的叛乱，数次对楚国发起战争，甚至将楚怀王骗到秦国困死。

金属神兽摆件

知识充电

相位由来

相是春秋战国政治改革的产物，在春秋早期，相只是一种礼宾的小官。到齐景公时，齐国才设置左右相，帮助国君处理国家事务。到战国时，魏国最先设立了帮助国君管理国家事务的相，相由此成为"百官之长"，由于精练有效，各国纷纷效仿。秦国设相很晚，在商鞅时代还以大良造称最高辅臣，在秦武王时代才有了明确记载的丞相。

时间 前311—前265

两人把控了秦国三十多年，直到继位第三十六年，秦昭襄王才罢免相国魏冉，从太后手中收回权力。而在此之前秦国已经大败韩、魏、楚三国，一路打下了楚国的郢都，这也是屈原投江的原因。

5 破楚败晋，军神白起

秦宣太后和魏冉主政的三十多年里，秦国的成就主要在对外战争，这一连串胜利固然以强大的国力为根基，但也和领军将领白起密不可分，白起的军功履历，俨然就是秦国鲸吞蚕食的扩张史。

白起也称公孙起，出生在今天的陕西眉县以东，早年就以兵法闻名。秦昭襄王十三年（前294），魏冉一手举荐了白起，任命他为左庶长。此时秦国刚刚和楚国断交，正在大力扩张，目标和秦武王时代一样，是韩魏之地。白起初出茅庐，首战就顺利拿下新城。次年，白起接替向寿作为主帅，在伊阙对抗韩魏联军，这一战，秦军大获全胜，夺取城池五座，消灭韩魏军队的数量达到骇人听闻的二十四万。随后，白起追亡逐北，拿下魏国大大小小六十一座城池，因此奇功被封为秦国最高爵位大良造。次年，他又带秦军出战，拿下了魏国的垣地和楚国的宛地。正因这一系列战功，秦昭襄王十九年（前288），秦国才敢提出和齐国以西帝、东帝相称。

此后，秦国各路开花，连连胜利。向东夺下了魏国的河东之地，把黄河天险纳为内河；参与乐毅的五国合纵，在济水岸边击碎了齐国的霸业；向北

战国 透雕蟠螭纹铜镜

直击兵强马壮的赵国，夺取光狼城；向南由蜀地发兵攻下了楚国的黔中，粉碎了楚顷襄王合纵破秦的计划，楚国被迫割让上庸（治所在今湖北竹山西南）和汉水以北大片土地……如此这般，秦昭襄王继位二十七年（前280），秦已对诸侯形成蚕食鲸吞之势，如一只大手自关中而出，五指几乎握住天下。

秦昭襄王二十八年（前279），秦国转变重心，大举攻楚。白起率数万秦军沿汉江顺水而下，攻取沿岸重镇，掠夺无数粮草，出其不意地杀入楚国。这支军队所向披靡，长驱直入，一路打到楚国的陪都鄢城（今湖北襄阳宜城东南）。鄢城是拱卫楚国国都郢的军事重地。楚军深知秦军远道而来，不宜久战，故而坚守不出。双方僵持很长一段时间未见分晓。这时，白起发现夷水从楚西山长谷流出，一路向东南迤逦而去，若能引水攻城，楚国必败。于是，他令人在鄢城西边筑起大堤蓄水，再修长渠将水引向鄢城。完工后，白起下令开渠灌城，鄢城登时陷入一片汪洋，不久就颓然陷落。

占领鄢城后，白起命令秦军稍事休整，随后占领西陵（今湖北宜昌以西），截断郢都与西面巫郡联系。次年，秦军开始进攻郢都。由于鄢城已破，郢都失去重要军事屏障，又失去大批将士，短期之内根本无力组织起有效反击。秦军极为顺利地攻克郢都，将其划为秦国的南郡。楚顷襄王狼狈逃向东北方的陈（今河南省淮阳县），被迫迁都于此自保。大诗人屈原听到这个消息，悲愤地投江而死。

取得鄢郢之战胜利后，秦国占领楚国西部、长江以北大片土地。楚国向北扩张的势头被压下，此后只占有长江以南地区。

白起画像

时间 前311—前265

奇珍异宝

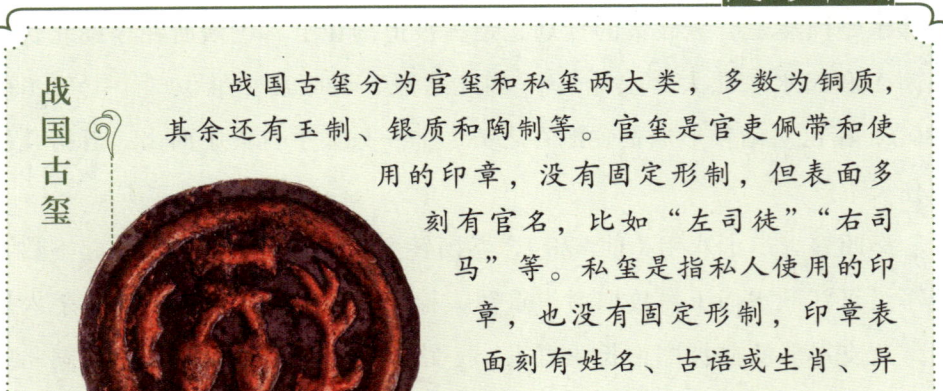

战国古玺

战国古玺分为官玺和私玺两大类，多数为铜质，其余还有玉制、银质和陶制等。官玺是官吏佩带和使用的印章，没有固定形制，但表面多刻有官名，比如"左司徒""右司马"等。私玺是指私人使用的印章，也没有固定形制，印章表面刻有姓名、古语或生肖、异兽等。

◀ 战国 巴蜀图符玺

公元前277年，秦军又夺取了楚国的巫郡和黔中郡，进一步打击和削弱楚国。楚国再也无力与秦国抗衡。但对于白起，这也只是军功簿上的一页罢了，后来，白起主战于三晋之地，为秦国扫清了入主中原的最后屏障，是秦国当之无愧的军神。

5 远交近攻，侵吞天下

执政三十余年，魏冉先后四次登上相位，又和白起关系莫逆，因而富可敌国，权倾朝野。但并非每个人都对这一现状满意，比如当了三十六年二把手的秦昭襄王。他暗中不断思忖，如何对付魏冉呢？

这时，一个谋士不远千里跑到秦国。这人叫范雎，是个魏国人，原本想在本国效力，不承想被魏国中大夫须贾诬告通齐卖国，被一顿毒打，靠装死才逃得性命。

死里逃生后，范雎失去了正面见人的身份，不敢居留魏国，于是一路辗转逃到秦国。

此时的秦国对外战争顺利，穰侯魏冉借机专权，凡是可能危及他地位的游说之士都被赶得远远的。范雎只好偷偷求人给秦昭襄王带话："秦国已经危如累卵了，只有我能使秦国转危为安。"但具体的计策他不敢传书给秦昭襄王，坚持要求面见。

这一套说辞秦昭襄王听得多了，他也没当回事，让人把范雎养在简陋的低级客舍，一年多没有搭理。范雎急了，只好冒险写了一封上书，托人带给秦昭襄王，书信中依旧没敢写具体内容，只是铺陈辞藻，告诉秦昭襄王，务必来见一面。

秦昭襄王有些好奇，就答应在离宫会面。一到离宫，范雎为了博得深刻的第一印象，装作不懂礼法，抬腿就往宫里闯。负责布置的宦官看了，大怒，喝道："没规矩，这是你能进的地方吗？！快出去，大王就要到了！"范雎戏谑一笑，大声道："秦国哪来的大王？秦国只有太后、穰侯罢了。"秦昭襄王远远听到了，面色一变，立即上前迎接范雎并向他致歉，然后喝退左右，恭敬地问道："先生有什么想教诲寡人的呢？"范雎听了，只回了两个字："唯唯。""唯唯"只不过是一种恭敬的应答罢了，类似现在的"嗯嗯"。秦王不明所以，于是再问，可反复三次，范雎都只肯说"唯唯"。秦昭襄王叹了口气，说："难道是寡人没有被赐教的荣幸吗？"范雎见时机到了，这才摇摇头，正色说："微臣不敢，然而古往今来，为人臣者都有交浅莫言深的道理。我今天不过是流浪之人，要说的却是事关大王的国家大事、骨肉至亲，微臣虽然有心效忠，却还不明白大王的心意。臣不怕死，只怕天下人看到我对大王尽忠反遭死罪而不肯再来秦国，长此以往，大王您甚至整个秦国都会处境危险。如果大王肯听，微臣虽死无憾！""先生说的哪里话？！上至太后，下至群臣，请畅所欲言！"

范雎这才点头，说："您知道穰侯要攻齐这件事吧，微臣以为……"范雎的口才极佳，短短几句就把魏冉攻齐的本意是扩大自己封地的私心揭发出来，认为这样劳民伤财，对秦国无益。真正对秦国有利的是攻打韩魏，这两国位于天下中心地带，又比邻秦国，争霸就应该从此入手。秦国可以先亲近韩魏以威胁楚赵，再从遥远且强大的楚国、赵国中选较强的一方联合，联合一旦达成，东方的齐国必然畏惧，制住了这三个大国，韩魏就是囊中之物。

秦昭襄王大喜过望，立即重用范雎，将重心转向韩魏，这套计策就是有名的远交近攻。范雎因此权势日长，见时机成熟，数年之后，范雎又以齐国的崔杼、淖齿之乱和赵国的沙丘之乱为例，劝谏道："'大其都者危其国，尊其臣者卑其主。'夏、商、周三代因此亡国的还少吗？如今朝堂之上都是穰侯的党羽，大王您却孤身一人，数代之后，执掌秦国的还能是大王的子孙吗？"秦昭襄王听得冷汗直冒，于是废掉了太后，拜范雎为相，将穰侯的印绶收回并把他驱逐出国都，秦国从此又由秦王主政。

听从范雎的谋略后，秦国兼并天下的步伐明显加速。

成语典故

一袍之恩

范雎以张禄为名做秦国相国，魏国人毫无所知。魏王派须贾出使秦国时，范雎隐瞒自己的相国身份，穿着破旧衣服去见须贾。须贾惊愕之余，与范雎攀谈起来。范雎说自己给人家当仆人。须贾怜悯他，请他吃了一顿饭，并送给他一件粗丝袍。范雎得知须贾来秦国的目的是会见"张相国"，请求和平，便说自己可以借来四匹马拉的车，带须贾去见"张相国"。范雎驾马车将须贾带进相府后，须贾才发现"张相国"就是范雎，吓得跪地求饶。范雎历数须贾的罪行，随后表示看在他送自己一件粗丝袍的分儿上，饶他不死。

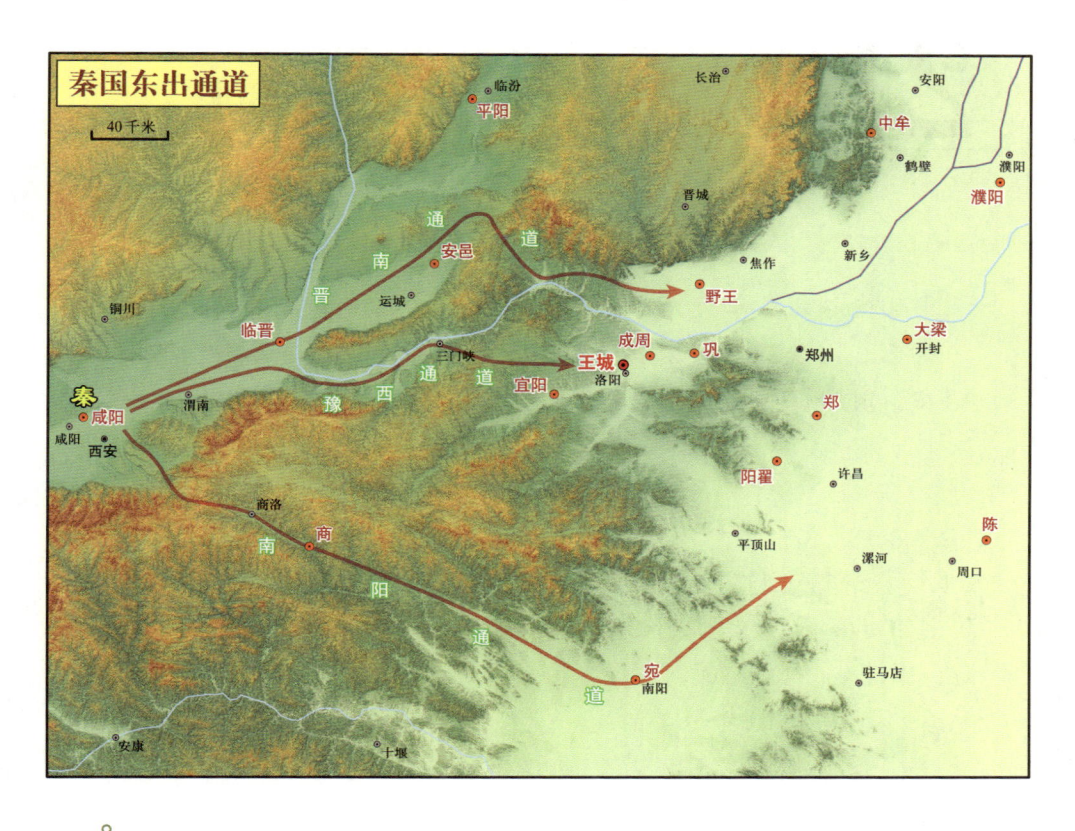

秦国东出路线图

在过去，进出秦国只有四个险要的关口：东面是函谷关，南面是武关，西面是散关，北面是萧关。秦国要向东吞并诸侯，同样受到山河所限，只有三条常用的通道，也就是地图上的三条红线。

居北的通道经过临晋、安邑在黄河北岸的山谷间行进，最终可到达韩国的野王，也就是今天山西省的南部，所以可以称为晋南通道。

居中的通道基本沿黄河南岸行进，可以一路抵达洛阳，也就是今天河南省的西面，所以可以称为豫西通道。

最南面的是从咸阳向东南，避开黄河穿过重重秦岭，抵达南阳盆地，所以又称为南阳通道。

时间　前299—前250

21　奋勇抗秦，六国余烈

> 且燕赵处秦革灭殆尽之际，可谓智力孤危，战败而亡，诚不得已。向使三国各爱其地，齐人勿附于秦，刺客不行，良将犹在，则胜负之数，存亡之理，当与秦相较，或未易量。
>
> ——《六国论》

【人物】秦昭襄王、赵惠文王、蔺相如、廉颇、赵孝成王、范雎、王龁（hé）、白起、赵括、毛遂、魏无忌、周赧王

【事件】完璧归赵、渑（miǎn）池相会、长平之战、毛遂自荐、窃符救赵、天子伐秦

远交近攻、鲸吞蚕食，战国四强变成秦国一霸。在秦吞天下的大势下，六国割地求安者有之，抵死力抗者有之，为虎作伥者有之。那是最残酷的时代，也是最精彩的时代，贤臣、良将、金戈、铁马，碰出大一统的曙光。

完璧归赵

远交近攻之下，齐国为虎作伥，楚国不敢入中原一步，韩魏割地求和，刚组建铁血骑兵的赵国成了抗秦主力，两国文争武斗多年，在历史上留下浓墨重彩的一笔。

周赧王十六年（前299），赵惠文王继位，凭着赵武灵王的遗泽，赵国兵马强大，人才济济，武将廉颇、赵奢都是一时名将。由于用人得当，继

位十七年间，赵国进一步强大，不断攻魏伐齐，吞并了魏国的伯阳等城邑，压得齐国不敢出头。

赵国崛起的势头引起秦国不安，为此秦国有了打压威慑赵国的想法。以什么为借口呢？恰好，楚国的宝玉和氏璧，流落到了赵国。于是，周赧王三十四年（前281），秦昭襄王派人送信给赵惠文王，说愿意用秦国的十五座城池换取和氏璧。赵惠文王犯了难："换吧，很可能得不到秦国的城；不换吧，秦军以此为借口打过来怎么办？"他想找人去回复秦国，但又不知派谁去合适。这时，有人推荐蔺相如。

赵惠文王接见蔺相如，问："秦王用十五座城换和氏璧，该不该答应？"蔺相如全面分析了一番后，建议"秦强赵弱，宁可答应秦国，对方若不守信，至少是他们理亏"，并表示"我愿意捧着和氏璧出使。换了城，就把璧留在秦国；换不来，我保证把和氏璧完好地带回来"。赵惠文王便派他出使秦国。

蔺相如到秦国，献上和氏璧。秦昭襄王非常高兴，将璧给大臣、妃子们看，却绝口不提换城一事。蔺相如心中一冷，说："大王，和氏璧虽好，但仍有一处瑕疵，我来指给大王看。"秦昭襄王相信了，把璧交给他。可和氏璧一到手，蔺相如就后退几步，背靠柱子，怒气冲冲地说："我看您根本无意补偿给赵国十五座城。如果您强行逼迫，我就把脑袋与和氏璧一起撞碎在柱子上！"

秦昭襄王慌了，忙说："你不要着急，我这就割让十五座城。"他命人拿来地图，胡乱划出一片地方。蔺相如才不信这一套，托词道："和氏璧是无价之宝，赵王非常看重，在我临行前，特意斋戒五天，举行隆重的送行仪式。如果您同样珍视，也应该斋戒五天，举行隆重的接受仪式，这样我才敢献上和氏璧。"

虎形青铜饰件

时间　前 299—前 250

秦昭襄王不敢硬夺，只好答应。可刚一回到驿馆，蔺相如就令手下化装成平民，带着和氏璧偷偷回到赵国。斋戒五天后，秦昭襄王在朝堂上设九宾之礼招待蔺相如，等他献上和氏璧。可蔺相如却两手空空。秦昭襄王脸色难看，问："和氏璧呢？"蔺相如说："自秦穆公以来，秦国的二十多位国君，没有一个守信用。我实在担心被大王欺骗，就派人把它送回赵国了。不过，您只要先划给赵国十五座城，赵国马上就会送来和氏璧。如今秦强赵弱，您真的给了城，赵国怎敢留下玉璧？我知道，欺骗大王之罪当死，请大王随意责罚。"

蔺相如像

奇珍异宝

和氏璧

春秋时期，楚国有个人叫卞和。他在荆山发现一块璞玉，将其先后献给楚厉王、楚武王。两代楚王都让玉匠鉴别，可玉匠看着璞玉粗糙的外表，都说这是一块普通的石头。于是楚厉王、楚武王均认为卞和是个骗子，气得命人砍去了卞和两只脚。楚文王继位后，卞和抱着璞玉在荆山脚下哭了三天三夜。楚文王派人询问，卞和说："我不是哭自己失去双脚，而是哭宝玉被当成石头，忠贞之人被当成骗子。"楚文王命人剖开那块璞玉，发现这果然是一块珍世之宝，遂把它命名为和氏璧。围绕这块宝玉产生了三个成语：价值连城、完璧归赵、白璧三献。

秦昭襄王和大臣们面面相觑，想了好半天，秦昭襄王才说："现在杀了他，也不能得到和氏璧，反而会坏了秦国名声，激起两国矛盾。不如好好招待他一番，先送他回去吧！"

蔺相如安全回到赵国，因功被任命为上大夫。最终，秦国没割让十五座城，赵国也始终没献出和氏璧。

5 渑池相会

和氏璧事件，秦昭襄王没能如愿，一直耿耿于怀，连续两年派兵攻打赵国，但此时秦国主力都在攻楚，不宜和赵国关系太僵，于是周赧王三十六年（前279），秦昭襄王邀请赵惠文王到渑池会盟，实现两国友好。

此时，两国休战已是共识，但在会盟中，秦昭襄王有意打压赵惠文王。于是，在举行酒宴庆祝结盟成功时，秦昭襄王别有深意地邀请赵惠文王："听说您喜欢音乐，请弹一曲助兴吧！"赵王不好推辞，便弹起了瑟。一曲完毕，秦昭襄王令史官记录："某年某月某日，秦王与赵王会盟饮酒，命赵王弹瑟。"

赵国人的脸色都很难看，一同出使的蔺相如立刻走上前去，献上一个盆缶，对秦昭襄王说："听说大王善于演奏秦曲，我献上盆缶，请您演奏一段，互相娱乐助兴。"秦王一口拒绝。蔺相如面色一冷，说："如果您不肯敲缶，在这五步距离内，我能把颈项的血溅在您身上。"秦昭襄王的侍从要拔刀冲上来。蔺相如大声喝道："我看谁敢！"侍从们都吓得后退。秦昭襄王见此，不好硬来，只好装模作样敲击了一下盆缶。蔺相如见了，立即对赵国史官说："快记录！某年某月某日，秦王为赵王击缶。"

秦国大臣想继续刁难，当场提议："你们赴约而来，应该聊表心意，请送上十五座城，作为结盟献礼。"

蔺相如毫不客气地反击道："那也请秦王表示诚意，把咸阳送给赵王，作为结盟之礼。"如此这般，直到酒宴结束，秦国都没占得丝毫上风。

时间　前299—前250

结盟之后，秦昭襄王心有不甘，准备趁赵国不备劫持赵王。但他很快得知，赵将廉颇早已调集大军部署在边境。秦昭襄王只好从大局出发，遵守与赵国和平相处的盟约。

在这次会盟之后，赵惠文王将蔺相如任命为上卿，职位在大将廉颇之上。廉颇不服气，扬言说："我为国家浴血奋战，立下过汗马功劳。他蔺相如动动嘴皮子，竟然比我官职还高？要是遇到他，我一定当面羞辱他。"蔺相如得知后却好像吓坏了，上朝时就谎称有病，出门远远看见廉颇的车马也绕道而行。

廉颇得知后越发得意，而蔺相如的门客们却气坏了，纷纷跑去质问蔺相如："您位高权重，为何如此胆小？"蔺相如叹了口气，反问这些门客："你们觉得廉将军可怕还是秦王可怕？"

"当然是秦王可怕！"门客们不假思索。蔺相如点点头，又说："可就算是这么威风的秦王，我蔺相如也敢在朝堂呵斥他，羞辱他的群臣，怎么偏偏会害怕廉将军？诸位啊，强秦不敢欺凌赵国不过是因为我两人俱在罢了，若两虎相争，岂能两全，大丈夫应该以国家为先，怎么能总把私人恩怨摆在前面？"这番话传到廉颇耳里，耿直的廉颇羞愧不已，立即脱下战

寻珍异宝

秦国邽县图

甘肃省天水市麦积区放马滩一带出土了七幅木板地图。地图绘制时间大约在公元前316年—公元前299年，即秦惠文王和秦昭襄王执政时期。其中，邽（guī）县图属于政区图，描绘出秦国邽县境内地形、水系、山川、聚邑、道路等，图中不少地名、水名、山名和关隘名都是首次出现。

负荆请罪 塑像

袍，背着一大捆长满尖刺的枝条，亲自去蔺相如府上请罪。

蔺相如见廉颇如此耿直，赶忙将他搀起，一笑泯恩仇。最终，两人成了生死与共的好友，负荆请罪也传为一时美谈。

5 虎父犬子

秦国与赵国几番交锋，并未占到明显便宜，然而，随着远交近攻之策得到推行，秦赵的盟约注定无法长久。因为此时赵国名将多，兵力强，是东方六国中唯一有实力与秦国对决的。

周赧王四十六年（前269），秦中更（秦国爵位）胡阳率军越过韩国，试探性地进攻赵国，围困了重镇阏与。阏与位置重要，但离赵国核心很远，一路都是高山峻岭。赵惠文王于是叫来众将商议，名将廉颇、乐乘都认为道路狭窄遥远，风险太大。只有出身于小吏的将军赵奢认为狭路相逢勇者胜，可以一试。赵惠文王不想放弃阏与，就任命赵奢领兵出征。

时间 前299—前250

赵奢领兵,没有一步按常识来走,刚一出发就下达军令:"敢对军令有建议的,处死!"令下,大军浩浩荡荡开出邯郸三十里,在武安城西发现了一股秦军。这股秦军驻扎在武安城外,整日敲鼓示威,声势之大连武安城的瓦片都随之颤动。但赵奢看出这是虚张声势,连斩数名建议救援武安的军官,随后安营扎寨,修筑营垒,一待就是二十八天。秦国摸不清门路,就派人过来刺探,赵奢故作不知,大大咧咧地将这人好生招待一番,军队布置也不设防。间谍回到军营,如实相报,秦将听了喜上眉梢,断定赵奢没有救阏与的意思。

谁知间谍刚走,赵奢立即整顿三军,精选善射的精锐骑兵两天一夜急速行军,神不知鬼不觉地来到阏与城外五十里处,等到秦军发觉,赵国人已经修好了防御工事。秦军无奈,只得立即调动人马,赶来迎战。赵奢没有急着出击,而是整顿军马严阵以待,一面缓缓消耗秦军的锐气,一面派出几万人马以迅雷之势占据了优势地形北山。等秦军反应过来时,北山已经完全被控制,赵军骑兵自上而下,将秦军冲得七零八落,狼狈而逃。这是强秦几十年没有遭到的重挫,赵奢因此声威大振,被封为马服君,地位和廉颇、蔺相如相当。

受此挫折,秦军将重点放在韩国,八年里蚕食鲸吞,夺取了韩国的少曲、高平等大片土地,逐步逼近了范雎勾画的三分韩国战略。周赧王五十三年(前262),秦昭襄王派大将白起占领韩国的野王(今河南沁阳),彻底将韩国东方的上党郡和韩国主体分开,韩桓惠王不敢出兵营救,准备献出上党求和。但上党军民誓死抗秦,不愿接受割地命令,于是上党郡守将境内的十七座城献给赵国,向赵国寻求庇护。

此时,赵惠文王已去世四年,赵孝成王执掌赵国。他贪图小利,欣然接受,为了防止秦国反扑,赵孝成王命令大将廉颇镇守长平(今山西高平西北),以备不虞。得知消息,秦昭襄王大为光火,派王龁率秦军杀向长平。

廉颇试探性地和秦军接战数次,都不利而还,于是他转变策略,依据长平地势筑起围墙,严防死守、坚壁不出。秦军顺利的攻势一下被阻止,

战国 镶嵌绿松石错金带钩

数次攻打都只是白白损失人马,派人挑战廉颇,廉颇又坚决不出兵,眼看粮草压力越来越大,秦将王龁气得无计可施。

然而,当时的赵国已不比赵惠文王时期了,人才青黄不接,相国蔺相如重病无法主持局面,马服君赵奢也已经过世。战场上靠着老将廉颇还能支持,朝堂上却一塌糊涂。因此赵国昏着儿连出,放弃和楚魏缔约,反而派人携带重金向秦国求亲。结果秦国厚待使臣,将赵国求亲一事广而告之,楚魏等国收到消息,彻底绝了和赵国联合的打算。眼看赵国内政水平下降,范雎献上一计,派人向赵孝成王散布流言:"廉颇老了,容易对付,秦国最怕的是赵奢的儿子赵括。"

赵孝成王正因为赵军数战不利不满,听到流言,居然信以为真,起用赵括替代廉颇为统帅。赵括倒不是一般的纨绔子弟,自幼熟知兵法,但没多少实战经验。得知此消息,秦昭襄王也临阵换将,暗中以王龁为副将,秘密将主帅换成了军神白起。

赵括初上战场,根本没注意到对方走马换将,而是立即改弦易辙,准备主动出击。白起经验丰富,没有按赵括滚瓜烂熟的理论和他玩排兵布阵,反而命令部队佯装败退。赵括不明就里,依旧使出兵书上的厉害阵型猛攻,一直冲到秦军壁垒。因为有工事阻拦,赵括一时攻打不下,正想再做变化,后方突然传来消息——白起预先布置的两万五千奇兵已然切断赵军后路,另有五千骑兵割断了赵军营地和前军的供给路线。赵军于是一分为二,粮

时间 前299—前250

道断绝。被孤立的赵军内无粮草，外无援军，多次突围都连遭失败。赵括被迫下令全军停止进攻，就地建造壁垒，转入防御。赵王听说后也慌了，急忙向齐国、楚国求援，请求帮忙运送粮草。但秦昭襄王更加果断，下令河内地区十五岁以上的男子全都开赴长平，专门负责阻拦赵军救兵及运粮。

战事拖到九月，赵军已断粮四十六天。一批批士兵饿死，还有士兵互相残杀而食。走投无路的赵括孤注一掷，将剩余人马分成四部分，轮番冲击秦军，但突围仍然没成功。赵括亲自冲锋鼓舞士气，反而被秦军乱箭射杀。

主将死后，剩余四十万赵军全部投降。为歼灭赵军有生力量，白起命令将尚未成年的二百多战俘释放，将其他战俘全部就地活埋。这一战，赵军损失四十五万人，秦军也伤亡过半，规模为春秋战国之最。

大战之后，武安君白起分兵三路，拿下赵国武安、皮牢、上党等地，眼看就要围困邯郸灭亡赵国。这时韩魏两国非常担忧，就重金派出说客对范雎说："赵国如若灭亡，秦王将成就天子之业，到时武安君可是第一功臣，您如何自处？"范雎面色一变，白起本来就和魏冉关系好，而他却是踩着魏冉当上相国的。为此，范雎力劝秦王休养士兵，稳妥行事，允许韩赵两国割地求和。于是赵国暂时得以保全，白起则恨上了范雎。

成语典故

纸上谈兵

赵括从小研习兵法，谈起用兵打仗头头是道，连父亲赵奢都无法驳倒。但是，赵奢并不认为儿子有多出色。赵括母亲觉得奇怪，追问其中原因。赵奢担忧地说："打仗是生死攸关的大事，儿子却谈得如此轻松，这太不妥当了。虽然他熟读兵法，却没任何实战经验，只知道纸上谈兵。将来，他如果真的率军打仗，只怕会遭惨败啊！"

虽然没有一战而就，但长平之战仍是秦国争天下的分水岭，赵国遭到致命打击，国内青壮男子几乎死绝，再无力抗衡秦国。秦国吞灭六国、一统天下的坚实基础已然确立。

5 毛遂自荐

祸不单行，惨败长平之后，青壮年的损失是赵国短期无法弥补的，这使赵国一下跌下了军事强国的宝座。长平之战第二年，秦国因赵国违约不割城再次发兵攻赵。赵国抵挡不住，陷落了三十多座城池，都城邯郸岌岌可危。这次出征，将军白起却并不看好，觉得秦国此前伤亡也很大，难以支撑这种劳师远征的大战，一旦速战不决，赵国得到诸侯派兵相助，秦国反而会大败。秦王坚持发兵，白起因患病无法出征，秦王只好让王陵去打，结果邯郸军民坚守，王陵先后折损了五员部将也没打下。白起已病愈，秦王就去请白起接替王陵，但白起称病推辞，秦王请不动他，只好改派王龁统率军队。

就在秦军走马换将之时，白起的判断应验了，周赧王五十七年（前258），赵孝成王无计可施，将平原君赵胜找来，派他出使楚国求援。

赵胜以贤明著称，是赫赫有名的战国四公子之一，手下养了很多能人异士。此行任务艰巨，平原君决定选上二十个门客，作为自己的参谋团。可选了一遍又一遍也只挑出十九个还算合格，眼看要放弃时，一个陌生门客拦住了平原君的去路："我叫毛遂，已经在您门下三年了，想与您一同出使楚国。"

平原君心里没看上毛遂，就用暗语打发他："我听说有才华的人就像锥子，放在袋子里，是一定会露出锋芒的。您在我府里待了三年，我都没听人说过您的名字，恐怕是因为您才能有所欠缺吧！"毛遂也不生气，笑着说："那就请您今天把我放入袋中试试！要是我毛遂早前能被放在袋子里，您见到的恐怕还不止一点儿锋芒呢！"平原君觉得有些道理，就带上毛遂

时间　前299—前250

彩绘乐舞图鸳鸯形漆盒

突围出城，悄悄赶往楚国。

到楚国后，楚考烈王只接见平原君一人，让其他门客在殿外等待。平原君反复和楚王说合纵的好处，从早上谈到中午，还没结果。毛遂急了，手握剑柄走入殿内，问平原君："联合抗秦一事，三言两语就能说明白，为何谈到现在还没眉目？"楚考烈王大怒，喝道："退下！我和你主君说话，有你插嘴的份儿吗？"毛遂面不改色，反而按着剑柄走得更近，厉声对楚王说："大王敢呵斥我毛遂，不过是仗着人多势众罢了，现在你我相距不出十步。在这十步之内，楚国有再多人也护不住你！我真是替大王可悲，楚国有方圆五千里的江山，雄兵百万，这等称霸一方的资本却被一个白起小子用数万兵马大败，郢都被攻破，您历代祖宗的灵庙都被侮辱殆尽，这等血海深仇我赵国都替您蒙羞。您难道真当两国合纵全是为了赵国私利？这是在为楚国雪耻！"楚考烈王羞愧不已，攥紧了拳头，对毛遂说："要真能为楚国雪耻，寡人愿动用举国之力。"

毛遂又上前一步逼问："联合之事确定了吗？"楚考烈王答："确定了。"毛遂这才满意地转身，让楚考烈王的左右随从拿来盛着鸡血、狗血、马血的铜盘，双手托盘，跪地献上。楚考烈王、平原君、毛遂依次在大殿歃血为盟，礼毕，毛遂才把装着血的盘子举到随行的其余十九人面前，说：

风云人物

战国四公子

战国后期，为应对日渐强大的秦国，其他各国都礼贤下士，广招宾客，四处网罗人才，形成一股养士之风。此时的士，包括学士、方士、策士、术士与食客等人。以养士著称的有魏国信陵君魏无忌、赵国平原君赵胜、楚国春申君黄歇、齐国孟尝君田文，合称战国四公子。

"你们这些人不过是因人成事罢了，就在大殿下歃血吧！"十九人想起先前对毛遂的嘲笑，全都低下了头。

结盟之后，楚国派春申君整点人马，即刻开往赵国，魏国见状也准备了十万人马整装待发。

平原君看着毛遂，郑重地向他道歉，说："先生之才赵胜领教了，我赵胜再也不敢妄谈天下士人了！"

5 窃符救赵

解除邯郸之围，既有楚国援军的功劳，也有魏国援军的功劳。楚国援军是平原君带毛遂等人去求来的，而魏国援军，则更费了一番周折。

原本，楚王答应歃血为盟以后，魏安釐王也知道赵国危急，立即准备了十万兵马交由晋鄙统领。军队正要开向赵国时，却突然迎来了秦王的使者，使者转达了秦王的原话："寡人攻打赵国，片刻之间就可以拿下，诸侯中谁敢去救，拿下赵国后，寡人势必调动人马，先行将其击溃。"魏安釐王吓坏了，不敢出兵，又不好言而无信，就派大将晋鄙率十万魏军驻守在邺城（今河北临漳县西），一直按兵不动，观望局势发展。

时间　前299—前250

平原君心急如焚，却也不好指责魏王，恰好他的夫人是魏国重臣信陵君魏无忌的姐姐。平原君便以私人名义送信责备信陵君："当初，我愿意与你结为姻亲，是因为你义气高尚。如今，赵国即将灭亡，魏军却迟迟不肯相救。就算你不在乎我的性命，难道也不在乎你姐姐的吗？"

信陵君被说得羞愧难当，只好一次次去求魏安釐王发兵，还发动手下的三千食客，把各种劝说的招数都用遍了。可魏安釐王坚决不同意。求兵无望，信陵君觉得在道义上无法交代，就准备率门客们以个人的名义前往救赵。他很快组织起一千多人的队伍，凑起一百多辆战车。这点儿兵马，不过是聊胜于无。

信陵君率队伍经过城门时，和曾经厚待过的小吏侯嬴告别。侯嬴不是一般的小吏，而是位大隐于市的贤人，当时已经七十多岁了。信陵君满以为侯嬴会给他点儿指示，不承想侯嬴表情特别淡漠，说："公子加油，老臣就不跟你一起了。"

信陵君大失所望，走出数里越想越气，竟然下令折返，打算好好说上几句。不想侯嬴却正笑着等他："我早知道公子会回来，您竟然想带这点儿人去挑战秦军，这和用肉打虎有什么区别？"说罢侯嬴给信陵君出了个主意——盗窃魏王的兵符，骗魏军出征。

可兵符这等宝物魏王保管在卧室之内，如何能得到呢。侯嬴建议信陵君去求最得魏王宠爱的如姬帮忙，因为信陵君曾为如姬报过杀父之仇。

果然，如姬得知信陵君遇到危急事，毫不犹豫地帮

迷盉

他盗取了兵符。信陵君拿到兵符，又准备出发。侯嬴又拦住他，让他带上杀猪的大力士朱亥。信陵君不解其意，侯嬴说："晋鄙不是泛泛之辈，将在外军令有所不受，不可不防。他见到兵符后，如果肯听从您调遣，那最好不过；如果他不肯听从您调遣，就只能命令朱亥击杀他。"

信陵君迅速赶到邺城，取出半块兵符，正好与晋鄙手中另外半块严丝合缝。不过，虽然兵符验证无误，但晋鄙仍然满腹疑虑，表示要报请魏王才肯交出兵符。信陵君使了个眼色，朱亥突然冲出来，举起四十斤铁锤，一下锤死了晋鄙。信陵君强夺兵权后，颁下一道军令："父子都在军中的，父亲回去；兄弟都在军中的，哥哥回去；独子从军的，立刻回家奉养父母。"

经过一番精挑细选，原先十万魏军变成八万精兵。信陵君率这支魏军迅速赶往邯郸。

与此同时，春申君率楚军也赶到了。三国联军形成合围之势，王龁数战失利，形势非常危急。

白起得知后愤愤不平，在家中议论："大王不听我的建议，如今怎么样？"秦王听到这话，大怒，强行命令白起挂帅。白起深知战争形势，托病坚持不接。形势也恰如白起的判断，诸侯联军攻打之下王龁左支右绌，每天都派使者来求援。秦昭襄王恼羞成怒，一面加派士兵，一面将白起贬为士兵，流放阴密。趁此机会，范雎向秦昭襄王进谗，说白起面有不快。秦昭襄王忌惮白起的军事能力，一狠心派人追上白起，赐下一柄宝剑命他自杀。

望着雪亮的长剑，白起仰天长叹："我白起有什么罪过，竟落得这般下场？"良久，他又叹息一声："我的确该

战国 王命传青铜虎节

时间　前299—前250

> ### 知识充电
>
> **虎符**
>
> 虎符为古代君王授予臣属兵权和调发军队的信物。铜制，虎形，分左右两半，有子母口可以相合。右半符留存在君王手中，左半符在统兵将领手中。君王如果派人前往调动军队，就需派人带上右半符，持符验合，军将才能听命而动。否则，除君王亲临现场，任何人都不得调动一兵一卒。

死。长平之战，几十万赵兵投降，是我欺骗并坑杀了他们，凭这件事我就该死。"说罢挥剑自杀。白起死后，秦军很快败退，邯郸之围最终消解。

白起去世这一年，是周赧王五十八年（前257），秦昭襄王和范雎没有因所为后悔，但秦国百姓忘不了白起百战百胜的功绩，各大乡邑都为他焚香祭祀。

5 侵吞二周

攻取邯郸虽败，但主要原因是战术问题，短暂养精蓄锐之后，秦国又将重点放在离本土较近的韩魏两国，很快就捷报连连了。周赧王五十九年（前256），秦国出兵攻打韩国，夺取了阳城、负黍，消灭韩军四万。同年又出兵攻赵，夺取二十余县的土地，消灭赵军九万。

随着韩、赵、魏三国的败退，历史出现了一个有趣的插曲，早已失去实权的周赧王铤而走险，以天子身份参与合纵。

周赧王以前，周王虽然王畿狭小但好歹能代表周室，但到周赧王时，本来已经很小的周王室还发生了内乱，分裂出东周公和西周公两个"管家"，周赧王暂居西周公管辖的洛邑，到此时，周赧王所在的周王室只剩下三四十座城池和三万多人口。此时，列国都已称王，天子几乎是一个推来挡去的政治筹码，能够存续完全是基于政治意义。

不仅如此，周王室的财力也非常有限，养不起大规模的常备军队了。但既然是参加合纵，总得有一支军队。周赧王见国库空虚，无力购买军备，便向一批经商的富户借钱，承诺灭秦之后许以丰厚战利品。富人们纷纷慷慨解囊，凑起一大笔钱财。

奇珍异宝

虎座凤鸟漆木架鼓

楚国人将凤鸟视为至高无上的神鸟，因此在楚国的很多古物宝器上常会见到凤鸟的造型。这是一件以虎为座、凤鸟为架的悬鼓，出土于湖北江陵地区的楚国贵族大墓。两只凤鸟昂首长啸，两只猛虎则蜷卧脚下，似在突出凤鸣九天以壮声威的艺术效果。

时间 前299—前250

豕尊

  好容易招兵买马之后，周赧王任命西周公为统帅，率五千士兵出发，前往赵国伊阙（今河南洛阳市南）与其他诸侯军队会合，试图阻断秦国和阳城的联系，保障王畿安全。

  没想到，只有楚国、燕国派军队，总计不过几万人，其他国家都没派军。区区几万人马，如何战胜秦国虎狼之师？西周公一行在伊阙等了三个月，没能等来一支兵马，只好灰溜溜撤军。

  西周公率军回去后，那些借出银两的富人拿着契约聚集在王宫门前讨债。周赧王懊悔不已，又无计可施，只好在深宫里找了个高高的台子躲在上面，眼不见为净。商人们见了都将那高台讽刺为债台，直到今天，还在用"债台高筑"形容欠债很多。

  一番闹剧之后，周赧王吓坏了，准备逃向韩国和魏国。西周公劝他说："看来，秦国早晚都会吞并六国，韩魏两国不久便会败亡，您又何必到那时再受屈辱呢？不如直接投降秦国。"

  经过一番思想斗争，周赧王同意投降秦国。他率领一班王室成员和西周公等人，去向秦国俯首称臣。秦昭襄王将周赧王降封为"周公"，让他居在梁城。周赧王当了快六十年天子，年事已高，又连续奔走于周、秦、

风云人物

春申君

春申君名为黄歇。在获封吴地之后，黄歇命人疏通河道，筑起堤坝，大力整治当地一条经常泛滥的河水，造福了千万百姓。为纪念他，人们将这条河称作春申江，简称申江。今天的上海就是其封地的一部分，上海又简称为申，就是因为春申君。

梁等地，经不起一路劳顿，到梁城一个月不到就病死了。秦国不费吹灰之力吞下了周王室的一半领土，得到了象征天下的九鼎。

公元前250年，秦庄襄王继位。他发动战争，又轻松攻取了周王室的另一半领土。延续八百多年的周朝就此灭亡了，讽刺的是，这件大事在当时已经没有多少轰动性了。

战国 青铜冰鉴

地图专题 长平之战

意义：战国时秦国大败赵国的战役，赵国从此国势衰落。

作战方：秦将白起、王龁所率的秦军主力；廉颇、赵括所率的赵军主力。

背景：秦国迅速崛起，远交近攻，拉拢远方的强国齐楚，将作战重点放在邻近的韩魏等国。

透过地图说历史：

长平之战，对秦国和赵国而言都是国运之战。此时秦国远交近攻，逼得韩魏两国割地求和，所控制的土地已经深入原来的晋国腹地，眼看就要来到赵国领地，秦赵的冲突趋势已经越来越明朗。

长平之战的导火索是秦昭襄王四十五年（前262）的白起攻韩，也就是地图上靠下的红线。这一次韩国的野王沦陷，野王向北可以进入一片山间谷地，这里就是韩国的上党郡。野王失守，上党其实已经和韩国完全割裂，所能依靠的只有隔着太行山的赵国，所以绝望无助的上党郡守冯亭请求归附赵国。

从地图可以看出，在上党东方的太行山脉非常雄伟，上党到赵国腹地赖以通行的只有虚线所示的几条山道，而大战发生的长平，更是一个山间隘口。所以赵国接手上党也是风险很大的行为，不仅不利于控制，而且一旦后路被断，派出的军队就成了囊中之物。这也是赵括四十万大军战略失误后迅速崩溃的原因。

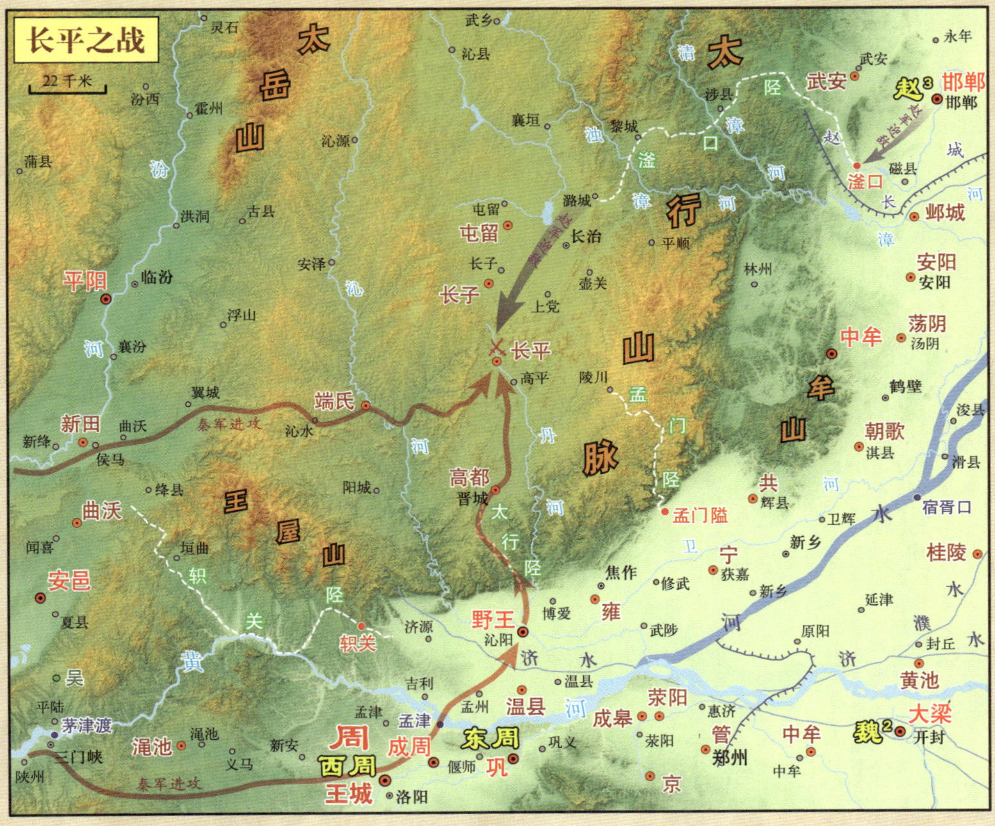
长平之战
22千米
太岳山
太行山脉
王屋山
牟山
秦军进攻
秦军进攻
长平
长子
屯留
高都
晋城
端氏
野王
沁阳
温县
东周
巩
西周
王城
洛阳
成周
周
轵关
安邑
曲沃
新田
平阳
临汾
邯郸
赵
魏
大梁
开封
武安
滏口
邺城
安阳
荡阴
汤阴
中牟
朝歌
淇县
共
辉县
宁
获嘉
雍
孟门隘
宿胥口
桂陵
黄池
荥阳
成皋
管
郑州
京
渑池
茅津渡
三门峡
陕州
平陆
吴
夏县
闻喜
侯马
新绛
曲沃
绛县
垣曲
济源
吉利
孟津
孟州
偃师
巩义
温县
焦作
修武
博爱
武陟
新乡
卫辉
延津
原阳
封丘
滑县
浚县
鹤壁
林州
平顺
壶关
上党
高平
陵川
长治
潞城
黎城
襄垣
沁县
武乡
涉县
磁县
永年
灵石
汾西
霍州
蒲县
洪洞
古县
沁源
安泽
浮山
襄汾
翼城
沁水
阳城
义马
新安
惠济
汾河
沁河
丹河
浊漳
清漳
黄河
济水
卫河
濮水
长城
滏口陉
孟门陉
太行陉
轵关陉

时间 前259—前237

22 少年秦王，扬威天下

> 以秦之强，诸侯譬如郡县之君。臣但恐诸侯合从，翕而出不意……愿大王毋爱财物，赂其豪臣，以乱其谋，不过亡三十万金，则诸侯可尽。
>
> ——《史记·秦始皇本纪》

【人物】吕不韦、嬴异人、嬴政、李斯、尉缭

【事件】奇货可居、嬴政亲政、诛灭嫪毐（lào ǎi）、不韦迁蜀、间金之策、修郑国渠

一个眼光独到的商人，一次充满风险的投资，为一位千古帝王铺下了成长道路。少年嬴政奋六世之余烈，选贤臣、除奸党，雄才大略、冷酷无情，最终"振长策而御宇内""履至尊而制六合"……

落魄公子，奇货可居

秦昭襄王在位五十六年，将秦国打造成天下诸侯宾服的超级强国后，他本人也时日无多了。为此，有心人纷纷将心思放在秦国的继承人上，其中最有眼光的是吕不韦。

吕不韦原本是个大商人，来赵国邯郸做生意。他走在路上，遇见一个穿着秦国服饰的公子，非常落魄，赵国贵族见了，都恨不得向那人吐口水。吕不韦很好奇，一打听才知道那人姓嬴名异人，是秦昭襄王的孙子。秦昭

襄王有二十多个孙子，异人排行又居中，所以不受重视，他出现在邯郸是因为被派来当质子。质子其实就是两国外交盟约的抵押，由于秦国屡屡违约攻打赵国，异人在赵国的日子就可想而知了。

战国 错金银铜豹镇

这么个落魄王孙有什么用？大商人吕不韦不这样想，他认为异人不仅有用，而且是能翻利万倍的珍奇货品。于是他亲热地去求见异人，开门见山地说："我有办法光大你的门楣！"异人不认识吕不韦，不感兴趣地说："您还是多费心光大自家门楣吧！"吕不韦摇摇头，认真地说："等您光大门楣，我家的门楣自然会光大。"异人听出吕不韦话里有话，赶紧请他坐下深谈，这才明白了吕不韦的打算。原来异人虽然在秦昭襄王的孙辈里非常一般，但他的父亲安国君是秦昭襄王指定的太子，安国君最宠爱华阳夫人，可她却生不出孩子，如果能搭上这根线……

如何搭上华阳夫人呢？吕不韦觉得首先要有名声。一番精心策划后，吕不韦拿出一大笔钱财，一半交给异人，作为他在赵国日常生活和结交宾客的费用，为他打造"有身份""贤明"的良好名声；一半用于购买珍奇珠宝，由吕不韦带着它们去秦国四处游说权贵，为异人造势。

眼看准备得差不多了，吕不韦使出撒手锏。他买下巨量珍奇珠宝献给华阳夫人的姐姐，只求她给华阳夫人传一段话。华阳夫人的姐姐高兴地答应了，一进宫就寻机劝说妹妹："你也年纪不小了，姐姐得劝你一句，用美色讨人欢心的，等到年老色衰，恩宠一定会消减，你又偏偏没有儿子，以后可怎么办？要我说，你不如趁机在太子的儿子里挑一个贤明孝顺的收为养子，推举他为嫡子继承人，把他当亲儿子养大，将来这孩子继位能不感激你吗？到时候就算你老了也一样荣华富贵。"这番话正说在华阳夫人心里，姐姐见事情有门，赶紧顺水推舟地推荐了贤明孝顺的异人。华阳夫人知道异人的母亲不受宠，不可能威胁到自己，觉得很稳妥，回去就把想法告诉安国君。安国君满口答应，对异人另眼相看，还特意刻制一枚玉牌，约定立异人为嫡子继承人，委托吕不韦捎给远在赵国的异人丰厚财物。吕不韦知道事情成了，为了稳妥起见，又把宠爱的女人赵姬献给异人。

几年过去，秦军围困邯郸，赵孝成王一度想杀掉异人泄愤。在危急关头，吕不韦重金收买守城官吏，带着异人偷偷离开邯郸。他们历尽千辛万苦，最终回到咸阳，得以和华阳夫人见面。为了留个好印象，吕不韦精心选来楚国的服装让异人穿上，华阳夫人一见，眼泪都要掉下来，又惊又喜地说："我就是楚国人啊，这说明咱们有母子缘分。"由此，华阳夫人更加喜欢异人，很快就举行仪式，收异人为养子。为了示好华阳夫人，异人连名字都改为子楚。

子楚回到秦国五年多，秦昭襄王就去世了，安国君继位，即秦孝文王，华阳夫人成为王后，子楚成为太子。不过，秦孝文王登位三天就去世了。于是子楚直接继位，即秦庄襄王。

秦庄襄王非常感激吕不韦，任命他为相国，封文信侯，又将洛阳十二个县作为其封邑，并以十万户的食邑供他享用。

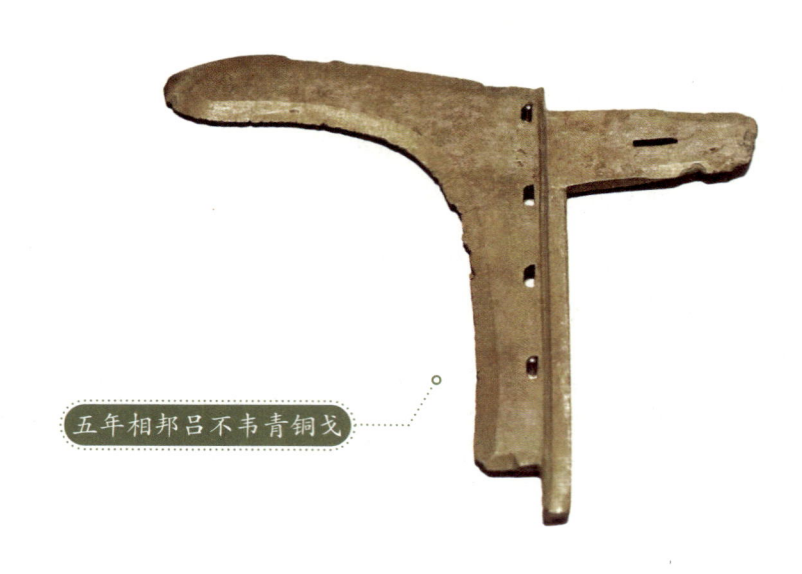

五年相邦吕不韦青铜戈

秦庄襄王在位也很短暂，三年以后就去世了（前247），这一年，秦庄襄王和赵姬仅十三岁的儿子嬴政继位，这个孩子就是未来赫赫有名的秦始皇，但继位之初，仍然由吕不韦主导国家大事，号称"仲父"。

5 嫪毐车裂，不韦迁蜀

吕不韦是出色的大商人，为政也不错，他眼光准，投资果断，当上相国后花大价钱招揽天下游士，收拢了很多有能力的门客。这些门客入朝为官，一方面为吕不韦建立了牢固的党羽，一方面也为秦国吞并天下提出不少良策。

那时候，秦国已经向南吞并巴、蜀、汉中，领土越过楚国的宛、郢；向北则占据了原本属于三晋的河东、太原、上党郡；吞并了两处周王室领地。吕不韦就在这个基础上重用蒙骜、王齮（yǐ）、麃（biāo）公等将军，一面镇压侵吞之地的反抗，一面继续攻城拔寨，将数十座城池纳入领土，划为郡县。在少年嬴政登基的前九年里，秦国几乎每年都发动吞并战争，鲸吞蚕食之下，秦国的领土从函谷关一路向东蔓延，建立起隔断三晋与楚、直扑东方的大走廊，直接和齐国接壤。

不过随着嬴政逐渐长大，吕不韦的日子逐渐难过起来。当时有两件事是嬴政无法容忍的：第一是吕不韦、太后宠臣嫪毐的专权让他这个秦王有名无实；第二是太后和吕不韦、嫪毐的不正当关系，让他的正统身份受到怀疑，甚至有人认为嬴政根本就是吕不韦的孩子。

更严重的是，随着嬴政长大，嫪毐也对嬴政有了杀心。原来，由于长年被太后宠幸，嫪毐不仅封侯获地，可以随意出入内宫，而且身边更巴结了一大批想靠他得到提拔的党羽，嫪毐靠着这些实际已经能干预国家大政，因而不肯把权力分给即将亲政的嬴政。

于是秦王嬴政九年（前238），秦王嬴政成年加冠，嫪毐伪造秦王和太后的印玺，暗中调动卫卒、官骑、舍人，打算攻蕲（qí）年宫发动政变。

时间 前259—前237

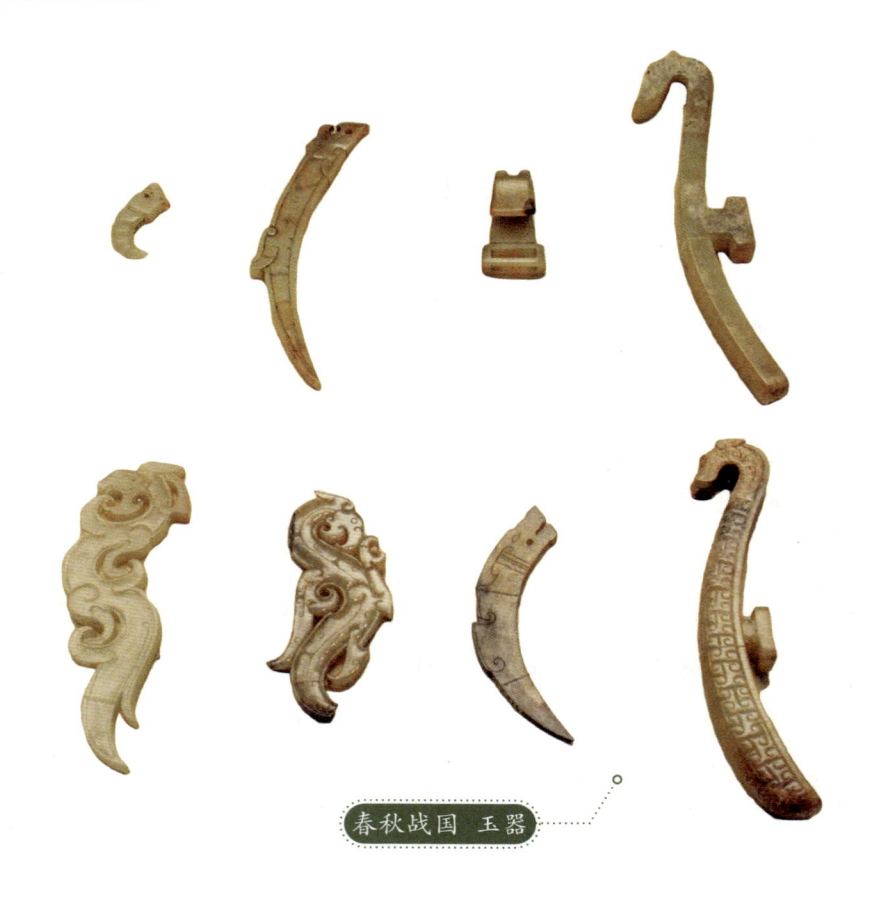

春秋战国 玉器

但嬴政不是碌碌之辈,他及时察觉了消息,命令相国昌平君、昌文君带领兵马攻击嫪毐。双方在咸阳城展开激战,最终以嫪毐落败收场。平定叛乱后,嬴政赏罚分明,下令将支持自己奋勇杀敌的人都封官拜爵,将太后赶出王宫软禁,但凡和嫪毐有牵扯的要么被杀,要么被流放,仅受牵连被流放的就有四千多家。

这还只是第一步,秦王嬴政十年(前237),嬴政站稳脚跟,以嫪毐事件为由贬黜了相国吕不韦,听从建议将太后请回宫内,让吕不韦远离咸阳到他在河南的封地去。吕不韦为相十余年,门客故吏满天下,又热衷于文化传播,经常出资整理当时的著作,因此很得人心,相送的人排满大街。

嬴政非常忌惮,就在吕不韦去封地途中又发下一封密信,上面写着:"你对秦国有什么功劳,可以获封河南,有食邑十万多户?你和秦国有什么

> 奇珍异宝
>
> **吕氏春秋**
>
> 《吕氏春秋》又称《吕览》，是在秦国相国吕不韦主持下，集合门客们编撰的一部黄老道家名著。它成书于秦始皇统一天下前夕。此书以儒家学说为主干，以道家理论为基础，以名家、法家、墨家、农家、兵家、阴阳家思想学说为素材，熔诸子百家学说于一炉。吕不韦曾发出公告，能改动这本书一个字的人，赏千金，这就是"一字千金"的出处。

关系，敢号称'仲父'？你们一家还是搬到蜀地去吧！"

吕不韦听出了嬴政话外之意，也没敢转道去蜀地，直接喝毒酒自杀了。

清洗了吕不韦和嫪毐的党羽，嬴政才宽容起来，赦免了一些无关紧要的受牵连之人。

5 秦代第一雄文——《谏逐客书》

吕不韦罢相不久，秦国守旧势力趁机落井下石，推起排外运动。秦王嬴政也很忌惮吕不韦当年招揽的宾客，因此下达了著名的逐客令，驱逐了一大批或为间谍的客卿、游士。

满朝文武噤若寒蝉，谁也不敢吭声。只有一个客卿李斯愤愤不平，决定冒险向嬴政上书。

李斯本是楚国上蔡县掌管文书的小吏，但他也想干出一番事业来，换一个生活环境。于是，他辞去小吏职位，到齐国师从大儒荀子学习帝王之术，学成之后，李斯断定楚王没什么出息，就一路前去最有作为的秦国。

到了秦国之后，李斯接触过嬴政，和信奉周德未衰、主张缓图吞并的

时间　前259—前237

李斯真迹秦峄山碑

保守派不同，李斯提出的加紧兼并、乘胜追击策略深得嬴政赏识。这次被驱逐是因为他履历不好，刚来秦国时投奔的是吕不韦。

综上种种，李斯写就了一篇雄文《谏逐客书》，文章旁征博引，气势如虹，大意如下：

"微臣听闻逐客一事，窃以为有些过当。追思秦国历代先君伟绩，穆公得百里奚称霸西戎，孝公用商鞅图强，惠王信用张仪开疆扩土，昭王依仗范雎奠定帝业。这四位国君都是依靠客卿的功劳，客卿有哪里对不起秦国？

"何况，陛下所喜欢的昆山之玉、明月之珠、纤离之马，这些有哪一样是原产秦国的呢？大王不也一样喜爱吗？如果事事都非要用秦国所产，那江南的金锡就不能装点您的宫室，西蜀的丹青就不能绘写秦国的文书，绫罗绸缎、丝竹雅乐也不能愉悦您的耳目。您所想要的难道就只是秦地嗡嗡作响的瓦盆，和粗犷原始的山歌吗？若非如此，为何取物不论国籍，取人却不分青红皂白？难道大王所在意的只是珍珠美玉而非天下子民吗？这不是有志于天下者该做的。

"泰山不让土壤，故能成其大；河海不择细流，故能就其深；王者不却众庶，故能明其德。这是三皇五帝无敌于天下的诀窍，逐客与这些背道而驰，只能让天下贤才止步不前，反而为敌国所用，这就像给强盗武器，给贼人粮食，请大王务必三思！"

嬴政读到文章，不仅及时下令停止驱逐客卿，还非常欣赏李斯，恢复他的职位，后来还升他做廷尉，加以重用。此后李斯一直为嬴政出谋划策，用法家的思想为嬴政构建出一个高效、强大的大帝国。

5 修郑国渠，行间金策

秦王嬴政大逐客卿，是矫枉过正，却并非空穴来风。当时秦国强大，六国在军事上已经无法重创秦国，只好将心思放在了间谍上，最热衷间谍之策的就是灭亡在即的韩国。

韩国人觉得，秦国一直侵略，归根结底是国力太强，必须找点儿事来消耗它，修建几座宫殿耽误不了多少事，必须找个一干几年的大工程。为此韩桓惠王派出了水利专家郑国。郑国到了秦国，考察山形水势，向秦王嬴政提出了修建水渠的建议。这条水渠从今天陕西泾阳西北引泾水东流，让它在今天三原北汇合浊水再引流东去，注入洛水，全长三百多里，如此一来夹杂大量淤泥的水流可以将关中四万多公顷盐碱地变为良田。当然，如此浩大的工程即便强如秦国也要花十年修造。

战国 鄂君启错金青铜节

嬴政同意了，工程修建数年，郑国的间谍身份被揭穿，嬴政大怒，想要将郑国处死。郑国看着嬴政叹了口气，说："大王，我承认自己为当间谍而来，但这水渠也不过是为韩国苟延残喘数年罢了，水渠一旦修成，可是秦国万世的福利。"嬴政听了，认为在理，竟没有追究，任由郑国修完了水渠。水渠修好后，关中沃野千里，成了名副其实的天府之国，再也没出现因干旱导致的荒年。人们感怀郑国之功，就把水渠命名为郑国渠。

时间 前259—前237

郑国像

虽然录用了郑国，但嬴政对间谍仍是深恶痛绝，如何给派间谍的六国还以颜色？一个叫尉缭的魏国人向嬴政献上一条妙计："大王，臣以为以秦国的强大，如今的六国不过像些郡县，构不成威胁，唯一危险的就是六国沆瀣一气，联合起来。所以微臣希望大王不要吝惜财物，拿出珍珠美玉贿赂六国有权有势的豪族大臣，让六国朝廷通不过厉害的谋略，微臣估计，只要舍得二三十万金，就足以消灭六国诸侯。"廷尉李斯也对这个策略非常支持，提出了自己的建议。

嬴政非常高兴，采纳两人的计谋，暗中派遣大量能言善辩的谋士携带金玉游说六国掌权的大臣，能收买的就重金贿赂，不能收买的就派刺客暗杀、派奸臣诬陷，让六国人才埋没、君臣失和。一旦得手，嬴政的精兵良将立马蜂拥而至，无往而不利。

这就是有名的间金之策，赵国名将李牧就死在了此策之下。

东周的水利工程

东周时期，修建水利的技术已经比较成熟，除了秦国的郑国渠，楚、魏、赵、齐都修有水利工程。比较著名的有楚庄王时期修建的芍陂，魏文侯任命西门豹修建的漳河十二渠，这两处水利工程和郑国渠一样都是为了灌溉。也有一些水利工程是为了治理水患，比如齐国为了防范黄河泛滥曾修过一段长堤，长堤修好后黄河之水被挡住，全都泛滥到赵魏两国，由此产生了成语"以邻为壑"。当然，最著名的水利工程当数秦国收服蜀地后任命李冰父子修建的都江堰，它将岷江一分为二，既可防洪又便于通航、灌溉，把水患频发的成都平原变成了第二个天府之国。至今都江堰还在造福周边百姓。

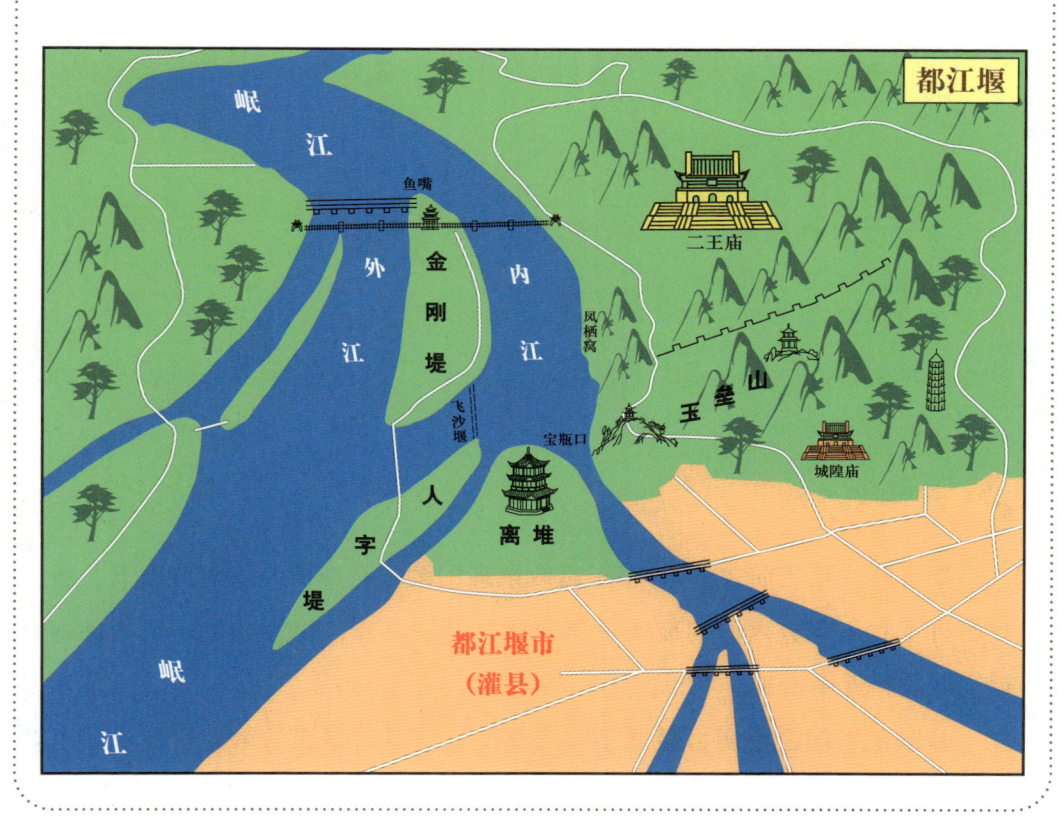

时间　前230—前221

23　秦王扫六合

> 六国陵替，二周沦亡。并一天下，号为始皇。
> ——《三家注史记·秦始皇本纪·索引述赞》

【人物】嬴政、王翦、桓齮、王贲、李牧、燕太子丹、荆轲、楚王负刍（chú）、项燕

【事件】并韩攻赵、水淹魏都、荆轲刺秦、克楚平齐

内除奸党、外行间金，秦王亲掌国权，短暂十年内横扫六合，相继消灭韩国、赵国、魏国、燕国、楚国和齐国，实现中华大地的首次大一统。

并韩攻赵

秦王政九年（前238），秦王嬴政亲理国政。在李斯、尉缭协助下，嬴政制订了吞灭东方六国的庞大军事计划：笼络燕齐，稳住魏楚，消灭韩赵，远交近攻，逐个击破。

韩国在七国之中实力最弱小，离秦国近，成为秦国的第一目标。韩王安胆小懦弱，一看到秦军压境，就献上国印和大片土地，请求作为藩臣。为了自保，韩王安还派最优秀的谋士韩非出使秦国。韩非是法家的集大成者，理论基础比李斯还要雄厚，正是嬴政渴求的人才。然而，韩非接近秦王保全韩国的目的还没实现，就被李斯因忌妒罗织罪名害死了。

韩非一死，韩国内无良谋、外无援助，只好不断献地求和，到秦王政

十七年（前230），韩国只剩下洛阳周围的一点点地盘，秦国一个内史就把它灭掉了，这最后一点儿故地被整合进秦国的颍川郡。

接下来，秦国将目标指向赵国。此时长平之战已经过去近三十年，赵国的孤儿长大，国力有一定恢复。虽然因为谗言，老将廉颇在新君赵悼襄王继位后被挤兑出国，但因为常年和匈奴交战，赵国又历练出一员大将李牧，他带领赵军伐匈奴、败燕国，扩大了不少疆土。

而秦国自白起死后，也出了一员善于用兵的将才，名字叫王翦。秦王政十一年（前236），王翦首次指挥大战，趁赵国攻打燕国之际，王翦由上党出发攻破了赵国的阏与，夺取了九座城池。

双方都有精兵强将，秦赵之间由是展开一系列交锋。

秦王政十三年（前234），秦将桓齮进攻赵国平阳、武城，赵军大败，死亡十万人马。危急关头，李牧临危受命，在宜安迎战，竟然反败为胜大破秦军。

秦王政十五年（前232），秦国再度攻赵，进攻赵国的番吾，李牧率军迎战，再度击破秦军。

由于李牧的强大能力，秦国决定转移重点，先行吃下苟延残喘的韩国。吞并韩国期间（前231—前230），赵国天灾连连，先后遭遇了地裂百步、房屋崩塌的大地震和饿殍遍野的大饥荒。赵国人也感觉末日将至，都难过地唱："赵人哭，秦人笑。如果不相信，请看地里长的草……"

趁此机会，秦国发兵两路，一路由王翦率领在北方进攻赵国，一路由杨端和率领，进攻赵国邯郸。赵王迁故技重

战国 龙纹玉器

时间　前230—前221

施，派李牧和司马尚率赵军迎战。李牧和司马尚都是有能力的将军，秦军推进十分艰难，于是决定使出反间计，派人用重金贿赂赵王迁身边的宠臣郭开。

郭开收了好处，大造谣言，声称李牧和司马尚见形势危急，打算造反。

赵王迁开始并不相信，后来越想越担忧，觉得李牧拥兵自重，威望又高，确实是个定时炸弹。几番思量之后，赵王迁决定临阵换帅，派赵葱和颜聚换下李牧和司马尚。

一心为国而战的李牧接到命令后，奉行"将在外，君命有所不受"，不愿意交出兵权。赵王迁更相信李牧有反叛之心。于是，他暗中布下圈套，斩杀主将李牧，撤去副将司马尚，强行换上赵葱和颜聚。

反间计成功！王翦再无顾虑。三个月后大股秦军直插赵国，赵葱和颜聚率赵军抵抗，被秦军打得节节败退。秦军一路势如破竹，很快攻陷邯郸。赵王迁悔之无及，只好投降。赵王迁的哥哥赵公子嘉又气又恨，不愿屈服，就带着一支赵军逃往代城（今河北蔚县西南），自立为王，也就是赵代王。

奇闻逸事

我思用赵人

廉颇被逼离赵国以后，一直渴望回到赵国尽一份心力。赵军多次被秦军围困，赵王听说廉颇的心思，也有些后悔，就派了使者去查看。廉颇为了显示自己可用，一顿饭吃了一斗米、十斤肉，并当场披甲上马。可使者早被奸臣郭开收买，回去就造谣说："廉将军还挺能吃的，但吃完这一会儿就跑了三次厕所。"赵王信以为真，就不再召回廉颇了。后来廉颇流落到楚国为将，没有立下什么功劳，望着楚国的队列他常常叹气："我想带赵国的兵。"可他此生再也没机会回赵国。

由于代地偏远，秦国暂时没有理会，六年后（前222）才趁灭亡燕国之际收拾了代地，赵国于是彻底灭亡。

5 荆轲刺秦

自燕昭王金台纳贤，使乐毅合纵破齐之后，燕国的重大决定接连出错。不仅听信谗言赶走乐毅，在长平之战后又错误地招惹赵国，谁承想不仅趁火打劫失败，还招致赵国的连年攻打。好容易熬到赵国收兵，秦国又灭韩破赵兵临城下了，显然下一个目标就是燕国。燕王喜急得团团乱转，不知如何是好，但燕太子丹却死心塌地地要反秦。

其实，太子丹和嬴政都在赵国出生，原本是感情非常不错的发小，但命运弄人，长大后嬴政当了秦王，太子丹却沦为送往秦国的质子。因为嬴政没有礼遇他，两人反目成仇。由于燕国弱小，太子丹觉得靠战争雪耻难以实现，就打算刺杀嬴政。为此太子丹冒险收留秦国叛将樊於期，四处寻觅合适的行刺人选。

几番周折，太子丹找到了卫国人荆轲，这个人武艺高强、爱书好酒，行事旷达侠气，交友不看身份，只求性情相合，杀狗的屠夫、弹琴的乐师都是他的好朋友。荆轲就喜欢和朋友一起开怀畅饮，趁醉高歌，在一起又哭又笑。

为实施刺杀行动，太子丹找到荆轲，跪地流泪，用国恨家仇、天下大义打动他，用太牢之礼招待他，车马美人，予取予求。荆轲心软了，于是答应下来。但秦王嬴政身处秦宫，见他难如登天，荆轲因此提议，不如以秦王重金悬赏的樊於期人头和燕国督亢（今河北涿州、定兴、固安一带）的地图为信物，这样一定能接近秦王，一举将他杀死。

太子丹听了，不忍杀樊於期。荆轲便私下去找樊於期，告知自己的全盘计划。樊於期对嬴政恨之入骨，听说能报仇，当场拔出宝剑自杀。

太子丹大哭一场，只好用盒子装上樊於期的头，花重金买下削铁如泥的匕首淬上毒药让荆轲带着出使。

秦王政二十年（前227），荆轲和勇士秦舞阳一起出发，前往秦国。太子丹等人一路送到易水岸边，和荆轲要好的琴师高渐离望着萧瑟寒风，邻邻易水，击筑而歌："风萧萧兮易水寒，壮士一去兮不复还！"悲怆的歌声和着慷慨的曲调，听得送行者都想起家仇国恨，怒发冲冠。荆轲就在歌声里登上马车，自始至终没有回看一眼。

到达咸阳后，荆轲捧着装有樊於期头的盒子，秦舞阳捧着督亢地图，依次走上大殿。秦王嬴政看到盒中樊於期的人头，心里很高兴。

随后，秦王让荆轲拿来督亢地图，荆轲借机上前，慢慢打开卷轴，做指点状。地图很快展开，一抹森冷的光猛然现出，地图里卷着的正是那把浸有毒液的匕首！稍一刺破皮肤，中刀者就会毒发身亡。

秦王嬴政吓得赶紧起身，荆轲隔着案子，一手抓起匕首一手抓向嬴政，嬴政的袖子应声而断。秦王一时拔不出随身佩带的长剑，只好绕着粗大的柱子跑，躲避荆轲的捅刺。大臣们吓得团团乱转，因为秦法严厉，殿上没人敢带兵器，外面的侍卫也不敢贸然上前，危急时刻，宫廷医官把手里捧着的药袋朝荆轲扔了过去，拖延了片刻时间。仓促之间，大臣们大喊："王负剑！王负剑！"同时七手八脚地开始往殿上冲，嬴政听懂了，慌忙将剑推到背上，择机拔出宝剑，趁乱一剑砍中了荆轲的大腿。荆轲行动不便，只能孤注一掷，挥手一扬，匕首直飞而出，可惜嬴政一直绕着铜柱，并没有刺中。秦王接连攻击荆轲，荆轲被刺伤八处，知道事不能成，于是怒骂出声："要不是想活捉了你，怎会让你逃得性命！"然后被冲上前来的侍卫杀死。

刺杀风波之后，嬴政暴跳如雷，立即下令王翦率秦军进攻燕国。第二年，王翦便率秦军占领燕国国都蓟城（今北京市西南）。

燕王喜又惊又怕，联合赵代王一起抵抗，结果双双大败。最后燕王喜只得带太子丹等人一路北上，狼狈逃到荒凉的辽东，并把太子丹的人头献给秦国。

但这并不能平息嬴政的怒火，秦王政二十五年（前222），秦军远征千里直入辽东，彻底灭亡燕国。

5 水淹魏都

征服韩国和赵国后，秦国将主攻方向转到南方。此时秦国的领土已经将南北诸侯完全隔开，南方的魏国由于身处"天下中身"，多年来一直是秦国重点打击的对象，要么兵败失地，要么割地苟安，已经几乎沦为秦国的国中之国。

秦王政二十一年（前226），秦王嬴政派王翦之子王贲率秦军，一连攻占楚国北部十几座城池。第二年，这支秦军转而突袭魏国。

王贲率秦军一路摧枯拉朽，接连攻下陈城（今河南陈县）和北定邑（今安徽北部），包围魏国都城大梁（今河南开封）。在秦军重重围困下，大梁已成为一座孤城：此时韩赵基本灭亡，燕国远在东北，楚国刚被击败，唯一有能力的齐国不仅路途遥远，而且奉行中立。

因为亡国在即，大梁城中的军民意志非常坚决。大梁城大墙高，周围遍布纵横交错的水网，既能补充城内水源，又能有效阻挡秦军进攻。当时，大梁城守军众多，粮草也足以维持相当长一段时间。

秦军连番攻击，用投石车、攻城车、檑木车轮番上阵，但魏军水来土掩，一一接下。王贲见伤亡过大，担心影响士气，决定改换策略。经过反复观察，他发现大梁城有个致命弱点——地势较低，两面环水，城外十几里处是黄河、汴河与鸿沟，是水攻的活靶子。

王贲花了不少时间仔细研究后，决定水淹大梁城。他将秦军分为两部分，一部分继续围困大梁城，一部分挖开大堤，修筑堤坝，几万秦军不分昼夜地挖掘，最终将汹涌奔流的河水引入大梁城下。

当时正好是春季，春雨连绵而至，水势越来越大。大梁城变成水上泽国。在苦苦支撑三个月后，高大的土质城墙松软坍塌。魏王假无奈，只得

时间 前230—前221

开城向秦军投降。战国首霸魏国就这样灭亡。

5 克楚平齐

消灭韩国、赵国、燕国、魏国后,秦国的目标不过是齐国和楚国。齐国远且一直保持中立,楚国近且一直都在吃败仗,秦国的下一个目标自不必说。

说到楚国,值得一提的是虽然在鄢郢之战大败,但楚国的国土纵深很大,加上此后几十年秦国都在针对三晋,楚国的国力因此恢复了一些,甚至还于秦庄襄王元年(前249)灭了鲁国。楚国的面积之大,从秦王政二十一年(前226)的一场辩论中可见一斑。

这一年秦王嬴政下定决心要灭楚,想在王翦和李信两人间选一位主

> 战国 魏平首圆肩桥足布币

知识充电

内城外郭

春秋中期以前,城市由两圈城墙保护,城指内城的墙,郭指外城的墙。由于礼制要求和生产力水平限制,各诸侯国的城最初规模很小,一般国家的都城,周围不过九百丈,卿大夫的都邑则必须更小。但随着生产力发展,大量城市兴起,规模也不断扩大。在晏婴口中,齐国的临淄有七千多户人家,人们"张袂成阴,挥汗成雨,比肩继踵"。该城的大城周长已达十四公里,小城七公里,小城为核心区,有宫殿、铸币作坊,大城为生活区,有民居、坊市。

将。于是就询问二人，攻打楚国需要多少兵力。李信是个新锐将领，因为在灭燕过程中穷追猛打，大败燕太子丹而深得嬴政欢心。他听后，自信地说："二十万足矣。"老将王翦听得直摇头，说："非六十万不可。"嬴政不太高兴，说："王将军老了，楚国有什么好怕的？！"说罢派李信率二十万秦军进攻楚国。王翦心里不舒服，借病辞官养老去了。李信意气风发，将二十万人马又兵分两路，和蒙恬各带一队攻楚。

面临强敌压境，楚军不敢怠慢。在项燕指挥下，楚军先故意示弱，且战且退，待秦军分散深入，再调集精锐军队，重点突破李信所部。李信一路顺利，打到鄢郢后猛然发觉不对，于是下令向西和蒙恬会合。果然，项燕早派了大量楚军紧随其后，连追三天三夜赶上了李信所部，七名秦将战死，防守的工事也被突破，李信只好仓促撤退。

嬴政得知后又怒又愧，立即让人备好车马，亲自去向王翦道歉。王翦再三推辞之后才答应出征，但提了一个条件——必须给六十万人马。嬴政犹豫一下还是答应了。出征当天，嬴政亲自送王翦到城外，王翦却忽然"贪财"起来，请求赏赐些良田美宅。嬴政问道："您担此大任，还担心受穷？"王翦说："趁着我还有用，讨些田宅，好留给子孙。"随行官员噤若寒蝉，嬴政却哈哈大笑全都应允。在行进途中，王翦又五次派人回去讨地讨钱。随从心惊肉跳，出言劝阻："您未免太过分了吧！"王翦摇摇头，说："大王将全国兵马交给我，我要是不多要点土地宅院，他就该怀疑我另有所图了。"

六十万秦军进入楚国时，楚王负刍也集结全国兵马四十万，交由项燕指挥，严阵以待秦军。谁知王翦一来立刻

战国 齐鎏金龙凤纹银盘

时间　前 230—前 221

指挥秦军构筑堡垒，完全没有出战的意思。反倒是项燕坐不住了，屡次派大军前来挑战，想要速战速决。可王翦毫不理会，每天都给士兵放假，让他们休息沐浴，舒舒服服、好吃好喝地养着，时间一长，秦国士兵战败的压力全都没了，闲得在军营里投石子玩儿。王翦看在眼里，知道士兵可用了。而楚国本来就元气大伤，全靠保卫家园的勇气倾国而战，哪想到大决战变成消耗战，一段时间后，国力衰弱的楚国就撑不住了，项燕只得下令东撤。趁此机会，王翦全军进发，猛追猛打，双方在涡河决战，楚军士气低落，补给艰难，被秦军打散，开始溃逃。秦军一直追到蕲南，杀死了大将项燕。接着，王翦如摧枯拉朽般率军攻陷楚都寿春（今安徽寿县），活捉楚王负刍，这一年是秦王政二十四年（前 223），南方头号强国楚国就这样灭亡了。随后，秦军继续扩大战果，向东、向南征服了已经四分五裂的几股越人，在越国故地设置了会稽郡，秦国的领土于是进一步南扩，超过了楚国的南境。王翦之子王贲则率军扫平燕赵的残余势力。

公元前 221 年，东方六国中只剩下保持中立的齐国。等到楚国灭亡，齐王建方觉大事不妙，命令齐军防守西部边境。

然而在秦国的间金渗透下，齐国君主贪于享乐，大臣战和不定，一片投降之声，完全组织不起坚决的反抗，秦国几乎摧枯拉朽般攻破齐都临淄。齐王建被迁徙到共地，困在一片长满松柏的林子，活活饿死。

此刻，从公元前 230 年到公元前 221 年，秦王嬴政收揽天下英才，间金、铁骑并举，用约十年时间横扫六合，依次平定了韩、赵、魏、楚、燕、齐六国，结束两百多年的战国时代，开辟了大一统的新纪元。此举，对中华民族的抟成意义深远。

秦灭六国

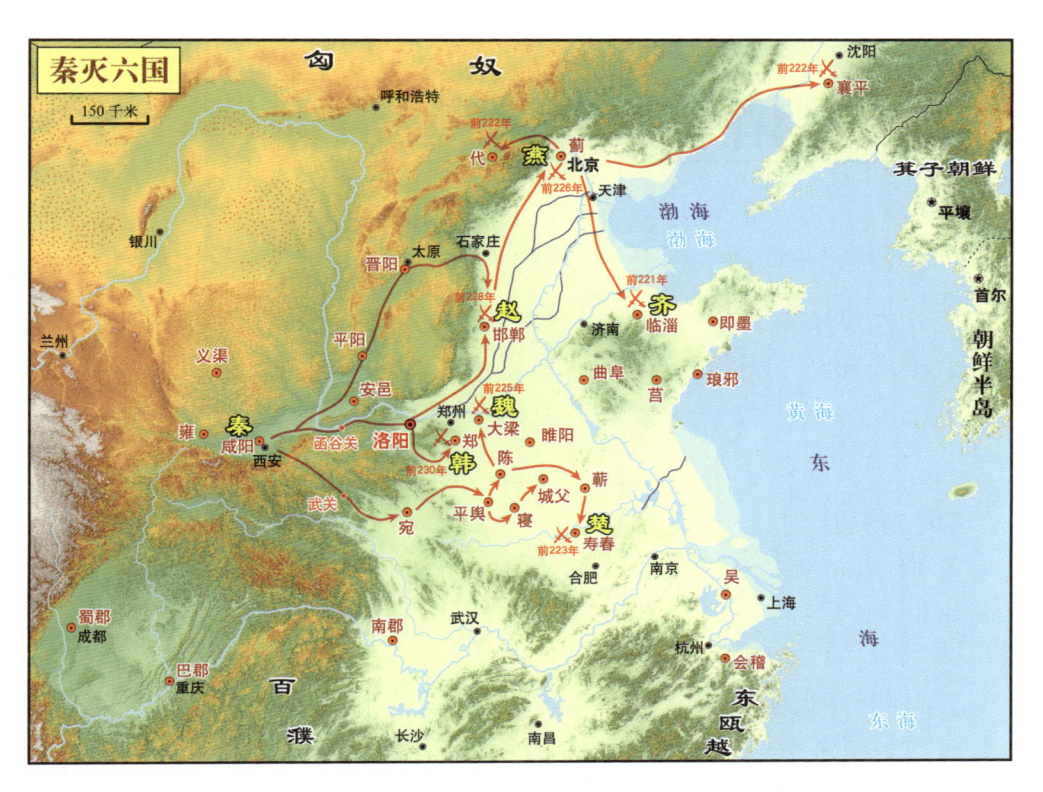

奇珍异宝

铜牺立人擎盘

"牺"是指古代祭祀所用牲畜，比如猪、牛、羊等。战国时期的铜牺立人擎盘是一件有特色的青铜器，它整体可分为三大部分，底部是一只昂首竖耳的神兽，中部是神兽背上立一束发披肩的女子，女子双手前伸环握圆柱，顶部是可以转动的一面圆盘。

时间 前475—前221

24 诸子百家的最后余晖

> 六国之末，战胜相雄。轲游齐魏，其说不通。退而著述，称吾道穷。兰陵事楚，驺衍谈空。康庄虽列，莫见收功。
> ——《三家注史记·孟子荀卿列传·索引述赞》

【人物】庄周、孟轲、荀卿、韩非

【事件】庄周旷达、孟轲游辩、荀卿合流、韩非著书

春秋末期礼崩乐坏，"学在官府"局面遭到打破，文化和平民接触，出现了思想大爆发。战国时期，"诸侯并争，厚招游学"，政治的需求为学术提供了宽容的竞争氛围，异常兴盛的百家争鸣由此诞生。然而，随着嬴政横扫六合，思想的自由氛围一去不返，诸子百家也迎来最后的余晖。

梦蝶者庄周

道家是春秋战国时很重要的思想流派。到战国时期，一个叫庄周（约前369—前286）的人将道家学说进一步发展。庄周是宋国人，故乡在蒙，大体在今天的河南商丘东北。他年少时家境贫困，曾经做过小吏，学问有成后主张逍遥处世。逍遥诚然惬意，但是在战乱频仍的战国时代如何实现呢？即便寻到一处世外桃源，可人依旧有生老病死、悲欢离合、贫贱富贵，这样的人生如何逍遥呢？

庄周为了解答这些问题，开始著书立说，用一篇篇诙谐幽默的寓言解答这些言语难以论证的道理，这些寓言和思辨集结一处，就成了一部伟大的哲学著作《庄子》。

人为什么会痛苦？庄周觉得，原因是太注重表象，把事物分得太清，其实万事万物都有共同的本源，那就是"道"，它无处不在，无时不在。用道的眼光来看，生与死、长与短、大与小这些在人眼里的区别实在缺乏意义。

早上长出的菌子当天就枯萎，连阴晴变化都难以经历；夏天的虫儿入秋则死，哪知道还有春冬。在人的眼里，它们渺小无知，可相对传说中以八千年为春、八千年为秋的神树大椿，人所说的大和小、长和短、有知和无知还有什么区别？以此推知，荣华富贵，生死荣辱，这些在人类有限生命中的巨大差异，在永恒面前其实什么也不算，在自然面前不过是自然而然的演化过程。那么，人类因这些事情悲伤痛苦是否有些可笑呢？

庄周于是觉得，真正有意义的生命就是去寻求身为万物本源的道，顺应它，和它合二为一。如此一来，生老病死、荣华富贵在人的眼中就都是平淡无奇的过程，人也就能超脱物外，达到逍遥的精神状态。

元 刘贯道 庄周梦蝶图

时间　前475—前221

　　有人为此揶揄他，庄周就讲了一个故事："有一天啊，我梦见自己变成了一只蝴蝶，完全忘了自己是一个人类，翩跹飞舞、逍遥惬意，一梦醒来才发觉自己还是庄周。可我再一想，此刻的我难道就是真实的吗？究竟是我庄周一梦变成了蝴蝶，还是一只蝴蝶一梦变成了我庄周呢？您看，哪个是外物，哪个是自我，能分得清吗？"

　　庄周自然不是糊涂到分不清自己和蝴蝶，他试图做的，是让人们用一种更理性、更广大、更本质的目光去看待生命中的每一个变化，不要被贫富贵贱所束缚，而应当追求精神的自由。这种自由能让人放弃争权夺利，在身不由己的战乱时代保持内心的平和。但事实仍是事实，问题仍是问题，人该如何解决问题、改良现状，而不是一味接受，这是庄周没来得及回答的。

　　庄周的思想对后世影响很大，能鼓励一个人追求自由高尚的精神境界，不被外物所扰，但也容易陷入放浪形骸、及时享乐的误区，必须谨慎地学习。现存《庄子》分内篇、外篇、杂篇，其中内篇是庄子的思想，外篇和杂篇是后学者所著。

成语典故

曳尾涂中

　　楚威王听说庄周才学很高，就派人带着厚礼，请他到楚国做相国。庄子笑着对楚国使者说："千金，确实是非常贵重的礼；相国，也确实是非常尊贵的官。但是，您就没有见过祭祀用的牛吗？喂养它好几年，给它披上有花纹的锦绣，但这不过是为了某天把它杀掉，当成祭祀祖先的祭品。到那时，它即便想当个无人喂养的小野猪，免受宰割，难道还能做得到吗？您赶快走吧，不要侮辱我。我宁愿像乌龟一样在泥塘里自寻快乐，也不受一国之君的约束。我一辈子不做官。我永远追求自由快乐。"

5 取义者孟轲

孔子在时，曾收三千弟子，且主张因材施教，导致其死后不同的弟子围绕儒家学派的观点发生了裂变，以至一分八脉。战国时期，子思一脉出了一位儒学大家，被人们尊称为孟子，后世之人称其为"亚圣"。

孟子（约前372—前289）名轲，字子舆，出生在今天的山东邹城东南。孟轲年幼时，父亲早死，母亲没有再嫁，守寡养着他。孟母很重视教育，对他管教非常严格。在母亲的教育下，孟轲自幼好学，成年后师从孔子的孙

战国 曾侯乙云纹金盏和漏匕

成语典故

孟母三迁

孟子小时候聪明好学。刚开始，母亲带着他住在墓地附近。孟子就与小朋友玩送葬的游戏，哭丧的样子模仿得惟妙惟肖。孟母见此，认为长期在这里住下去会不利于他成长，就搬到集市去居住。孟子又和小朋友玩做生意的游戏，孟母又认为在此处居住不利于他成长，搬到杀猪宰羊的附近去居住。孟子又模仿学习杀猪宰羊。孟母再次决定搬家，搬到学校附近去居住。孟子这才开始模仿老师和学生读书，并喜欢上了读书。

时间 前475—前221

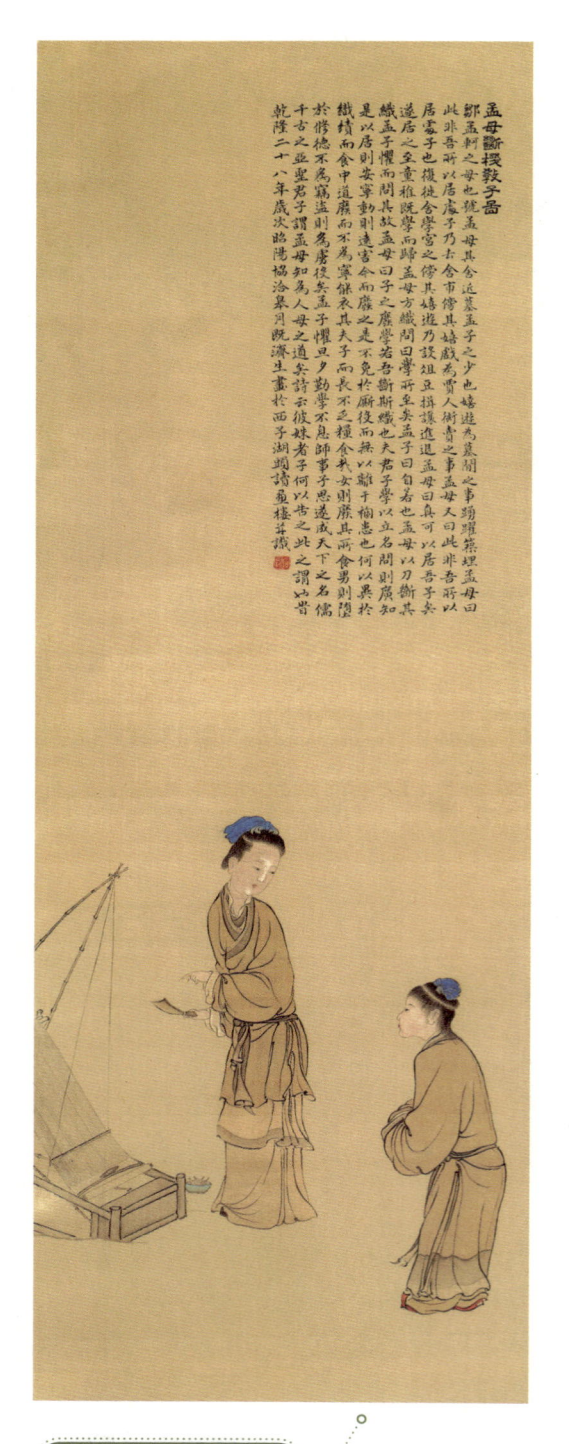

子子思门下。当时列国忙于变法图强，学成的孟轲于是也周游齐、宋、邹、滕、魏等国，和大批游士辩论，以期实现政治理想。

孟子的政治理想和孔子一脉相承，孔子主张恢复周礼，君君臣臣，但在孟轲的时代已经不现实了，孟轲于是将孔子主张的"仁"发展为"仁政"，提出了专门针对诸侯的王道，反对纯粹靠武力的霸道。他觉得任何一个诸侯国，只要行王道就能强大，甚至跻身天下共主。

仁政不全是一种道德概念，孟轲认为"民为贵、社稷次之、君为轻"，所以仁政要求的是对统治者荒淫无度的行为进行规约，认为强国就要先让百姓富裕，然后教化他们，要减轻刑罚、赋税，让百姓休养生息。对于官员任用，孟轲和商鞅一样，主张废除世袭贵族，只不过孟轲强调的选官不是靠军功，而是靠才能和品德。这套王道思想虽然正气浩荡，但并不如法家的改革更切中实际利益，不能更好地回

清 康寿 孟母教子图

答国君们"何以利吾国"的问题,所以孟轲虽然善于辩论,往往将游士们说得哑口无言,但却没有被哪个国家重用。

孟轲和孔子一样,把人的道德和实现政治理想相联系。他觉得每个人生来就有基本美德的萌芽,也就是"恻隐之心""羞恶之心""辞让之心""是非之心"四端,善加引导,不为外界所污就能形成"仁义礼智"四德。一个合格的人应该重义轻利甚至轻生,当生命和义不能兼顾时,要舍生取义。平时则要坚持"贫贱不能移,富贵不能淫,威武不能屈",这才是大丈夫。

由此可见孟子和庄子一样,对以世俗的贫贱富贵来定义人的价值非常反感,只是孟子追求的不是恍恍惚惚的道,而是一种内心的道德,一种浩然正气。

这种思想虽然在哲学思辨上稍微逊色于庄子,但对中国人的道德品质意义极为深远,历朝历代的英雄豪杰无不抱有舍生取义的悲壮理想。

孟子死后,弟子们将他的言论记录整理,和他生前的著述一起,编成《孟子》一书(一说是孟子和其弟子万章等著)。《孟子》现存七篇,宋代人把它和《论语》《大学》《中庸》并列,称为儒家四书。

5 儒法合流的先行者

孟子重视道德,提出"人性本善",稍晚的另一个儒家大师荀子(约前313—前238)却提出"人性本恶"。

荀子是谁呢?他是战国时期赵国人,名叫荀况,当时的人尊称他为荀卿。荀卿是儒家学派又一个划时代的大师,师承儒家的孙氏一脉。尤为值得称道的是,他虽是儒家思想的继承者和发展者,教出的两个弟子李斯、韩非却成为法家的代表人物。产生这一盛况的原因是,诸子百家经过百余年的诘难论争,实际上已经开始彼此突破、互相影响,荀卿就是儒法合流的先行者。

时间　前475—前221

荀子像

简而言之，荀卿既认同儒家的礼教，又看重法令的作用，主张隆礼重法，王霸并用。他认为要治理社会就需要礼法并用，而不是像孟子说的靠统治者追求仁政；想要让国家富强，就得推行法家富国强兵的手段，不能一味强调行王道，得道多助、失道寡助。所以荀卿也就不需要像孟子一样必须把人性定义为善，以此作为论证理论的道德基础，也不需要过分强调道德满足来督促人们行仁义。

荀卿觉得人与生俱来就想满足欲望，欲望得不到满足就会发生争执，这种情况不加约束就会酿成大祸。这些都说明人生来是恶的，正因如此才需要礼教熏陶，需要法令整治。

法令是务实的，是偏向经验及人事、从社会脉络方面出发的。所以荀卿的理论中也不再需要儒教借天地异象、灾荒怪兽来威吓统治者的天道幌子，而是强调"天行有常，不为尧存，不为桀亡"，它就是客观的自然规律。那些借助怪相蛊惑人心、宣扬神鬼的思想都是败坏的"人妖"，人只要掌握了自然规律，就能"制天命而用之"。简言之，就是重视社会秩序，反对神秘主义，重视人为的努力。

不过荀子提出的"礼法并举"中，礼是高于法的，为法之本。荀子以为，礼义是立法的精神，如果人们爱好礼义，其行为就会自然合法。

荀子学说虽然美好，但他生前却无法施展。

他游历过齐国、楚国、秦国、赵国推行自己的理论，但是都没能被真正重用，到了晚年，荀卿不再从政，专注于教学和著述。其所著的《劝学》，至今是治学的圭臬。

虽然因为思想中明显的法家倾向，荀卿被儒家贬斥为法家之流，甚至

劝学（节选）

故不积跬步，无以至千里；不积小流，无以成江海。

骐骥一跃，不能十步；驽马十驾，功在不舍。

锲而舍之，朽木不折；锲而不舍，金石可镂。

在明朝一度被逐出孔庙。但青出于蓝而胜于蓝，这恰恰是荀子思想魅力最大的地方。

5 法家的集大成者

比起诸子百家，法家是一个比较特殊的流派，它人物众多，影响广大，商鞅、李悝、申不害、吴起、慎到等，这些各国变法的倡导者都可谓法家的代表人物。但他们留下的大多是政令和事迹，极少有体现思想的材料。到了

战国 错金银虎噬鹿屏风座

时间　前475—前221

战国末期，才出了一位法家思想的集大成者韩非（约前280—前233）。

韩非是战国末期韩国的贵族，少年时就喜欢刑名法术这一类的学问。韩非学有所成时，战国乱世已达末期，他的祖国韩国首当其冲地成为秦国吞并的对象。韩非屡次上书韩王提出富国强兵之策，但都泥牛入海。韩非由此更意识到法的重要性，认为精细稳定的法律才是国家长治久安的根本。为此他著书立说，写了《孤愤》《五蠹》《内外储》《说林》《说难》等十余万字的文章，也就是后世流传的《韩非子》。

韩非以前，法家对于如何富国强兵其实有多种不同主张，商鞅强调"法"，申不害强调"术"，慎到强调"势"。法就是完善系统的成文法令，术就是君主驾驭臣子的高明技巧，势就是君主至高无上的权力和地位。韩非将三者集成，认为君主的权力是法推行的动力，也是术使用的基础，所以要加强君主集权，在此基础上，君主就可以推行缜密合理的法令，同时将驾驭群臣的技巧熟稔在心，以免权臣专权篡位。

这些宝贵的思想韩王都看不上眼，却被有心人传抄到秦国，被秦王嬴政收到。秦王读了《孤愤》《五蠹》如获至宝，感叹说："哎呀，我能见到这个人，跟他交流切磋，死了也值得！"

怎样见到韩非呢？嬴政问了一个最该问又最不该问的人——李斯。李斯脸色一变，但还是向嬴政介绍一番韩非，并向他提出建议：攻打韩国，逼韩非来秦国。

可等到韩非入秦，李斯就变了嘴脸，他借着韩非为韩国求情一事，偷偷对嬴政说："看来韩非这个人是韩国贵族。如今，大王想吞并天下诸侯，韩非肯定向着韩国而不是秦国，这是人之常情。现在韩非把秦国的情况都摸清了，再让他回去恐怕对我国不利，不如找个借口将他杀了。"嬴政想了想还是答应了，下令将韩非下狱。

韩非刚一入狱，李斯就送去毒药。韩非不服，想向秦王自陈心迹，可哪还有机会？等到嬴政后悔，下令赦免韩非时，韩非已经被李斯毒死。

史海辨真

韩非子

"子"是古代的一种尊称,大多用于敬称老师或有道德、有学问的人,比如老子、孔子、孟子、庄子等。那么,韩非为什么不称"韩子"呢?在唐朝以前,其实韩非是被称作"韩子"的,到唐朝中期,出了一位文化名人韩愈,被人们称作"韩子",为了区分,韩非就被尊称为"韩非子"。

韩非生前曾经就进谏之难专门写过一部著作《说难》,可他自己却因为无法自陈而死。

韩非死后,他的思想被代代流传,成了几千年外儒内法思想的重要内核。

战国 错金银铜辕首

时间　前776—前221

25 《诗》乐盛行

春秋战国时期，诗、乐、舞风靡各国，不仅是贵族祭祀、宴饮的重要环节，也是外交、军事和人民日常娱乐必不可少的环节。最初贵族间盛行的诗、乐、舞严格依照礼法，但随着礼崩乐坏，传统乐舞受到冲击，产生于民间的"新声"被越来越多人所接受。

在周代，诗、乐、舞联系密切，一首歌谣的文字部分为诗，配乐部分为乐，甚至还有与之配套的舞蹈表演，是礼乐制度的重要内容。

这些诗乐一体的歌谣反映了当时社会生活的各个方面，有的记录了王室的光辉历史，有的是朝堂宴饮的颂歌，更多的是民间传唱的歌曲。民间的歌曲如何进入王室的耳目呢？原来，当时的周王室设有专门的采诗官，负责将这些民间的歌曲择优选录。

曾侯乙墓笙

就这样，流传于民间的歌谣被按流传的地区分类，整理为"风"；用竹管一类乐器伴奏，用于贵族宴饮等正规场合的歌谣被整理为"大雅"和"小雅"；配有舞蹈，用于祭祀，需要琴、钟、磬等多种乐器伴奏的庄重乐曲被整理为"颂"。今天说的难登大雅之堂，就是从这种划分而来的。

创作这些诗作的手法大体有三种，直抒其事的被称为"赋"，用比喻手法委婉代称、暗诉衷情的被称为"比"，借助烘托、渲染、铺垫、暗示等方式，先叙述他物、他事引出所咏之物、之事的被称为"兴"。

在我国第一部诗歌总集《诗经》中，"风"运用比兴最多，艺术价值最高，"雅"次之，"颂"最次。不过，"雅"和"颂"记录了很多当时的礼制细节，史料价值很高。

《诗经》的影响在当时极大，人们组织外交辞令，给国君上书无不援引其中字句，以增加权威。

不过，随着礼乐崩坏，贵族逐渐不满于自己等级所能演奏的单调的颂舞雅乐，原本专属于天子的舞乐被屡屡滥用。同时，一些由民间产生，还没有被赋予礼乐含义，能够赏心悦目的舞乐越来越受欢迎，很多不能登"大雅之堂"的舞乐在贵族间风靡，郑国和卫国是这类新乐舞的主要发源地，这些"新声"于是被称为"郑卫之音"，一些注重礼制的人则怒斥其为"亡国之音"。

曾侯乙墓铜鼓座

时间 前776—前221

26 书画渐兴

> 春秋战国，是书画兴起的时期，文字开始有意识地向书法转化，书写工具逐渐被完善发明。而绘画则在既有的基础上出现在帛、漆器、铜器、玉石器上，并且开始脱离装饰的附属性质，出现独立主题。

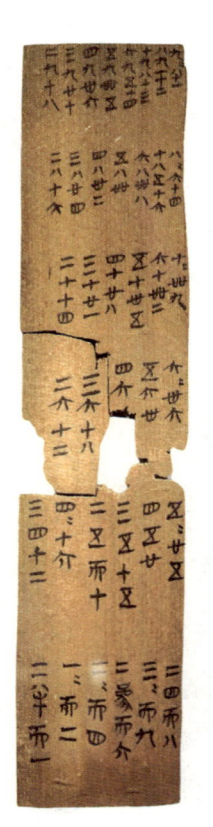

书画一直是中华文化的重要符号，但在上古时代，只有属于文字的书，而没有书法意义上的书，画则是作为一种器物或者场景的装饰品附属存在的。简而言之，上古时期既没有大量文人有意识地追求文字的美观，也没有很多人脱离装饰器物等实际需要而专门按某个主题作画。

里耶秦简九九表木牍

但在春秋战国时期，这一切迅速地被改变了。其中一个重要原因是书法的工具和材料都大大丰富。竹、木、帛这些易于书写的载体打破了金、石、骨的垄断，毛笔和墨汁则简化了由刻刀或铸模留下文字的繁复过程，这就使得精美多变的字体出现成为可能。同时周王室失势也打破了文字千篇一律的形制，各诸侯国、各地区都发展出了有特色的文字形态。

石鼓文

当时的书法作品主要有：金文、竹简、木牍、帛书及在陶器、砖瓦、钱币上的铭刻文字。其中发现于陕西凤翔的石鼓文可谓当时书法的最高成就，它形态端庄，笔画均匀凝重，是秦国的官方文字。

这一时期的绘画也有很大进步，除了传统的装饰纹样以外，还出现了在帛上完成的、具有独立主题的画作，以及专门从事绘画的官员画史。

按照绘画的媒介，当时的绘画主要有帛画、漆器画、铜器画、壁画等，其中铜器画又分为锥刻和镶嵌两类，通过鎏金、错金银等手段形成绚丽的艺术效果。绘画的内容从动植物、自然气象、几何纹样到天地、山水、神鬼、战争、宴会、农作，包罗万象，异彩纷呈。

时间 前776—前221

27 衣食东周

《礼记·王制》中"饮食、衣服"是八政之二，而且地位高居榜首。如今，"衣食住行"中衣食也是首位大事。那么在春秋时期，各国为了维护国家稳定，发展出了怎样的美食和服饰呢？

先说吃，随着粮食作物的不断驯化和各国统治地域的扩大，春秋战国时的主食已经有五谷、六谷甚至九谷的说法。其中最重要的作物就是"稻、粟、黍、麦、豆"。当然，这些谷物可不都是百姓能随意享用的，一些谷物实际上几乎被贵族专享，比如今天熟知的小麦、稻，百姓吃的比较普遍的是豆类作物。

有了主食，就要有副食、饮品。东周副食中最主要的就是肉类和果蔬，肉类包括人类畜养的六畜（马牛羊鸡犬豕）及主要为野味的六禽、六兽，其中猪（豕）、牛、羊为最珍贵的三牲，只有在太牢等隆重仪式上才能同时出现。此外，当时的人们还会捕捞水中的鱼类、蚌、龟、鳖作为食物，并且已经发展出了淡水养鱼的技术。郑国执政者子产就是出了名的爱吃鱼，家里吃不完的鱼就放在池塘里养着。

不过那时的肉类属于难得的食物，一般只有贵族才能经常食用，以至于人们会用"肉食者"来形

秦代 高足玉杯

容贵族。平民和贵族都能享用的是卷耳、荇菜等野菜，以及橘子、柚子、枣、柿子、瓜、李、桃、杏、梅等水果。

至于饮品，主要就是酒。酒不仅是饮品，也是举行某些仪式的必需品，祭祀、婚姻、成年加冠都离不开酒。当时的人们日常生活中会把黍蒸熟酿酒饮用，而贵族中还有类似于甜酒的醴，以及重大场合喝的鬯（chàng），鬯的味道就像加了香料的白酒。

战国 对龙对凤绣浅黄绢面袄

根据食物的特性，那时的人们已经总结创造出了蒸、煮、炒、炙、炮、煎、熬、齑（jī）、醢（hǎi）等丰富多彩的烹调方式，一些著名的厨师（如易牙）甚至被记入史书。

再说穿衣，春秋战国时期的服装主要材料就是布、丝、皮毛三类（棉花那时还没有出现），布就是麻布或者葛布，都是平民才穿的，所以布衣就代表平民。

衣服的形制因国家地区不同有所区别，但华夏民族的着装大体形制为上衣下裳。裳就是裤子，但这种裤子最初没有裤裆，只是两根布管，战国时期才开始连在一起。上衣则一定是交领右衽，如果反过来就是异族的风尚了。

这样的上衣下裳穿起来着实麻烦，所以就有了一种深衣，深衣的特点是特别长，束在腰上即可遮蔽全身。

除了衣裳之外，贵族必须戴的就是帽子（冠），帽子里特别尊贵的叫作冕，只有大夫以上的人才可以戴。在贵族眼里，一个成年人不戴帽子可是大问题（未成年不能戴冠），要么是平民，要么就是异族人甚至是罪犯。

时间 前475—前221

28 山经地图

春秋战国时期，出于军事和统治的需要，地理学开始兴起，可以说是我国地理学的草创时期。这一时期的著作《禹贡》《管子》《山经》中，都蕴含了丰富的地理学知识。

《禹贡》是基于"大禹治水"历史传说，把中国人当时认知的区域划分为九州，对各州的山川河流、土壤植被作了详细介绍的文章。全文约一千二百字，分"九州、导山、导水、水功、五服"几部分，书中对中国山川河流分布、地形走向都有介绍，认识到了中国西部多山，东部多平原，记录了九条对中国意义重大的水脉信息。

战国 中山王厝墓错金银铜板《兆域图》

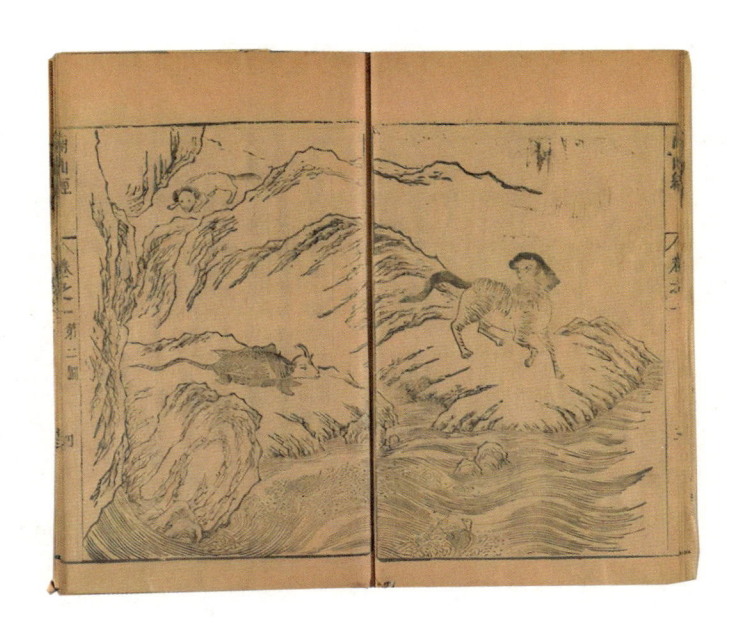

《山海经》刻本

　　《管子》虽然整体上不是地理著作，但其中多个篇章涉及了地理知识，仅从篇名就可略窥一斑，如《地图》《地员》《度地》。为了阐明关于农业治理的构想，《管子》中详细分析了对农业意义重大的土壤，对土壤的颜色、质地、肥力、性质做了详细记载，甚至分析了河道的变化规律。

　　至于"山经"，其实全书应称《山海经》，之所以只提出一部分，是因为这本书的成书周期可能较长，但"山经"部分基本能确定是在东周完成的。这本书把中国的山脉分为南、西、北、东、中五大山系，也就是五藏山经。每个山系中又按照自然走向介绍了其中每一座重要山峰的地理位置、物产、水流。当然，这些地理知识当中有很多神话成分，记载了众多瑰奇神异的山精水怪，以及浪漫的神话传说，既是地理的先行之作，也是文学和神话的重要源泉。

　　根据出土的文物显示，战国时期已经有绘制非常讲究的地图了，这些地图中会用特定的标识标记城郭、桥梁，还遵循一定的比例尺。其"上北下南左西右东"的布局，和今天的地图已经比较接近。

时间　前475—前221

明　山海百灵图卷

《山海百灵图卷》中描绘了诸多奇形怪状的神兽，其灵感应该来自《山海经》。

275

山经地图

时间　前770—前221

附录　东周文学史大事年表

东周

西周时期学在官府，文化为贵族垄断。东周之际，随分封制解体，上层贵族地位下降，庶民地位上升，介于两者之间的阶层——士飞速壮大。文学创作的作者也由上古的巫、史，扩大到西周的贵族，再扩大到士。作者身份的多样，让文学产生了体裁、题材、风格的千变万化。大体可分四类，简列如下：

上古神话：《山海经》；诸子散文：《论语》《孟子》《老子》《庄子》《韩非子》《墨子》《吕氏春秋》；历史散文：《尚书》《春秋》《左传》《国语》；先秦诗歌：《诗经》、楚辞。

石鼓文（？—前766）

石鼓文成书于秦襄公时代，现存十块，其上各刻有四言诗一首，歌咏秦国国君游猎战争状况，是研究中国书法和诗歌早期情况的珍贵实物资料。

《尚书》（？—？）

《尚书》是中国现存最早的历史文献汇编，"尚"即"上"，《尚书》的意思就是上代以来之书。它记录了从上古君王尧舜到夏、商、周的历史文件。公元前627年，秦穆公所作的《秦誓》，是《尚书》中年代最末的文章，《尚书·禹贡》则成书于战国后期。尚书在汉代以后成为儒家的重要经典，位列"五经"之一。

优孟（？—？）

春秋时楚国优人。优孟曾扮演过楚国已故令尹孙叔敖，以此讽谏楚王，此为史载我国最早的演剧活动。

《绝秦文》（前 578）

晋秦绝交，晋国官员吕相作此文，为后世檄文之滥觞。

老子（约前 571—约前 471）

姓李，名耳。思想家，道家学派创始人。老子生卒年份有争议，大体为春秋末期人，约与孔子同时，而稍长于孔子。作有《老子》，该书又名《道德经》《道德真经》。《老子》分上下两册，共八十一章，前三十七章为道经，后四十四章为德经，上篇和下篇是"体"和"用"的关系。

孔子（前 551—前 479）

名丘，字仲尼。思想家、政治家、教育家，其开创的儒家学派在汉以后成为中国两千余年传统文化的主流，被尊为"圣人"。孔子早年四处求学，曾在鲁国为官，后周游列国以图施展抱负，六十八岁回鲁。晚年致力于教育和古代文献整理。编订、整理《诗》《书》《礼》《乐》《春秋》以授弟子。孔子还曾研究和传授过《易》。

《春秋》是孔子根据鲁国史官所记原始资料加以删修而成的，是中国第一部编年体历史著作，是儒家经典"五经"之一。传说孔子修订《春秋》，绝笔于"西狩获麟"句，比句以下至孔子去世时的《春秋》经文，皆为孔子弟子所编。

孔子去世后，他的言行被弟子编为《论语》。该书以语录体和对话为主要文体，记录了孔子及其弟子的言行，集中体现了孔子的政治主张、道德观念、教育原则等，对后世产生了深远影响，被列为儒家"四书"之一。

《诗经》（约公元前 6 世纪）

中国第一部诗歌总集，原名《诗》，或称"诗三百"，共三百零五篇，另有六篇笙诗，没有内容仅存题目。主要收集周初至春秋中叶五百多年的作品，其作者包括贵族、平民各个阶层，绝大部分已经无法考证。《诗经》大约成书于公元前 6 世纪，传说孔子参与了编订工作，全书分为"风、雅、颂"三种形式，有"赋、比、兴"三种主要手法，这六个字就是"六义"。《诗经》在西汉后被列为儒家经典，是后世儒家"五经"之首。

时间 前770—前221

周典归楚（前516）

周景王之子王子朝在王位争夺中失败，携带周朝的典籍逃奔楚国，对楚地文化发展意义深远。

《孙子兵法》（前512）

孙武携《孙子兵法》十三章见吴王阖闾，被任为将。《孙子兵法》又称《孙子》《孙武兵法》，是世界现存最早的军事理论著作。总结了春秋末期和以前的战争经验，揭示了诸多普遍军事规律，提炼出一系列精辟的用兵法则。

晏婴（？—前500）

晏婴，也称"晏子"，春秋时齐国大夫，晏婴的主要成就在于外交和政治，但其言行精练智慧，经战国时的人整理形成了《晏子春秋》，该书的思想性和文学性都产生了深远影响。

鲁哀公悼孔子（前479）

孔子去世，鲁哀公作诔文悼念孔子。此为后世诔文之始。

《左传》（？—？）

《左传》，原名《左氏春秋》，又名《春秋左氏传》，约成书于战国初年，是中国第一部叙事详细、完备的编年体史书。记事起于鲁隐公元年（前722），止于鲁哀公二十七年（前468），基本和《春秋》重合，相传是为了传述《春秋》而作。该书与《春秋公羊传》《春秋穀梁传》并称"春秋三传"，旧传为左丘明所撰，近人认为是战国初年之人据各国史料编成。该书不仅对历史事件忠实记录，还表达了作者对历史事件的理解和认识，并以儒家的思想立场总结历史事件，对历史人物给以道德评价。

墨子（约前468—前376）

名翟，思想家、政治家、墨家学派创始人。早年学儒，后另立新说，主张"兼爱、非攻、节葬、节用、交相利"等，成为儒家主要的反对派。

其学说在东周影响很大,与儒家并称"显学"。有《墨子》一书传世,原书七十一篇,现存五十三篇。

《国语》（？—？）

中国最早的国别体史书,大约成书于战国初年,按照一定顺序分国别记录了周、鲁、齐、晋、郑、楚、吴、越八国的历史,侧重于记录人物言论,在叙事和刻画人物上有鲜明特色,但文学成就略逊色于《左传》。

庄子（约前369—前286）

名周,哲学家、文学家。道家学说重要人物之一,后世将他与老子并称"老庄"。庄子主张天人合一、清静无为,在美学、哲学、文学上颇有成就。庄子和其后学者著有《庄子》,亦称《南华经》,现存三十三篇,行文汪洋恣肆,多用寓言,想象丰富,有《逍遥游》《齐物论》等名篇。

孟子（约前372—前289）

名轲,字子舆。思想家、教育家,战国儒家学派代表人,儒家仅次于孔子的宗师,有"亚圣"之称,和孔子并称"孔孟"。孟子能言善辩,核心思想为"仁义",主张施行仁政、重视民心向背,在人性问题上主张"性善"。《孟子》一书为孟子及其弟子共同著成,是记言为主的语录体散文,但它不同于《论语》的简约,有很多气势磅礴的长论,议论尖锐、机智、雄辩。《孟子》是儒家经典"四书"之一。

屈原（约前340—约前278）

名平,楚国公族,战国伟大诗人。早年担任楚怀王左徒,颇有才干,但终身都受到忌妒与迫害,无法实现抱负。在内心强烈的情绪酝酿下,屈原创造"楚辞"这种诗体,用楚地的文学样式、声韵方言,描叙楚地的山川历史。屈原的毕生作品,以及后世承袭屈原的作者们所作的楚辞被汉代刘向编辑成集,也即《楚辞》。《楚辞》是继《诗经》之后对中国文学影响深远的诗歌总集,是我国第一部浪漫主义诗歌总集。因为其代表作为《离骚》,故楚辞诗体又称"骚体"。

荀子（约前 313—前 238）

名况，时人尊称其"荀卿"。战国末思想家、教育家、儒家思想的重要人物。荀子的思想和当时的儒家主流迥异，主张"性恶""隆礼重法""人定胜天"，主张道德治理和法度治理并用，强调后天学习的重要性，与弟子著有《荀子》一书。

宋玉、唐勒、景差（约前 290—约前 223）

三人均为重要的楚辞作者，战国末年的辞赋家。他们和屈原一样是楚王的近臣，但不敢如屈原一样犯颜直谏，只是继承了屈原的文体风格。三人中只有宋玉有作品传世，其余只见于史书。

吕不韦（？—前 235）

战国末年大商人、政治家，秦始皇之父的拥立者，门下有宾客三千，曾命令宾客编著《吕氏春秋》。该书又名《吕览》，汇合先秦各派学说，被称为"杂家"，是杂家的代表著作。

韩非（约前 280—前 233）

战国末思想家，法家学派集大成者。唐朝以前称"韩子"，后为免与韩愈混淆，改称"韩非子"。著有《韩非子》，为先秦法家的集大成之作，融合了法家的"法、术、势"思想，倡导君主专制，对法学思想发展有巨大贡献。

《山海经》（？—？）

古代地理类史书，约成书于战国时期至汉代初年，撰写者不详。书中记载了丰富的地理、博物、神话、故事、巫术，自古被称为奇书，是中国古代保存神话资料最多的著作，最具神话学价值。其中著名的神话有"大禹治水""精卫填海""刑天舞干戚""夸父逐日"等。